# Inventar
# & Vagar

# Inventar & Vagar

*Princípios e Filosofias da Amazon e Blue Origin*

## JEFF BEZOS

ALTA BOOKS
E D I T O R A
Rio de Janeiro, 2021

**Inventar & Vagar - Princípios e filosofias da Amazon e Blue Origin**
Copyright © 2021 da Starlin Alta Editora e Consultoria Eireli. ISBN: 978-65-552-0482-7

*Translated from original Invent & Wander. Copyright © 2021 by Jeffrey P. Bezos. ISBN 9781647820718. This translation is published and sold by permission of Harvard Business Review Press and Public Affairs, an imprint of Perseus Books, LLC, the owner of all rights to publish and sell the same. PORTUGUESE language edition published by Starlin Alta Editora e Consultoria Eireli, Copyright © 2021 by Starlin Alta Editora e Consultoria Eireli.*

Todos os direitos estão reservados e protegidos por Lei. Nenhuma parte deste livro, sem autorização prévia por escrito da editora, poderá ser reproduzida ou transmitida. A violação dos Direitos Autorais é crime estabelecido na Lei nº 9.610/98 e com punição de acordo com o artigo 184 do Código Penal.

A editora não se responsabiliza pelo conteúdo da obra, formulada exclusivamente pelo(s) autor(es).

**Marcas Registradas**: Todos os termos mencionados e reconhecidos como Marca Registrada e/ou Comercial são de responsabilidade de seus proprietários. A editora informa não estar associada a nenhum produto e/ou fornecedor apresentado no livro.

Impresso no Brasil — 1ª Edição, 2021 — Edição revisada conforme o Acordo Ortográfico da Língua Portuguesa de 2009.

| | | | |
|---|---|---|---|
| **Produção Editorial**<br>Editora Alta Books<br><br>**Gerência Editorial**<br>Anderson Vieira<br><br>**Gerência Comercial**<br>Daniele Fonseca | **Produtor Editorial**<br>Thiê Alves | **Marketing Editorial**<br>Lívia Carvalho<br>Gabriela Carvalho<br>marketing@altabooks.com.br<br><br>**Coordenação de Eventos**<br>Viviane Paiva<br>eventos@altabooks.com.br | **Editor de Aquisição**<br>José Rugeri<br>j.rugeri@altabooks.com.br |
| **Equipe Editorial**<br>Ian Verçosa<br>Illysabelle Trajano<br>Luana Goulart<br>Maria de Lourdes Borges | Raquel Porto<br>Rodrigo Ramos<br>Thales Silva | **Equipe Design**<br>Larissa Lima<br>Marcelli Ferreira<br>Paulo Gomes | **Equipe Comercial**<br>Daiana Costa<br>Daniel Leal<br>Kaique Luiz<br>Tairone Oliveira |
| **Tradução**<br>Edite Siegert | **Copidesque**<br>Isis Rezende | **Revisão Gramatical**<br>Rafael Fontes<br>Kamilla Wozniak | **Diagramação**<br>Joyce Matos |

Publique seu livro com a Alta Books. Para mais informações envie um e-mail para autoria@altabooks.com.br

Obra disponível para venda corporativa e/ou personalizada. Para mais informações, fale com projetos@altabooks.com.br

**Erratas e arquivos de apoio:** No site da editora relatamos, com a devida correção, qualquer erro encontrado em nossos livros, bem como disponibilizamos arquivos de apoio se aplicáveis à obra em questão.
Acesse o site www.altabooks.com.br e procure pelo título do livro desejado para ter acesso às erratas, aos arquivos de apoio e/ou a outros conteúdos aplicáveis à obra.

**Suporte Técnico:** A obra é comercializada na forma em que está, sem direito a suporte técnico ou orientação pessoal/exclusiva ao leitor.

A editora não se responsabiliza pela manutenção, atualização e idioma dos sites referidos pelos autores nesta obra.

**Ouvidoria:** ouvidoria@altabooks.com.br

Dados Internacionais de Catalogação na Publicação (CIP) de acordo com ISBD

B574i    Bezos, Jeff
Inventar & Vagar: Princípios e Filosofias da Amazon e Blue Origin / Jeff Bezos ; traduzido por Edite Siegert. - Rio de Janeiro : Alta Books, 2021.
288 p. ; 16cm x 23cm.

Tradução de: Invent & Wander
ISBN: 978-65-5520-482-7

1. Administração de empresas. 2. Princípios. 3. Filosofias. 4. Amazon. 5. Blue Origin. I. Siegert, Edite. II. Título.

2021-195                           CDD 658
                                          CDU 65

Elaborado por Vagner Rodolfo da Silva - CRB-8/9410

Rua Viúva Cláudio, 291 — Bairro Industrial do Jacaré
CEP: 20.970-031 — Rio de Janeiro (RJ)
Tels.: (21) 3278-8069 / 3278-8419
www.altabooks.com.br — altabooks@altabooks.com.br
www.facebook.com/altabooks — www.instagram.com/altabooks

# Sumário

| | |
|---|---|
| Introdução por Walter Isaacson | 1 |
| Uma Nota sobre as Fontes | 27 |

## Parte 1
## AS CARTAS AOS ACIONISTAS

| | |
|---|---|
| Tudo Gira em Torno do Longo Prazo (1997) | 31 |
| Obsessões (1998) | 37 |
| Construindo para o Longo Prazo (1999) | 44 |
| Planejando o Futuro (2000) | 51 |
| A Franquia do Cliente é Nosso Bem Mais Valioso (2001) | 55 |
| O que é Bom Para os Clientes é Bom para os Acionistas (2002) | 60 |
| Pensando no Longo Prazo (2003) | 64 |
| Pensando em Finanças (2004) | 67 |
| Tomando Decisões (2005) | 72 |
| Abrindo Novos Negócios (2006) | 76 |
| Uma Equipe de Missionários (2007) | 80 |
| Trabalhando Retroativamente (2008) | 84 |

vi *Inventar & Vagar*

Definindo Metas (2009) 88

Ferramentas Fundamentais (2010) 92

O Poder da Invenção (2011) 97

Motivação Interna (2012) 103

"Uau" (2013) 108

Três Grandes Ideias (2014) 124

Grandes Vencedores Pagam por Muitos Experimentos (2015) 136

Combatendo o Dia 2 (2016) 150

Criando uma Cultura de Padrões Elevados (2017) 157

Intuição, Curiosidade e o Poder de Vagar (2018) 172

Escalar para o Bem (2019) 182

## Parte 2
## VIDA *&* TRABALHO

Meu Presente na Vida 195

Um Momento Crucial em Princeton 197

"Somos o que Escolhemos Ser" 199

Discurso para os formandos de Princeton de 2010 199

Engenhosidade 203

Por que Deixei o Setor Financeiro para Vender Livros 206

Encontrando a Causa do Problema 210

Criando Riqueza 211

A Ideia do Prime 212

Pensando Três Anos na Frente 214

De Onde Veio a Ideia para a Amazon Web Services 216

| | |
|---|---|
| Alexa, IA e Aprendizado de Máquina | 218 |
| Lojas Físicas e Whole Foods | 222 |
| A Compra do *Washington Post* | *224* |
| Confiança | 227 |
| Harmonia Trabalho-Vida | 229 |
| Recrutando Talentos | 231 |
| Você Quer Mercenários ou Missionários? | 231 |
| Decisões | 233 |
| Concorrência | 236 |
| Escrutínio do Governo e Grandes Empresas | 238 |
| O Compromisso com o Clima | 240 |
| O Fundo Dia Um de Bezos | 245 |
| O Propósito de Ir para o Espaço | 250 |
| Ainda é o Dia Um para a América | 263 |

# Inventar & Vagar

# Introdução

*por Walter Isaacson*

Perguntam-me com frequência quem, das pessoas que vivem hoje, eu consideraria estar no mesmo nível daqueles sobre os quais escrevi como biógrafo: Leonardo da Vinci, Benjamin Franklin, Ada Lovelace, Steve Jobs e Albert Einstein. Todos eram muito inteligentes. Contudo, não foi a inteligência que os tornou especiais. Pessoas inteligentes são comuns e, muitas vezes, não são bem-sucedidas. O que conta é ser criativo e imaginativo. Essas são as qualidades que as tornam verdadeiros inovadores. E é por isso que minha resposta à pergunta é Jeff Bezos.

Assim, quais são os ingredientes da criatividade e da imaginação e o que me faz acreditar que Bezos pertence ao mesmo nível de meus outros objetos de estudo?

O primeiro é ser curioso, apaixonadamente curioso. Veja o exemplo de Leonardo. Em seus cadernos repletos de maravilhas vemos sua mente dançando em todos os campos da natureza com uma curiosidade que é exuberante e lúdica. Ele faz perguntas e tenta encontrar respostas para centenas de questões fascinantemente aleatórias: por que o céu é azul? Como é a língua de um pica-pau? As asas de um pássaro se movem mais rápido ao bater para cima ou para baixo? Qual é a semelhança entre as forças que criam os redemoinhos de água e os cachos de cabelo? O músculo do lábio inferior está conectado ao do superior? Leonardo não precisou saber esses detalhes para pintar a *Mona Lisa* (embora tenham sido úteis); ele precisava saber porque era Leonardo, sempre obsessivamente curioso. "Não tenho talentos especiais", Einstein disse. "Sou apenas apaixonadamente curioso." Isso não é totalmente verdade (ele certamente tinha talentos especiais), mas tinha razão quando disse, "A curiosidade é mais importante do que o conhecimento".

Uma segunda característica essencial é amar e conectar artes e ciência. Sempre que Steve Jobs lançava um novo produto como o iPod ou o iPhone, sua apresentação terminava com placas de rua que mostravam o cruzamento da rua das Artes Liberais e a da Tecnologia. "Faz parte do DNA da Apple que apenas a tecnologia não é suficiente", ele disse em uma dessas apresentações. "Acreditamos que é a união da tecnologia e das ciências humanas que produz o resultado que faz nosso coração bater mais forte." Einstein, da mesma forma, compreendeu o quanto é importante interligar as artes e a ciência. Quando se sentia frustrado em sua busca pela teoria da relatividade, ele pegava o violino e tocava Mozart, dizendo que a música ajudava a conectá-lo à "harmonia das esferas". De Leonardo da Vinci, temos o maior símbolo da conexão entre artes e ciência: o *Homem Vitruviano,* seu desenho de um homem nu em pé em um círculo e um quadrado, o triunfo da anatomia, matemática, beleza e espiritualidade.

Na verdade, é útil se empolgar por todas as disciplinas. Leonardo da Vinci e Benjamin Franklin queriam saber tudo o que você pudesse saber sobre tudo o que era cognoscível. Eles estudaram anatomia, botânica, música, arte, armamentos, engenharia hidráulica e tudo que havia entre eles. Pessoas que apreciam todos os campos do conhecimento são as que têm mais condições de identificar padrões que existem na natureza. Franklin e Leonardo eram fascinados por turbilhões e redemoinhos de água. Isso ajudou Franklin a descobrir como as tempestades subiam a costa e mapear a Corrente do Golfo. Ajudou Leonardo a compreender como funciona a válvula do coração e a pintar a água ondulando nos tornozelos de Jesus em o *Batismo de Cristo* e os cachos da *Mona Lisa*.

Outra característica de pessoas realmente inovadoras e criativas é que elas possuem um campo de distorção da realidade, uma frase usada sobre Steve Jobs e extraída de um episódio de Jornada nas Estrelas no qual alienígenas criam um mundo totalmente novo por meio de pura força mental. Quando seus colegas alegavam que seria impossível implementar alguma das ideias ou propostas de Jobs, ele usava um truque que aprendeu com um guru na Índia: ele olhava para eles sem piscar e dizia, "Não tenham medo. Vocês conseguem." Geralmente, funcionava. Ele enlouquecia as pessoas, fazia com que se distraíssem, mas também os motivava a fazer coisas que não acreditavam que poderiam fazer.

Relacionado a isso está a capacidade de "pensar diferente", como Jobs colocou em uma memorável série de anúncios da Apple. No início do século XX, a comunidade científica estava intrigada sobre como a velocidade da luz parecia permanecer constante, não importa a rapidez com que o observador se aproximava ou afastava da fonte. Na época, Albert Einstein era um técnico de terceira classe no Serviço Suíço de Patentes que estudava dispositivos que enviavam sinais entre diferentes relógios a fim de sincronizá-los. Ele teve um pensamento "fora da caixa" baseado em sua percepção de que as pessoas que estavam em diferentes estados de movimento teriam diferentes percepções sobre se os relógios estavam sincronizados. Talvez a velocidade da luz fosse constante, ele teorizou, porque o tempo em si é relativo dependendo do estado de movimento da pessoa. O restante da comunidade de físicos levou alguns anos para compreender que "essa teoria da relatividade" estava certa.

Uma última característica partilhada por todos meus objetos de estudo é que eles conservavam um senso infantil de deslumbramento. Em certo momento da vida, a maioria de nós para de questionar os fenômenos do cotidiano. Nossos professores e pais, impacientes, nos dizem para não fazermos mais tantas perguntas tolas. Podemos admirar a beleza de um céu azul, mas não mais nos incomodamos em saber por que ele tem essa cor. Leonardo se incomodava. E também Einstein, que escreveu para outro amigo, "Nós dois nunca deixamos de ser como crianças curiosas diante do grande mistério em que nascemos". Devemos ter cuidado para nunca superar esses anos de deslumbramento — nem permitir que nossos filhos o façam.

Jeff Bezos personifica essas características. Ele nunca superou seus anos de deslumbramento e conserva uma curiosidade infantil insaciável e alegre sobre quase tudo. Seu interesse em narrativa e contação de histórias não vem só das raízes da Amazon no negócio da venda de livros; é também uma paixão pessoal. Quando criança, Bezos lia dezenas de livros de ficção científica a cada verão em uma biblioteca local e hoje ele organiza um retiro anual para escritores e cineastas. Da mesma forma, embora seu interesse em robótica e inteligência artificial tenha sido despertado devido à Amazon, esses campos se transformaram em paixões intelectuais e ele atualmente organiza outro evento anual que reúne especialistas interessados em aprendizado de máquina, automação, robótica e espaço. Ele coleciona artefatos históricos de momentos significativos na ciência, exploração e descoberta. E associa seu amor por humanas e a paixão por tecnologia à aptidão para os negócios.

Esta trifeta — humanas, tecnologia, negócios — tornou-o um dos inovadores mais bem-sucedidos e influentes de nossa era. Como Steve Jobs, Bezos transformou inúmeros setores. A Amazon, o maior varejista online do mundo, mudou a forma como compramos e o que esperamos de remessas e entregas. Mais da metade das famílias norte-americanas são membros do Amazon Prime e a empresa entregou 10 bilhões de encomendas em 2018, o que são 2 bilhões a mais que o número de pessoas neste planeta. A Amazon Web Services (AWS) oferece serviços de computação em nuvem e aplicativos que possibilitam a startups e empresas consagradas criar novos produtos e serviços com facilidade, assim como o iPhone App Store abriu um novo caminho para os negócios. A Amazon Echo criou um novo mercado para caixas de som domésticas inteligentes, e a Amazon Studios produz filmes e programas de sucesso para a TV. A Amazon também está prestes a provocar uma disrupção na indústria farmacêutica e de saúde. No início, a compra da rede Whole Foods Market causou certa surpresa até ficar claro que a jogada poderia ser uma forma brilhante de unir os elementos de um novo modelo de negócios de Bezos, que envolve varejo, compras online e entrega super-rápida, combinados com lojas físicas. Bezos também está construindo uma empresa espacial privada com a meta de longo prazo de transferir indústrias pesadas para o espaço, e ele se tornou proprietário do *Washington Post*.

Naturalmente, ele também possui características exasperantes que distinguem Steve Jobs e outros. Apesar da fama e influência, ele continua, por trás de sua gargalhada ruidosa, a ser uma pessoa enigmática. Mas por meio de suas histórias e escritos, é possível compreender o que o motiva.

Quando Jeff Bezos era criança — de orelhas grandes, uma risada estrondosa e uma curiosidade insaciável — passava o verão na imensa fazenda no sul do Texas do avô materno, Lawrence Gise, um comandante naval íntegro, mas adorável que ajudou a desenvolver a bomba de hidrogênio quando diretor assistente da Comissão de Energia Atômica. Ali, Jeff aprendeu autossuficiência. Quando um buldôzer quebrou, ele e o avô construíram uma grua para retirar as engrenagens e consertá-las. Juntos, castraram o gado, construíram moinhos, instalaram canos e tinham longas conversas sobre as fronteiras da ciência, tecnologia e viagens espaciais. "Ele fazia todo o trabalho veterinário", Bezos lembra. "Ele fabricava as próprias agulhas para realizar suturas no gado. Ele usava um pedaço de arame, aquecia-o com um maçarico, achatava-o e afiava-o, e fazia um orifício na extremidade — e tinha uma agulha. Parte do gado até sobreviveu."

Jeff era um leitor voraz com uma mente aventureira. Seu avô o levava à biblioteca que tinha uma enorme coleção de livros de ficção científica. Durante o verão, Jeff percorria as estantes, lendo centenas deles. Isaac Asimov e Robert Heinlein tornaram-se seus favoritos e, mais tarde, ele não só os citava, mas ocasionalmente também invocava suas regras, lições e jargões.

Sua autossuficiência e espírito aventureiro também foram instigados pela mãe, Jackie, que era tão persistente e perspicaz quanto seu pai e filho. Ela engravidou de Jeff quando tinha apenas 17 anos. "Ela era aluna do ensino médio", Jeff explica. "Você provavelmente está pensando, 'Uau, em 1964, em Albuquerque, provavelmente era muito legal ser uma garota grávida'. Não, não era. Foram necessários muito esforço e ajuda dos pais. A escola até tentou expulsá-la. Acho que eles pensaram que a gravidez poderia ser contagiosa. E meu avô, um sujeito legal e sábio, negociou um acordo com o diretor que permitiu que ela ficasse e terminasse o ensino médio." Qual foi a principal lição que Jeff aprendeu com ela? "Você cresce com uma mãe dessas e acaba tendo muita coragem", ele diz.

O pai biológico de Jeff tinha uma loja de bicicletas e se apresentava em um monociclo com uma trupe de circo. Ele e Jackie ficaram casados brevemente. Quando Jeff tinha 4 anos, sua mãe se casou novamente. O segundo marido foi uma escolha melhor, uma pessoa que também ensinou a Jeff o valor da coragem e determinação: Miguel Bezos, conhecido como Mike. Ele, também, era autossuficiente e aventureiro. Ele foi para os Estados Unidos com 16 anos como um refugiado da Cuba de Fidel Castro, viajando sozinho e vestindo uma jaqueta que sua mãe havia costurado para ele com retalhos. Depois de se casar com Jackie, ele adotou seu animado filho, que recebeu seu sobrenome e para sempre o considerou seu verdadeiro pai.

Em julho de 1969, aos 5 anos, Jeff assistiu na televisão à cobertura da missão Apollo 11 que culminou com a caminhada de Neil Armstrong na lua. Foi um momento inspirador. "Lembro de assistir ao evento na TV da sala, a empolgação de meus pais e avós", ele conta. "Crianças pequenas captam esse tipo de entusiasmo. Elas sabem que algo extraordinário está acontecendo. Definitivamente, isso se tornou uma paixão para mim." Entre outras coisas, a euforia em relação ao espaço tornou-o um fã ardoroso de *Jornada nas Estrelas* que conhece todos os episódios.

Na pré-escola montessoriana, Bezos já era fanaticamente focado. "A professora queixou-se para minha mãe que eu ficava muito focado em uma tarefa e que ela não conseguia me fazer mudar de atividade, então

*Introdução* 7

ela tinha que pegar a cadeira e me mudar de lugar", ele lembra. "E, a propósito, se você perguntar às pessoas que trabalham comigo, provavelmente isso ainda é verdade hoje."

Em 1974, aos 10 anos, sua paixão pela *Jornada nas Estrelas* o levou aos computadores. Ele descobriu que podia jogar um videogame espacial no terminal da sala de informática da escola em Houston, onde o pai trabalhava para a Exxon. Isso foi antes da chegada dos computadores pessoais e uma conexão discada ligava o terminal de computação da escola ao mainframe de uma empresa que tinha doado o seu excesso de tempo de computador. "Tínhamos um teletipo conectado por um velho modem acústico", Bezos conta. "Você literalmente discava um telefone comum e pegava o fone e o colocava no gancho. E ninguém — nenhum dos professores sabia operar o computador. Mas havia uma pilha de manuais e eu e algumas outras crianças ficávamos depois das aulas e aprendemos a programar essa coisa… E então, descobrimos que os programadores do mainframe em alguma localização central de Houston já tinham programado o computador para o jogo *Jornada nas Estrelas*. E desse dia em diante, passamos a jogar o tempo todo."

A mãe estimulou seu amor pela eletrônica e mecânica levando-o à RadioShack e permitindo que transformasse a garagem em um laboratório de projetos de ciências. Ela até deixava que ele inventasse armadilhas engenhosas para assustar o irmão e a irmã mais novos. "Eu constantemente montava armadilhas pela casa com vários tipos de alarmes, e alguns não eram apenas sonoros, mas verdadeiras armadilhas físicas", ele conta. "Minha mãe é uma santa, porque me levava à RadioShack várias vezes ao dia."

Seus heróis da infância eram Thomas Edison e Walt Disney. "Sempre me interessei por inventores e invenções", ele conta. Mesmo que Edison tenha sido o inventor mais produtivo, Bezos passou a admirar mais Disney por causa da ousadia de sua visão. "Ele tinha essa capacidade incrível de criar uma visão que poderia fazer um grande número de pessoas compartilhar", ele falou. "As coisas que Disney inventou, como a Disneylândia, os parques temáticos, eram visões tão grandes que nenhum indivíduo poderia concretizar sozinho, ao contrário de muitas coisas em que Edison trabalhava. Walt Disney realmente conseguiu fazer com que uma grande equipe trabalhasse em uma direção específica."

Quando entrou para o ensino médio, sua família tinha mudado para Miami. Bezos era um aluno nota 10, um tanto nerd e ainda totalmente obcecado com a exploração do espaço. Ele foi escolhido como o orador da formatura da turma, e seu discurso foi sobre o espaço: como colonizar planetas, construir hotéis no espaço e salvar nosso pobre planeta encontrando outros locais para a instalação de fábricas. "O espaço, a última fronteira, encontrem-me lá!", ele concluiu.

Ele foi para Princeton com a intenção de estudar física. Parecia um plano inteligente até se deparar com um curso de mecânica quântica. Certo dia, ele e o companheiro de quarto tentavam resolver uma equação diferencial parcial extremamente difícil e foram até o quarto de outro colega de classe pedir ajuda. O rapaz olhou para a equação por um momento e então lhes deu a resposta. Bezos surpreendeu-se pelo aluno ter feito o cálculo — que era explicado em três páginas de álgebra detalhada — de cabeça. "Foi nesse momento que compreendi que nunca seria um grande físico teórico", Bezos falou. "Vi os escritos no mural e mudei rapidamente para engenharia elétrica e ciência da computação." Foi uma descoberta difícil. Em seu coração ele estava determinado a se tornar um físico, mas finalmente ele confrontou seus próprios limites.

Depois de formado, Bezos foi para Nova York para aplicar suas habilidades em computação à indústria financeira. Ele acabou na empresa de investimentos dirigida por David E. Shaw, que usava algoritmos de computador para descobrir disparidades de preço nos mercados financeiros. Bezos conduziu o trabalho com zelo disciplinado. Em um prenúncio do fanatismo no local de trabalho que depois tentaria instilar na Amazon, ele mantinha um saco de dormir no escritório para o caso de querer dormir lá depois de trabalhar até tarde.

Em 1994, enquanto trabalhava no fundo de investimentos, Bezos descobriu a estatística de que a web vinha crescendo mais de 2.300% por ano. Ele decidiu que queria subir a bordo desse foguete e teve a ideia de abrir uma loja online, algo como o catálogo da Sears da era digital. Ele se deu conta de que seria prudente começar com um produto e escolheu livros, em parte porque gostava deles, e também porque não eram perecíveis, eram uma commodity, e poderiam ser comprados de dois grandes distribuidores atacadistas. E havia mais de 3 milhões de títulos impressos — muito mais que uma loja física poderia manter em exposição.

Quando disse a David Shaw que queria deixar a empresa para colocar sua ideia em prática, Shaw o levou a um passeio de duas horas no Central Park. "Sabe, Jeff, essa é realmente uma boa ideia. Acho que você está diante de um excelente plano, mas seria ainda melhor para alguém que já não tivesse um bom emprego." Ele convenceu Bezos a pensar a respeito por alguns dias antes de tomar uma decisão. Bezos consultou a esposa, MacKenzie, que tinha conhecido na empresa e com quem se casara no ano anterior. "Você sabe que pode contar 100% comigo, não importa o queira fazer", ela respondeu.

Para tomar a decisão, Bezos criou um exercício mental que se tornaria parte famosa de seu processo de cálculo de risco. Ele o chamou de "estrutura de minimização de arrependimento". Ele imaginou o que sentiria quando fizesse 80 anos e pensasse na decisão. "Eu quero ter minimizado meus arrependimentos", ele explica. "Eu sabia que aos 80 anos não me arrependeria de ter tentado isso. Não me arrependeria de tentar participar dessa coisa chamada internet que acreditei que seria algo realmente grande. Eu sabia que, se falhasse, não me arrependeria, mas sabia que me arrependeria de não tentar. Eu sabia que isso me perseguiria todos os dias."

Ele e MacKenzie voaram até o Texas, onde ele pediu um Chevrolet emprestado ao pai e deram início à jornada que se tornaria lendária nas histórias sobre nascimento de empresas. Enquanto MacKenzie dirigia, Jeff digitava um plano de negócios e planilhas com previsões de receitas. "Você sabe que um plano de negócios não sobrevive aos primeiros encontros com a realidade", ele diz. "Mas a disciplina de criar um plano o obriga a refletir sobre algumas questões e ficar mentalmente confortável com esse espaço. Então você começa a compreender que, se apertar esse botão, irá para determinado lugar, e assim por diante. Então, esse é o primeiro passo."

Bezos escolheu Seattle para instalar sua nova empresa, em parte porque era a sede da Microsoft e muitas outras empresas de tecnologia e, portanto, tinha uma grande quantidade de engenheiros para serem recrutados. Também era perto de uma empresa de distribuição de livros. Bezos queria abrir logo a empresa, e durante a viagem ligou para um amigo pedindo a indicação de um advogado em Seattle. Ele tinha cuidado do divórcio do amigo, mas foi capaz de lidar com a documentação. Bezos disse a ele que queria chamar a nova empresa de Cadabra, como a palavra mágica "abracadabra". O advogado respondeu: "Cadáver?" Bezos soltou sua famosa risada estrondosa e se deu conta de que precisaria encontrar um nome melhor. Ele finalmente decidiu nomear o que esperava que fosse a maior loja do mundo, em homenagem ao rio mais longo do mundo.

Quando ligou e contou seus planos ao pai, Mike Bezos perguntou, "O que é a internet"? Ou, pelo menos, essa é a narrativa idealizada de Jeff. Na verdade, Mike Bezos foi usuário dos primeiros serviços de conexão discada e tinha uma boa ideia do que poderia ser o varejo online. Mesmo que ele e Jackie achassem que era arriscado deixar o emprego muito bem remunerado no setor financeiro por uma aventura, pegaram grande parte de suas economias — US$100 mil, no início, depois mais — e concordaram em investir. "O capital inicial da startup veio principalmente de meus pais e eles investiram uma boa parte de suas economias no que se tornou a Amazon.com", Bezos conta. "Foi uma grande demonstração de coragem e confiança da parte deles."

Mike Bezos admitiu que nunca entendeu o conceito ou o plano de negócios. "Ele estava apostando no filho, assim como minha mãe", Jeff diz. "Eu disse a eles que havia 70% de chance de perderem todo o investimento… Eu pensei que estava me dando o triplo das chances normais, porque, na verdade, se você analisar as chances de uma startup ter sucesso, é apenas cerca de 10%. Ali estava eu, dando-me uma chance de 30%."

Como sua mãe, Jackie, disse depois, "Não investimos na Amazon, investimos em Jeff". Eles aplicaram mais dinheiro, tornaram-se donos de 6% da empresa e usaram os recursos para se tornar filantropos ativos e criativos focados em proporcionar oportunidades de aprendizado para crianças.

Outras pessoas também não entenderam bem a ideia. Na época, Craig Stoltz era repórter do *Washington Post* e dirigia a seção sobre tecnologia de consumo. Bezos foi vender sua ideia. "Ele era baixo, mostrava um sorriso contrafeito, cabelos rareando e uma aparência inquieta", Stoltz escreveu mais tarde em um blog. Nada impressionado, Stoltz livrou-se dele e recusou-se a escrever sobre a ideia. Anos depois, muito tempo após o repórter ter deixado o jornal, Bezos o comprou.

Jeff e MacKenzie iniciaram a empresa em uma casa alugada de dois quartos perto de Seattle. "Eles transformaram a garagem em escritório e instalaram três estações de trabalho SUN", Josh Quittner escreveu depois na *Time*. "Cabos de extensão serpenteavam de todas as tomadas da casa até a garagem e um buraco negro se abria no teto — onde havia sido retirado um forno redondo para criar mais espaço. Para economizar, Bezos foi até o Home Depot e comprou três portas de madeira. Com mãos francesas e caibros de madeira, ele construiu três escrivaninhas por US$60 cada."

A Amazon.com nasceu em 16 de julho de 1995. Bezos e sua pequena equipe instalaram uma campainha que tocava sempre que uma venda era realizada, mas ela precisou ser desligada rapidamente devido à rapidez com que os pedidos chegavam. No primeiro mês, sem nenhum plano de marketing ou publicidade além do boca a boca dos amigos, a Amazon fechou vendas em todos os 50 estados e em 45 países. "Nos primeiros dias, senti que aquilo seria grande", Bezos disse à *Time*. "Ficou claro que estávamos diante de algo muito maior do que ousáramos imaginar."

No começo, Jeff, MacKenzie e alguns funcionários iniciais faziam de tudo, incluindo separar, embalar e levar as caixas para serem enviadas. "Tínhamos tantos pedidos para os quais não estávamos prontos que não tínhamos nenhuma organização real em nosso centro logístico",

Bezos conta. "Na verdade, fazíamos pacotes ajoelhados no piso duro de cimento." Uma outra história icônica sobre o início da Amazon contada muitas vezes por Bezos com sua gargalhada estrondosa é sobre como eles descobriram um meio de facilitar o processo de empacotamento.

"Esses pacotes estão me matando! Minhas costas doem, meus joelhos estão machucados por causa do cimento", Bezos exclamou certo dia. "Sabe do que precisamos? Almofadas para os joelhos!"

Um funcionário olhou como se ele fosse a pessoa mais idiota do mundo. "Precisamos de mesas para empacotamento", ele falou.

Bezos encarou o rapaz como se ele fosse um gênio. "Achei que era a ideia mais inteligente que já tinha ouvido" Bezos lembra. "No dia seguinte, compramos mesas de empacotamento e acho que dobramos nossa produtividade."

O fato de a Amazon ter crescido tão rapidamente significava que Bezos e seus colegas não estavam preparados para muitos dos desafios que surgiram. Mas Bezos viu o lado positivo em uma situação difícil. "Ela formou uma cultura de atendimento ao cliente em todos os departamentos da empresa", ele conta. "Como trabalhávamos muito próximos aos clientes a fim de garantir que os pedidos saíssem, todos na empresa realmente criaram uma cultura vantajosa, e nossa meta é ser a companhia do mundo mais centrada no cliente."

O objetivo de Bezos logo passou a ser criar uma "loja de tudo". Seus próximos passos foram expandir para música e vídeos. Mantendo o foco no cliente, ele enviou mil e-mails para descobrir o que mais eles gostariam de comprar. As respostas o ajudaram a compreender melhor o conceito de "long tail" [cauda longa], que significa poder oferecer itens que não são os que mais vendem e, portanto, não dominam espaço nas prateleiras na maioria das lojas. "Eles responderam com o que quer que estivessem procurando no momento", ele diz. "Eu me lembro de que uma das respostas foi 'Eu gostaria que você vendesse limpadores de para-brisa, porque é o que preciso agora'. Assim, pensei que poderíamos vender qualquer coisa dessa forma, e então lançamos produtos eletrônicos, brinquedos e muitas outras categorias ao longo do tempo."

No final de 1999, eu era editor da *Time*, e tomamos a decisão um tanto incomum de escolher Bezos como Personalidade do Ano, mesmo ele não sendo um líder ou político mundial famoso. Eu acreditava na teoria de que as pessoas que mais afetam nossa vida costumam ser as do setor de negócios ou tecnologia que, pelo menos, no início da carreira, não são encontradas nas primeiras páginas. Por exemplo, indicamos Andy Grove, da Intel, para Personalidade do Ano no final de 1997, porque achava que a explosão dos microchips estava mudando nossa sociedade mais do que qualquer primeiro-ministro, presidente ou secretário do tesouro.

Mas quando a data de publicação do exemplar sobre Bezos se aproximou em dezembro de 1999, o ar estava começando a escapar da bolha das pontocom. Eu estava preocupado — com razão — com a possibilidade de as ações da internet, como as da Amazon, começarem a cair. Então perguntei ao CEO da Time Inc., o sábio Don Logan, se eu estava cometendo um erro ao escolher Bezos e pareceria idiota no futuro se a economia da internet perdesse a força. Não, Don disse, "Mantenha a escolha. Jeff Bezos não está no ramo da internet. Ele está no ramo de atendimento ao cliente. Ele estará em atividade durante décadas, muito depois de as pessoas terem esquecido todas as pontocom que desaparecerão".

Assim, fomos em frente. O grande fotógrafo de retratos Greg Heisler convenceu Bezos a posar com a cabeça saindo de uma caixa da Amazon cheia de produtos, e na casa de Margaret Carlson realizamos uma festa apenas com comida e bebida pedidas online. Joshua Cooper Ramo, um dos nossos jovens editores mais inteligentes, redigiu um resumo que colocou Bezos em uma perspectiva histórica:

> Sempre que uma mudança sísmica ocorre em nossa economia, há pessoas que sentem as vibrações muito antes das demais, vibrações tão intensas que exigem ação — ação que pode parecer imprudente, até absurda. O dono de balsas Cornelius Vanderbilt abandonou o negócio quando viu a chegada das ferrovias. Thomas Watson Jr., dominado pela

sensação de que os computadores estariam em todos os lugares mesmo quando não estavam em nenhum lugar, apostou a empresa de equipamentos de escritório do pai neles: IBM. Jeffrey Preston Bezos passou pela mesma experiência quando espiou o labirinto de computadores conectados chamado World Wide Web e compreendeu que o futuro do varejo estava brilhando para ele... a visão de Bezos do universo do varejo online foi tão completa, seu site Amazon.com tão elegante e atraente que desde o Primeiro Dia se tornou o ponto de referência para todos que tinham qualquer coisa para vender online. E isso, na verdade, é todo mundo.

De fato, a Amazon foi grandemente afetada pelo colapso da bolha da internet. Suas ações valiam US$106 em dezembro de 1999, quando nossa edição da Personalidade do Ano foi lançada. Um mês depois, ela tinha sofrido uma queda de 40%. Em dois anos, tinha atingido o preço de US$6 por ação. Jornalistas e analistas de investimentos ridicularizaram a empresa, chamando-a de "Amazon.toast" [Amazon.frita] e "Amazon.bomb"[Amazon.bomba]. Na carta anual aos acionistas depois disso, Bezos começou com uma única palavra: "Ai!"

Mas Don Logan estava certo. A Amazon e Bezos sobreviveram ao estouro. "Quando observei a queda das ações de 113 para 6, também observei todas as nossas métricas de negócios internas: quantidade de clientes, lucro por unidade", ele diz. "Todos os aspectos do negócio estavam melhorando rapidamente. É um negócio de custo fixo. E, assim, a partir das métricas internas, notei que após um determinado nível de volume cobriríamos os custos e a empresa seria lucrativa."

Bezos foi bem-sucedido ao ficar atento ao longo prazo, renunciando aos lucros para crescer e sendo implacável e, às vezes, impiedoso com os concorrentes e até mesmo com seus colegas. Em um ponto durante a derrocada das pontocom, ele e alguns outros empresários da internet participaram do especial da *NBC Nightly News* com Tom Brokaw. "Sr. Bezos, o senhor sabe soletrar 'lucro' [P-R-O-F-I-T]?" Brokaw perguntou, ressaltando o fato de que a Amazon estava perdendo dinheiro enquan-

*Introdução*     15

to crescia. "Claro", Bezos respondeu, "P-R-O-P-H-E-T" [P-R-O-F-E-T-A]. E em 2019, as ações da Amazon valiam US$2 mil, a empresa tinha uma receita de US$233 bilhões e 647 mil funcionários no mundo todo.

Um exemplo de como Bezos inova e opera foi o lançamento do Amazon Prime, que transformou o modo como as pessoas pensam na rapidez e no baixo custo pelos quais podem ser gratificadas ao fazer pedidos online. Um dos membros do conselho tinha sugerido que a Amazon criasse um programa de fidelidade semelhante ao das empresas aéreas com os programas para viajantes frequentes. Separadamente, um engenheiro da Amazon sugeriu que a empresa oferecesse frete grátis aos clientes mais fiéis. Bezos uniu as duas ideias e pediu à equipe financeira para avaliar seus custos e benefícios. "O resultado foi horrível", Bezos conta, rindo. Mas Bezos seguia uma norma, que era usar o coração e a intuição, além de dados empíricos para tomar uma decisão importante. "Precisamos correr riscos e ficar atentos aos instintos. Todas as boas decisões precisam ser tomadas dessa forma", ele afirma. "Você faz isso com o grupo e com muita humildade."

Ele sabia que criar o Amazon Prime era o que chama de porta única: era uma decisão difícil de reverter. "Cometemos erros, fracassos como o Fire Phone e muitas outras coisas que simplesmente não funcionaram. Não vou enumerar todos os nossos experimentos fracassados, mas os grandes vencedores pagam por milhares de experimentos malsucedidos." Ele estava ciente de que o início seria assustador, pois os primeiros assinantes do Prime seriam os maiores usuários do frete grátis. "O que acontece quando você oferece um bufê grátis de coma-tudo-o-que-puder? Quem aparece primeiro?" ele pergunta. "Os comilões. É assustador. É algo como, ah, meu Deus, eu realmente disse todos os camarões que você puder comer?" Mas o Amazon Prime acabou por gerar a combinação de um programa de fidelidade e conveniência, além de uma enorme fonte de dados de clientes.

A inovação mais importante e insólita feita por Bezos foi a criação da Amazon Web Services. As ideias iniciais — que incluíam uma plataforma de software chamada Elastic Compute Cloud e uma operação de hospedagem conhecida como Simple Storage Service — borbulharam de dentro da empresa. Por fim, uma série de ideias relacionadas se uniram em um memorando que propôs a criação de um serviço que "permitiria a desenvolvedores e empresas usar serviços da Web para construir aplicações sofisticadas e escaláveis".

Bezos aproveitou seu potencial e, às vezes com enorme paixão que se transformava em episódios de fúria, impeliu a equipe a desenvolvê-la mais depressa e com mais intensidade. O resultado impulsionaria o empreendedorismo na internet como nenhuma outra plataforma desde o iPhone App Store. Ela permitiria a qualquer aluno nos dormitórios das faculdades ou qualquer negócio em ruas importantes — ou qualquer grande corporação — experimentar ideias e criar novos serviços sem ter que comprar racks de servidores e conjuntos de software. Em vez disso, eles poderiam partilhar uma estrutura de fazendas de servidores distribuída globalmente, capacidade computacional on demand e aplicações mais extensas do que de qualquer empresa no mundo.

"Reinventamos completamente a forma pela qual as empresas compram computação", Bezos diz. "Tradicionalmente, se você fosse uma empresa e precisasse de computação, construiria um centro de dados e o colocaria em um servidor e teria que fazer um upgrade no sistema operacional dos servidores e manter tudo funcionando, e assim por diante. Nada disso agregaria valor ao que a empresa faz. Era uma espécie de preço de admissão, um trabalho pesado não diferenciado." Bezos se deu conta de que esse processo também limitava vários grupos de inovadores dentro da própria Amazon. Os desenvolvedores de aplicativos da empresa enfrentavam dificuldades constantes com as equipes de hardware, mas Bezos os fez desenvolver algumas interfaces de programação de aplicações padronizados (APIs) e acesso a recursos de computação. "Assim que fizemos isso, imediatamente ficou óbvio que todas as empresas do mundo desejariam isso", ele diz.

Por algum tempo, aconteceu um milagre: durante alguns anos, nenhuma empresa entrou no espaço como concorrente. A visão de Bezos estava muito adiante da dos demais. "Até onde sabemos, foi o maior golpe de sorte nos negócios na história das empresas", ele diz.

Às vezes, o sucesso e o fracasso andam juntos. Foi o que aconteceu com o insucesso do Fire Phone, da Amazon, e o sucesso da Amazon Echo, o alto-falante inteligente e assistente doméstico conhecido como Alexa. "Embora o Fire Phone tenha sido um fracasso, usamos as lições (e os desenvolvedores) e aceleramos nossos esforços para a criação do Echo e da Alexa", Bezos escreveu em sua carta aos acionistas de 2017.

Seu entusiasmo pelo Echo nasceu do entusiasmo pela *Jornada nas Estrelas*. Quando jogava com os amigos na adolescência, Bezos gostava de desempenhar o papel do computador na nave *Enterprise*. "A visão do Echo e da Alexa foi inspirada pelo computador de a *Jornada nas Estrelas*", ele escreveu; "A ideia também teve origem em duas outras áreas onde vínhamos trabalhando e observando há anos: aprendizado de máquina e a nuvem. Desde os primeiros dias da Amazon, o aprendizado de máquina foi parte essencial das recomendações de nossos produtos e a AWS nos deu uma posição vantajosa em relação às capacidades da nuvem. Depois de muitos anos de desenvolvimento, o Echo foi lançado em 2014, acionado por Alexa, que vive na nuvem AWS." O resultado foi uma maravilhosa combinação de alto-falantes inteligentes, um computador doméstico falante da *Jornada nas Estrelas*, e uma assistente pessoal inteligente.

A gênese do Echo da Amazon foi, de certa forma, como o desenvolvimento do Apple iPod, de Steve Jobs. Ele surgiu da intuição, e não de grupos de discussão, e não foi uma resposta a alguma solicitação óbvia dos clientes. "Nenhum cliente estava pedindo o Echo", Bezos diz. "A pesquisa de mercado não ajuda. Se você procurasse um cliente em 2013 e perguntasse, 'Você gostaria de um cilindro preto do tamanho de uma lata de Pringles sempre conectado em sua cozinha com quem pode falar e fazer perguntas, que também acende suas luzes e toca música?', garanto que ele o olharia intrigado e diria, 'Não, obrigado'." Ironicamente, Bezos derrubou a Apple na criação desse dispositivo doméstico e depois fez com que seus componentes — reconhecimento de voz e aprendizado de máquina — funcionassem melhor do que dispositivos concorrentes da Google e, depois, da Apple.

No futuro, Bezos espera integrar a loja online da Amazon, o Amazon Prime, o Echo e a análise de dados dos clientes com a rede de supermercados Whole Foods Market, que a Amazon adquiriu em 2017. Bezos diz que a compra da empresa se deu, em parte, devido à sua admiração pela postura de seu fundador, John Mackey. Quando se encontra com o fundador ou diretor executivo de uma empresa que a Amazon pensa em comprar, Bezos tenta avaliar se ele está ali somente para ganhar dinheiro ou devido a uma real paixão em atender os clientes. "Sempre tento descobrir uma coisa antes de tudo: essa pessoa é um missionário ou um mercenário?" Bezos, conta. "Mercenários tentam obter lucro. Missionários amam seu produto ou serviço e amam seus clientes, e tentam criar um ótimo atendimento. A propósito, o grande paradoxo aqui é que geralmente são os missionários que ganham mais dinheiro." Mackey lhe pareceu ser um missionário e sua paixão inspirou o caráter da Whole Foods. "É uma empresa missionária, e ele é um missionário."

Além da Amazon, a maior paixão de Bezos, alimentada desde a infância, são as viagens espaciais. Em 2000, ele criou uma empresa em segredo, perto de Seattle, chamada Blue Origin, inspirado pelo pálido planeta azul que deu origem aos humanos. Ele convocou um de seus escritores de ficção científica preferidos, Neal Stephenson, para ser seu consultor. Eles trabalharam loucamente ao redor de ideias novas, como usar um dispositivo semelhante a um chicote para impulsionar objetos para o espaço. Por fim, Bezos focou os foguetes reutilizáveis. "Qual é a diferença entre a situação no ano 2000 e 1960?" ele perguntou. "Os motores podem ser melhores, mas ainda são motores de propulsão química. A diferença está nos sensores dos computadores, câmeras, software. Poder aterrissar na vertical é o tipo de problema que pode ser tratado pelas tecnologias que existem no ano 2000, mas não nos anos de 1960."

Em março de 2003, Bezos começou a preparar um grande rancho no Texas onde poderia construir seus foguetes reutilizáveis em segredo. Uma das grandes cenas de *The Space Barons* [*Os Barões do Espaço*, em tradução livre], *de Christian Davenport,* é a descrição da viagem de helicóptero feita por Bezos para encontrar o terreno, que acabou em um terrível acidente.

Quando o repórter e biógrafo de Bezos, Brad Stone, descobriu a existência da Blue Origin, ele lhe enviou um e-mail, pedindo um comentário. Bezos não estava pronto para falar a respeito, mas entrou em contato para dissuadir Stone da ideia de que ele fundou a empresa por achar que o programa da NASA, gerido pelo governo, tinha se tornado excessivamente avesso a riscos e lento. "A NASA é um tesouro nacional e é totalmente absurdo alguém se sentir frustrado por ela", Bezos escreveu a Stone. "O único motivo pelo qual estou interessado no espaço é porque (a NASA) me inspirou quando eu tinha 5 anos. Quantos órgãos governamentais são capazes de inspirar uma criança de 5 anos? A atividade realizada pela NASA é tecnicamente muito complicada e inerentemente arriscada, e eles continuam a realizar um trabalho fantástico. A ÚNICA razão pela qual qualquer empresa espacial de pequeno porte tem a chance de realizar ALGUMA COISA é porque elas podem aprender com as realizações e engenhosidade da NASA."

Bezos encara seus esforços sobre o espaço como um missionário, e não um mercenário. "Este é o trabalho mais importante que estou fazendo e tenho plena convicção disso", ele fala. A Terra é finita e o uso de energia aumentou tanto que logo, ele acredita, esgotará os recursos de nosso pequeno planeta. Isso nos deixará uma escolha: aceitar o crescimento estático para a humanidade ou explorar e expandir para lugares além da Terra. "Quero que os netos de meus netos usem muito mais energia por pessoa que eu", ele diz. "E gostaria que não chegássemos a ter um limite populacional. Eu gostaria que houvesse um trilhão de seres humanos no sistema solar: então haveria mil Einsteins e mil Mozarts." Mas ele receia que em um século a Terra não será capaz de sustentar esse crescimento populacional e o uso de energia. "Assim, o que acontecerá? Acontecerá uma estase. Eu nem acredito que estase seja compatível com liberdade." Isso o motivou a acreditar que deveríamos começar agora a pensar em novas fronteiras. "Podemos corrigir esse problema", ele diz, baixando o custo do acesso ao espaço e usando recursos espaciais.

A Blue Origin foca reduzir o custo de acesso ao espaço por meio de veículos de lançamento e motores reutilizáveis. *New Shepard*, que recebeu o nome do primeiro norte-americano no espaço, Alan Shepard, foi o primeiro foguete a decolar verticalmente, ir para o espaço e depois aterrissar verticalmente na volta à Terra — e foi o primeiro a ser reutilizado. Lançado do oeste do Texas, o *New Shepard* foi projetado desde o início para viagens com humanos e o foguete está sendo preparado para levar clientes pagantes para o espaço e de volta e tem lançado experimentos de pesquisa a bordo para universidades, laboratórios de pesquisa e a NASA. O maior foguete orbital da Blue Origin, *New Glenn*, que recebeu o nome de John Glenn, a primeira pessoa a orbitar a Terra, está preparado para levar clientes comerciais, da NASA e da segurança nacional para o espaço. Em 2019, Bezos também anunciou o módulo de aterrissagem na lua, *Blue Moon*, que recebeu um contrato de quase US$500 milhões da NASA para desenvolver um sistema para levar humanos novamente à lua. A Blue Origin fez parceria com a Lockheed Martin, a Northrop Grumman e a Draper para o projeto. Separadamente, Bezos financiou uma expedição que recuperou vários motores F-1 que propulsionaram o foguete *Saturno V* para a lua durante o programa Apollo.

Outra paixão pessoal é o *Washington Post*, que Bezos comprou em 2013. Em uma época em que os jornais estavam em declínio, ele injetou dinheiro, energia, capacidades tecnológicas e novos repórteres no *Post*, ao mesmo tempo em que conferiu controle editorial irrestrito ao ótimo editor, Martin Baron. "Eu não estava procurando um jornal", Bezos conta. "Isso nunca me ocorreu. Não era um sonho de criança." Mas então o proprietário do jornal, Donald Graham o procurou e, ao longo de uma série de conversas, convenceu-o de que a missão era importante. Assim, Bezos refletiu algum tempo e, como sempre, confiou na intuição e nas análises. "Essa é uma instituição importante", ele diz que concluiu. "Esse é o jornal da capital do país mais importante do mundo. O *Washington Post* tem um importante papel a desempenhar nessa democracia." Assim, ele disse a Graham que o compraria, e não regateou o preço. "Não negociei com ele e não procedi a uma diligência prévia", ele conta. "Com Don, não era necessário. Ele me contou todos os problemas e dificuldades e

Introdução

também os aspectos positivos. E todos os pontos que ele me contou de ambos os lados mostraram ser verdadeiros."

Embora Bezos tenha melhorado o jornal e o tornado mais financeiramente viável, a compra foi muito cara. Donald Trump não entendeu ou tampouco se importou se Bezos exercia ou não controle editorial, e que o jornal estava totalmente separado da Amazon. Assim, o presidente, de formas que me parecem corruptas, abusou do poder do governo federal para tentar punir a empresa e recusar contratos merecidos para a Amazon Web Services.

A política e a filosofia de Bezos, que ele não impõe ao *Post*, abrangem uma combinação de liberalismo social — ele doou para a campanha a favor do casamento gay — e opiniões econômicas que enfatizam a liberdade individual. Essa é uma atitude que ele partilha com o pai, que fugiu da Cuba de Castro. "Uma economia de livre mercado, que necessariamente envolve muita liberdade, funciona bem em termos de alocação de recursos", ele diz. Mas o mérito do livre mercado surge não simplesmente de sua eficiência, mas também do valor moral conferido aos indivíduos, ele acredita.

Imagine um mundo em que um computador com incrível inteligência artificial pudesse realmente fazer um trabalho melhor do que a mão invisível que aloca recursos, e dissesse, "Não deveria haver essa quantidade de galinhas, mas essa outra quantidade de galinhas", só algumas a mais ou a menos. Bem, isso pode até gerar uma maior riqueza agregada. Assim, poderia haver uma sociedade em que, ao se abrir mão da liberdade, todos poderiam ser um pouco mais ricos. Agora, a questão que eu apresento é, se isso acontecesse no mundo, "Essa é uma boa troca?" Pessoalmente, acho que não. Pessoalmente, acho que seria uma péssima troca. Acho que o Sonho Americano é sobre liberdade.

Neste livro, você aprenderá muitas lições e segredos revelados nas entrevistas, artigos e cartas anuais aos acionistas redigidas pessoalmente por Bezos desde 1997. Aqui estão as cinco que considero mais importantes:

1. *Foque o longo prazo.* "*Tudo gira em torno do longo prazo*", ele disse no título em itálico de sua primeira carta aos acionistas em 1997. "Continuaremos a tomar decisões de investimento tendo em vista considerações de liderança de mercado no longo prazo, em vez de considerações de lucratividade de curto prazo ou reações de Wall Street de curto prazo." Focar o longo prazo permite que os interesses de seus clientes, que querem serviços melhores, mais baratos e rápidos, e os interesses dos acionistas, que querem retorno do investimento, se alinhem. Isso nem sempre ocorre no curto prazo.

Além disso, o pensamento de longo prazo permite inovação. "Gostamos de inventar e fazer coisas novas", ele diz "e tenho certeza de que uma orientação de longo prazo é essencial para a invenção, pois você enfrentará vários fracassos ao longo do caminho".

Bezos afirma que o seu interesse em viagens espaciais o ajuda a manter o foco no horizonte distante. Entre seus vários pontos positivos, está a capacidade de ficar atento a esse horizonte distante, como ele tem feito na Amazon. Na filosofia de sua empresa espacial, ele escreveu, "A Blue Origin buscará esse objetivo de longo prazo com paciência, passo a passo." Enquanto Elon Musk fez seu próprio programa espacial concorrente avançar aos trancos e barrancos, Bezos aconselhou sua equipe, "Sejam a tartaruga, não a lebre." O emblema da Blue Origin exibe um lema em latim, *Gradatim Ferociter*: "Passo a Passo, com Coragem."

Entre os vários pontos positivos de Bezos está a capacidade de seguir esse lema sendo exuberantemente paciente e pacientemente exuberante. Em seu rancho no Texas, Bezos começou a construção do "relógio do longo agora" que funcionará por 10 mil anos, projetado pelo futurista Danny Hillis, que tem um ponteiro para os séculos que avança a cada cem anos e um cuco que sai a cada milênio. "É um relógio especial, destinado a ser um símbolo, um ícone do pensamento a longo prazo", ele diz.

2. *Foque incansável e apaixonadamente o cliente.* Como ele escreveu na carta de 1997, "Seja Obcecado pelos Clientes". Cada carta anual reforça esse mantra. "Pretendemos construir a maior empresa do mundo centrada no cliente", ele escreveu no ano seguinte. "Adotamos o axioma que os clientes são perceptivos e inteligentes... Mas não há descanso para os exaustos. Constantemente lembro aos nossos funcionários de terem medo, de acordarem todas as manhãs apavorados. Não de nossa concorrência, mas dos clientes."

Em uma entrevista comigo em uma conferência patrocinada pelo Instituto Aspen e a revista *Vanity Fair*, Bezos explicou. "O coração da empresa é a obsessão pelo cliente em comparação à obsessão com a concorrência", ele disse. "A vantagem de focar os clientes é que eles sempre estão insatisfeitos. Eles sempre querem mais, e dessa forma o puxam com eles. Por outro lado, se você for obcecado pela concorrência, se você for um líder, poderá olhar em volta e verá todos correndo atrás de você, talvez você desacelere um pouco."

Um exemplo de manter o foco no cliente foi a política de permitir que avaliações negativas dos produtos apareçam na Amazon. Um investidor queixou-se de que Bezos estava esquecendo que a Amazon só ganha dinheiro quando vende produtos, então avaliações negativas prejudicam o negócio. "Quando li essa carta, pensei, não ganhamos dinheiro quando vendemos produtos", Bezos conta. "Ganhamos dinheiro quando ajudamos os clientes a tomar decisões de compra."

A Amazon é criticada — assim como a Walmart — por pressionar fornecedores e obrigá-los a reduzir custos. Mas Bezos vê a "implacável redução de preços" para os clientes como essencial à missão da empresa. Na maioria dos últimos anos, a Amazon ocupou o primeiro lugar em importantes pesquisas de satisfação de clientes.

3. *Evite apresentações com slides e PowerPoint.* Essa máxima também era seguida por Steve Jobs. A crença de Bezos no poder da narrativa signifi-

ca que ele acha que seus colegas devem ser capazes de criar uma narrativa legível quando apresentam uma ideia. "Não usamos apresentações com PowerPoint (ou qualquer outro programa com slides) na Amazon", ele escreveu em uma recente carta aos acionistas. "Em vez disso, redigimos memorandos de seis páginas com uma estrutura narrativa. Lemos um no início de cada reunião em uma espécie de sala de estudo."

Os memorandos, limitados a seis páginas, devem ser escritos com clareza, o que Bezos acredita (corretamente) obriga a pensar com clareza. Muitas vezes eles são fruto de esforços colaborativos, mas podem ter um estilo pessoal. Às vezes, eles incorporam proposta de press releases. "Mesmo no exemplo de escrever um memorando de seis páginas, esse é um trabalho em equipe", ele afirma. "Alguém na equipe precisa ter essa habilidade."

4. *Foque as decisões importantes.* "Como executivo sênior, o que você realmente é pago para fazer?", ele pergunta. "Você é pago para tomar uma pequena quantidade de decisões significativas. Sua função não é tomar milhares de decisões todos os dias."

Ele divide as decisões que devem ser tomadas entre as que podem ser revertidas, e as irreversíveis. Estas últimas exigem muito mais cuidado. No caso das primeiras, ele procura descentralizar o processo. Na Amazon, ele criou o que chama de "múltiplos caminhos para o sim". Em outras empresas, ele aponta, uma proposta pode ser derrubada pelos supervisores em muitos níveis e precisa passar por todas essas etapas a fim de ser aprovada. Na Amazon, os funcionários podem vender suas ideias às centenas de executivos que têm condições de chegar ao sim.

5. *Contrate as pessoas certas.* "Continuaremos a nos concentrar em contratar e reter funcionários versáteis e talentosos", ele escreveu em uma das primeiras cartas aos acionistas. A remuneração, principalmente no início, era intensamente associada a ações e não a dinheiro. "Sabemos que nosso sucesso será amplamente afetado por nossa capacidade de atrair e reter uma base motivada de colaboradores, que devem pensar como e, consequentemente, ser proprietários."

*Introdução* 25

Existem três critérios que ele instrui os gerentes a considerarem ao contratar: Você admirará essa pessoa? Essa pessoa aumentará o nível de eficiência do grupo em que está ingressando? Até que ponto essa pessoa poderá ser um superastro?

Nunca foi fácil trabalhar na Amazon. Quando Bezos entrevista pessoas, ele avisa, "Você pode trabalhar muitas horas, com afinco ou com inteligência, mas na Amazon.com você não pode escolher duas em três." Bezos não apresenta desculpas. "Estamos trabalhando para construir algo importante, algo de valor para nossos clientes, algo que todos possamos contar para os nossos netos", ele fala. "Essas coisas não devem ser fáceis. Somos incrivelmente afortunados de ter esse grupo de funcionários dedicados cujos sacrifícios e paixão constroem a Amazon.com."

Essas lições me lembram de como Steve Jobs operava. Às vezes, esse estilo pode ser esmagador e para algumas pessoas pode parecer duro e até cruel. Mas também pode levar à criação de inovações extraordinárias e empresas que mudam a forma como vivemos.

Bezos fez tudo isso. Mas ele ainda tem muitos capítulos a escrever em sua história. Ele sempre teve espírito público, mas desconfio que nos próximos anos ele se dedicará mais à filantropia. Assim como os pais de Bill Gates o conduziram a essas empreitadas, Jackie e Mike Bezos têm sido modelos para Bezos, pois ele se concentra em missões como proporcionar uma ótima educação infantil para todas as crianças.

Também estou confiante de que ele tem, pelo menos, ainda um grande salto a dar. Desconfio que ele será — e está, é claro, ansioso para ser — um dos primeiros cidadãos comuns a ir para o espaço. Como ele disse para sua classe na formatura de 1982, "O espaço, a última fronteira, encontrem-me lá!"

Durante todos os anos de criação da Amazon para atingir seu incrível papel global, Bezos não poderia ter previsto a cascata de crises de 2020. A pandemia da COVID-19 criou um pico imediato na demanda de entregas de e-commerce quando as pessoas foram encorajadas a ficar em casa, e a Amazon se deparou com o enorme desafio de manter as dezenas de milhares de funcionários de depósito em segurança. Bezos disse que seu tempo e pensamentos ficaram "totalmente voltados para a COVID-19 e em como a Amazon poderia desempenhar melhor o seu papel". O *New York Times* informou que ele estava realizando chamadas diárias para ajudar a tomar decisões sobre questões como estoque, testagem de vírus, uma mudança acentuada em relação aos anos recentes quando Bezos tinha passado as responsabilidades cotidianas a executivos seniores enquanto focava projetos de longo prazo. E houve a pressão do congresso sobre a indústria de tecnologia. Em 29 de julho, Bezos testemunhou em uma audiência no Congresso com os CEOs do Facebook, da Google e da Apple. Em seu testemunho, Bezos falou dos desafios enfrentados pela nação: "Estamos em meio a uma muito necessária avaliação de uma disputa. Também enfrentamos os desafios das mudanças climáticas e da desigualdade de renda e estamos tropeçando em meio a uma crise provocada por uma pandemia global." E então ele mudou o tom para o lado positivo de um empreendedor. "Mesmo assim, com todos os nossos problemas e falhas, o resto do mundo adoraria dar um pequeno gole no elixir que temos aqui nos EUA... Ainda é o Primeiro Dia para este país."

# Uma Nota sobre as Fontes

Todo o conteúdo da Parte 1 e Parte 2 deste livro foi extraído das palavras e ideias de Jeff Bezos.

A Parte 1, "As Cartas aos Acionistas", é composta pela carta enviada por Jeff Bezos em abril de cada ano para os acionistas da Amazon.com.

A Parte 2, "Vida e Trabalho", foi baseada nas seguintes transcrições de entrevistas e palestras de Jeff Bezos:

Clube Econômico de Washington, em 13 de setembro de 2018 (David Rubenstein, entrevistador)

Entrevista Coletiva sobre o Compromisso com o Clima, em 19 de setembro de 2019

Conferência Transformadores do *Washington Post* em 18 de maio de 2016

Discurso de Jeff Bezos para a turma de graduação de Princeton de 2010

Conferência da Iniciativa Nacional de Defesa Reagan (RNDF), instituto Ronald Reagan (presidido por Fred Ryan, entrevista de Roger Zakheim) em 7 de dezembro de 2019

Washington, DC, evento em 9 de maio de 2019, para apresentação do módulo lunar, *Blue Moon*, da Blue Origin.

Conversas de Jeff Bezos com o irmão, Mark Bezos, na Conferência LA17, em 4 de novembro de 2017.

As seções da Parte 2 são extraídas das fontes indicadas:

Meu Presente na Vida (entrevista ao Clube Econômico)

Um Momento Crucial em Princeton (entrevista ao Clube Econômico)

"Somos o que Escolhemos Ser": Discurso na Formatura da Turma de 2010 em Princeton (discurso de Jeff Bezos para os formandos)

Engenhosidade (transcrição de conversa entre Jeff Bezos e Mark Bezos)

Por que Deixei o Setor de Investimentos para Vender Livros (entrevista ao Clube Econômico)

Encontrando a Causa Principal (entrevista ao Clube Econômico)

Criando Riqueza (entrevista ao Clube Econômico)

A Ideia do Prime (entrevista ao Clube Econômico)

Pensando Três Anos à Frente (entrevista ao Clube Econômico)

De onde Veio a Ideia da Amazon Web Services (entrevista ao Clube econômico)

Alexa, IA e Aprendizado de Máquina (conferência no *Washington Post*)

Lojas Físicas e Whole Foods (entrevista ao Clube Econômico)

Comprando o *Washington Post* (entrevista ao Clube Econômico)

Confiança (entrevista à RNDF)

Harmonia Trabalho-Vida (transcrição de conversa entre Jeff Bezos e Mark Bezos)

Recrutando Talentos: Você Quer Mercenários ou Missionários? (entrevista à RNDF)

Decisões (entrevista à RNDF)

Concorrência (entrevista à RNDF)

Escrutínio do Governo e Grandes Empresas (entrevista ao Clube Econômico)

O Compromisso com o Clima (entrevista coletiva sobre o Compromisso com o Clina)

O Fundo Bezos do Dia Um (entrevista ao Clube Econômico)

O Propósito de Ir Para o Espaço (Washington, DC, evento da Blue Origin)

Ainda é o Dia Um para a América (observações enviadas por Jeff Bezos antes de seu testemunho diante do Comitê da Câmara dos Representantes no Subcomitê Judiciário sobre Leis Antitruste, Comerciais e Administrativas em 29 de julho de 2020)

*Parte 1*

# AS
# CARTAS AOS
# ACIONISTAS

# Tudo Gira em Torno do Longo Prazo

# 1997

A MAZON.COM COMEMOROU VÁRIAS conquistas em 1997: no final do ano, atendemos mais de 1,5 milhão de clientes com uma receita de US$147,8 milhões, um crescimento de 838%, e ampliamos a liderança de mercado apesar da entrada de concorrentes agressivos.

Mas este é o Dia 1 para a internet e, se tivermos bom desempenho, para a Amazon.com. Hoje, o comércio online economiza dinheiro e tempo valioso para os clientes. Amanhã, por meio da personalização, o comércio online acelerará o processo de descoberta. A Amazon.com usa a internet para criar valor real para os clientes e, dessa forma, espera criar uma franquia duradoura, mesmo em mercados consagrados e expressivos.

Temos uma janela de oportunidade à medida que participantes mais fortes organizam recursos para buscar a oportunidade online e à medida que clientes, novos na compra online, estão receptivos à formação de novos relacionamentos. O cenário competitivo continuou a evoluir em ritmo acelerado. Muitos participantes importantes passaram ao setor online com ofertas válidas e dedicaram muita energia e recursos para construir consciência, tráfego e vendas. Nossa meta é solidificar e ampliar nossa posição atual enquanto começamos a buscar oportunidades de comércio online em outras áreas. Vemos oportunidades significativas nos grandes mercados que desejamos atingir. Essa estratégia envolve riscos: ela exige investimento sério e execução firme contra líderes de franquias estabelecidas.

## Tudo Gira em Torno do Longo Prazo

Acreditamos que uma medida fundamental de nosso sucesso será o valor do acionista que criamos no *longo prazo*. Esse valor será resultado direto da habilidade de ampliar e consolidar nossa atual posição de liderança no mercado. Quanto mais forte nossa liderança, mais poderoso será nosso modelo econômico. A liderança de mercado se traduzirá diretamente em receitas, lucros e velocidade de capital maiores, e retornos correspondentemente mais sólidos do capital investido.

Nossas decisões sempre refletem esse foco. Primeiro, nos avaliamos em termos das métricas mais indicativas de nossa liderança de mercado: aumento de número de clientes e de receita, a taxa de compras repetidas e a força de nossa marca. Investimos e continuaremos a fazê-lo agressivamente para ampliar e alavancar a base de clientes, a marca e a infraestrutura à medida que avançamos para criar uma franquia duradoura.

Devido à ênfase no longo prazo, tomamos decisões e analisamos compensações de modo diferente que outras empresas. Assim, queremos partilhar com vocês nossa abordagem fundamental de gestão e de tomada de decisões para que, na qualidade de acionistas, possam confirmar que ela é consistente com sua filosofia de investimento:

Continuaremos a focar incansavelmente os nossos clientes.

Continuaremos a tomar decisões de investimento com vistas a considerações de liderança de mercado de longo prazo e não considerações de lucro ou reações de Wall Street de curto prazo.

Continuaremos a medir nossos programas e a eficiência de nossos investimentos analiticamente a fim de descartar os que não proporcionam retornos aceitáveis e aumentar os que funcionam melhor. Continuaremos a aprender com nossos erros e sucessos.

Tomaremos decisões de investimento ousadas quando virmos suficientes probabilidades de obter vantagens de liderança de mercado. Alguns desses investimentos darão resultados, outros, não, e em ambos os casos, teremos aprendido mais uma lição valiosa.

Quando obrigados a escolher entre otimizar a aparência de nosso GAAP [Generally Accepted Accounting Principles — Princípios Contábeis Geralmente Aceitos] e maximizar o valor presente de fluxos de caixa futuros, escolheremos os fluxos de caixa.

Partilharemos nossos processos de pensamento estratégico com vocês quando fizermos escolhas ousadas (até onde as pressões competitivas permitirem), para que possam avaliar por si mesmos se estamos fazendo investimentos de liderança de longo prazo racionais.

Trabalharemos com afinco para gastar com sabedoria e manter nossa cultura enxuta. Compreendemos a importância de reforçar continuamente uma cultura preocupada com custos, especialmente em um negócio sujeito a perdas líquidas.

Equilibraremos nosso foco no crescimento com ênfase nos lucros de longo prazo e gestão de capital. Nessa etapa, escolheremos priorizar o crescimento porque acreditamos que escala é essencial para atingir o potencial de nosso modelo de negócios.

Continuaremos a nos concentrar na contratação e retenção de funcionários versáteis e talentosos e a preferir remunerá-los com opções de ações em vez de dinheiro. Sabemos que nosso sucesso será amplamente afetado por nossa capacidade de atrair e reter uma base motivada de colaboradores, que devem pensar como e, consequentemente, ser proprietários.

Não ousamos alegar que a filosofia de investimento acima é a "certa", mas é a nossa e seríamos negligentes se não fôssemos claros na abordagem que adotamos e continuaremos a adotar.

Com esses fundamentos, gostaríamos de revisar nosso foco nos negócios, nosso progresso em 1997, e nossas perspectivas para o futuro.

## Obsessão com os Clientes

Desde o início, nosso foco tem sido oferecer aos clientes um valor atraente. Compreendemos que a web era, e ainda é, a World Wide Wait. Portanto, decidimos oferecer aos clientes algo que eles simplesmente não conseguiriam de outra forma e começamos a atendê-los com livros. Oferecemos uma seleção muito maior do que seria possível em uma loja física (nossa loja ocuparia agora seis campos de futebol), e a apresentamos em um formato prático com busca e navegação fácil em uma loja aberta 365 dias por anos, 24 horas por dia. Mantemos um foco obstinado em melhorar a experiência de compra e, em 1997, melhoramos significativamente nossa loja. Hoje oferecemos aos clientes vales-presente, compras com 1-Clique e muito mais avaliações, conteúdo, opções de navegação e dispositivos de recomendação. Baixamos os preços extraordinariamente, aumentando o valor do cliente. O boca a boca continua a ser nossa ferramenta mais poderosa de aquisição de clientes e somos gratos a eles pela confiança em nós depositada. Compras repetidas e boca a boca combinaram-se para tornar a Amazon.com líder no mercado de vendas de livros online.

Sob muitos aspectos, a Amazon.com percorreu um longo caminho em 1997:

As vendas cresceram de US$15,7 milhões em 1996 para US$147,8 milhões — um aumento de 838%.

As contas cumulativas de clientes cresceram de 180 mil para 1,510 milhão — um aumento de 738%.

A porcentagem de compras repetidas cresceu de mais de 46% no quarto trimestre de 1996 para mais de 58% no mesmo período de 1997.

Em termos de alcance de público, segundo a Media Metrix, nosso site saiu do nonagésimo lugar e ficou entre os vinte primeiros.

Criamos relacionamentos de longo prazo com importantes parceiros estratégicos, incluindo America Online, Yahoo!, Excite, Netscape, GeoCities, AltaVista, @Home e Prodigy.

## Infraestrutura

Durante 1997, trabalhamos duro para expandir a infraestrutura do negócio a fim de auxiliar o intenso crescimento do tráfego, das vendas e dos níveis de atendimento:

A base de funcionários da Amazon.com passou de 158 a 614, e fortalecemos significativamente nossa equipe gerencial.

A capacidade do centro logístico passou de 4.700m² para 27 mil m², incluindo uma ampliação de 70% de nossas instalações em Seattle e o lançamento de nosso segundo centro logístico em Delaware, em novembro.

Os estoques aumentaram para mais de 200 mil títulos no final do ano, melhorando a disponibilidade para nossos clientes.

Nosso capital e o saldo de investimento no final do ano foram de US$125 milhões, graças à nossa oferta pública inicial em maio de 1997 e o empréstimo de US$75 milhões, possibilitando-nos uma significativa flexibilidade estratégica.

## Nossos funcionários

O sucesso do ano passado é resultado de um grupo talentoso, inteligente e dedicado do qual tenho orgulho de fazer parte. Definir um elevado padrão em nossa abordagem de contratação foi e continuará sendo o elemento mais importante do sucesso da Amazon.com.

Não é fácil trabalhar aqui (quando eu entrevisto pessoas, eu lhes digo, "Você pode trabalhar muitas horas, com afinco ou com inteligência, mas na Amazon.com você não pode escolher duas em três"), mas estamos trabalhando para construir algo importante, algo de valor para nossos clientes, algo que todos possamos contar para os nossos netos. Essas coisas não devem ser fáceis. Somos incrivelmente afortunados de ter esse grupo de funcionários dedicados cujos sacrifícios e paixão constroem a Amazon.com.

## Metas para 1998

Ainda estamos nos primeiros estágios de aprender como trazer novo valor para os clientes por meio do comércio e merchandising na internet. Nossa meta é continuar a solidificar e ampliar nossa marca e base de clientes. Isso exige investimento sustentado em sistemas e infraestrutura que apoiem uma excelente conveniência, seleção e atendimento ao cliente enquanto crescemos. Planejamos acrescentar música à nossa oferta de produtos e, ao longo do tempo, acreditamos que outros produtos serão investimentos prudentes. Também achamos que há oportunidades significativas para melhor atender o público no estrangeiro, como reduzir tempo de entrega e melhor adequar a experiência do cliente. Certamente, grande parte de nosso desafio não será encontrar novos meios de expandir os negócios, mas em priorizar nossos investimentos.

Hoje sabemos muito mais sobre comércio online do que quando a Amazon.com foi fundada, mas ainda temos muito a aprender. Embora sejamos otimistas, precisamos ficar atentos e manter um senso de urgência. Os desafios e dificuldades que enfrentaremos para tornar a visão de longo prazo para a Amazon.com uma realidade são vários: concorrência agressiva, capaz e bem fundamentada; desafios de crescimento consideráveis e riscos de execução; riscos de expansão geográfica e de produtos; e necessidade de grandes investimentos contínuos para atender às oportunidades de mercado em expansão. Entretanto, como já dissemos, venda de livros online e comércio online em geral deverá se mostrar um mercado muito amplo, e é provável que muitas empresas verão benefícios significativos. Nós nos sentimos bem sobre o que fizemos e estamos empolgados sobre o que queremos fazer 1997 foi realmente um ano incrível. Nós, na Amazon.com, somos gratos a nossos clientes por seus negócios e confiança, uns aos outros por nosso trabalho duro e aos nossos acionistas por seu apoio e encorajamento.

# Obsessões

## 1998

O S ÚLTIMOS TRÊS anos e meio têm sido empolgantes. Atendemos 6,2 milhões de clientes cumulativos, saímos de 1998 com uma receita recorrente de US$1 bilhão, lançamos lojas de música, vídeo e presentes nos Estados Unidos, abrimos lojas no Reino Unido e na Alemanha e, recentemente, lançamos a Amazon.com Auctions [Leilões].

Acreditamos que os próximos três anos e meio serão ainda mais empolgantes. Trabalhamos para construir um local em que dezenas de milhões de clientes possam procurar e encontrar qualquer coisa que queiram comprar online. É realmente o Dia 1 para a internet e, se executarmos bem nosso plano de negócios, continuará sendo o Dia 1 para a Amazon.com. Considerando o que aconteceu, pode ser difícil imaginar, mas achamos que as oportunidades e riscos que nos esperam são ainda maiores que os que já enfrentamos. Teremos que fazer muitas escolhas conscientes e deliberadas, algumas das quais serão ousadas e não convencionais. Esperamos que algumas se tornem vencedoras. Certamente, algumas mostrarão ser equivocadas.

## Recapitulando 1998

O intenso foco nos clientes nos ajudou a fazer progresso significativo em 1998:

As vendas cresceram de US$148 milhões em 1997 para US$610 milhões — um aumento de 313%.

Contas de clientes cumulativas cresceram de 1,5 milhão no final de 1997 para 6,2 milhões no final de 1998 — um aumento superior a 300%.

Apesar do grande aumento de novos clientes, a porcentagem de compras repetidas na Amazon.com cresceu de mais de 58% no quarto trimestre de 1997 para mais de 64% no mesmo período de 1998.

Nossa primeira grande expansão de produto, a Amazon.com music store, tornou-se a varejista líder de música online em seu primeiro trimestre.

Seguindo o lançamento de outubro sob a marca Amazon e com a tecnologia da Amazon.com, as vendas combinadas do quarto trimestre nas lojas do Reino Unido e da Alemanha foram praticamente quatro vezes maiores que as do terceiro trimestre, definindo a Amazon.co.uk e a Amazon.de como líderes de vendas de livros online em seus mercados.

O acréscimo de música foi seguido pelo de vídeo e presentes em novembro, e nos tornamos a varejista líder de vídeo online em apenas seis semanas.

Vinte e cinco por cento das vendas do quarto trimestre de 1998 originaram-se da Amazon.co.uk, da Amazon.de e das vendas de músicas, vídeos e presentes na Amazon.com, todos negócios bastante recentes.

Melhoramos significativamente a experiência do cliente com inovações como a compra com 1-Clique, o Gift Click [Clique Presente], a classificação de vendas em toda a loja e as recomendações instantâneas.

A receita e o crescimento de clientes em 1998 e o crescimento contínuo em 1999 dependeram, e continuarão a depender, da expansão de nossa infraestrutura. Alguns destaques:

Em 1998, nossa base de funcionários cresceu de aproximadamente 600 para mais de 2.100 e reforçamos significativamente nossa equipe gerencial.

Abrimos centros de distribuição e atendimento ao cliente no Reino Unido e na Alemanha e, no início de 1999, anunciamos a locação de um centro logístico altamente mecanizado de aproximadamente 30 mil m² em Fernley, Nevada. Esta última adição mais que dobrará nossa capacidade total de distribuição e nos permitirá melhorar ainda mais o tempo de envio dos produtos aos clientes.

Os estoques aumentaram de US$9 milhões no início do ano para US$30 milhões no fim do ano, melhorando a disponibilidade de produtos para nossos clientes e o seu custo por meio de compra direta do fabricante.

Nossa disponibilidade de caixa e nossas aplicações financeiras após maio de 1998, com a colocação no mercado de títulos de dívida com taxas de juros atraentes, e no início de 1999 com o lançamento de títulos de dívida conversíveis em ações, alcança, neste momento, mais de US$1,5 bilhão (dados preliminares), proporcionando à empresa uma grande capacidade financeira e flexibilidade estratégica.

Pudemos nos beneficiar de um modelo de negócios que não exige grande investimento de recursos e proporciona boa geração de caixa. Como não precisamos construir lojas físicas, dispensando a necessidade de abastecê-las, nosso modelo de distribuição centralizada nos permitiu estruturar um negócio capaz de movimentar bilhões de dólares com apenas US$30 milhões de mercadorias em estoque e outros US$30 milhões em instalações e equipamentos. Em 1998, o fluxo operacional de caixa atingiu US$31 milhões, superando os US$28 milhões investidos no ativo imobilizado.

## Nossos Clientes

Pretendemos criar a empresa mais centrada no cliente do mundo. Acreditamos que clientes são perceptivos e inteligentes e que a imagem da marca acompanha a realidade, e não o contrário. Nossos clientes nos dizem que escolhem a Amazon.com e falam com os amigos a nosso respeito devido à seleção, à facilidade de uso, aos preços baixos e ao atendimento que prestamos.

Mas não há descanso para os exaustos. Constantemente lembro aos nossos funcionários de terem medo, de acordarem todas as manhãs apavorados. Não por causa de nossa concorrência, mas dos clientes. Eles tornaram a empresa o que ela é, e é com eles que nos relacionamos e com quem temos um compromisso importante. Nos os consideramos leais à empresa — até o momento em que um concorrente lhes oferecer um atendimento melhor.

Precisamos nos comprometer em aprimorar, experimentar e inovar constantemente em todas as iniciativas. Adoramos ser pioneiros, está no DNA da empresa e é uma coisa boa também, porque precisamos desse espírito pioneiro para ter sucesso. Temos orgulho da diferenciação que construímos por meio da inovação constante e do foco incansável na experiência do cliente e acreditamos que nossas iniciativas em 1998 refletem este fato: nossas lojas de música e vídeo no Reino Unido e na Alemanha, como nossa loja de livros nos EUA, são da melhor qualidade.

## Trabalhe Duro, Divirta-se, Faça História

Seria impossível produzir resultados em um ambiente tão dinâmico como a internet sem pessoas extraordinárias. Trabalhar para criar um pedaço da história não é fácil e, bem, achamos que as coisas são como devem ser! Atualmente, temos uma equipe de 2.100 pessoas inteligentes, dedicadas e apaixonadas, que priorizam os clientes. Definir um padrão elevado em nossa abordagem de contratação tem sido, e continuará a ser, o elemento mais importante do sucesso da Amazon.com.

Nas reuniões de contratação, pedimos às pessoas que considerem três fatores antes de tomar uma decisão:

*Você admirará essa pessoa?* Se você pensar nas pessoas que admirou na vida, elas provavelmente são pessoas que lhe ensinaram algo ou serviram de exemplo. Eu sempre me esforcei para trabalhar com pessoas que admiro e encorajo nossos colaboradores a ser igualmente exigentes. A vida é definitivamente curta demais para fazer o contrário.

*Essa pessoa elevará o nível de eficiência do grupo em que está ingressando?* Queremos combater a entropia. O padrão precisa subir constantemente. Peço às pessoas que imaginem a empresa daqui a cinco anos. Nesse ponto, cada um de nós deverá olhar em volta e dizer, "Os padrões estão muito altos agora — cara, estou feliz por ter entrado naquela época!"

*Em que medida essa pessoa poderá se tornar um superastro?* Muitas pessoas possuem habilidades, interesses e perspectivas únicas que enriquecem o ambiente de trabalho para todos. Muitas vezes, é algo não relacionado ao seu trabalho. Uma de nossas funcionárias foi Campeã Nacional de Soletração (creio que em 1978). Acho que esse fato não a ajuda nas tarefas diárias, mas torna trabalhar aqui mais divertido se você a encontrar no corredor e lhe lançar um rápido desafio: "onomatopeia!"

## Metas para 1999

Ao olharmos para a frente, acreditamos que as oportunidades de e-commerce em geral são enormes, e 1999 será um ano importante. Embora a Amazon.com tenha estabelecido uma forte posição de liderança, é certo que a concorrência será ainda maior. Planejamos investir agressivamente, para criar a fundação de uma empresa com receita multibilionária que atenda a dezenas de milhões de clientes com excelência operacional e máxima eficiência. Embora esse nível de investimento futuro seja custoso e apresente vários riscos, acreditamos que proporcionará a melhor experiência para os clientes em todo o processo e que realmente oferecerá uma abordagem de criação de valor de longo prazo menos arriscada para os investidores.

Os elementos de nosso plano para 1999 não os surpreenderão:

*Capacidade de distribuição:* Pretendemos criar uma infraestrutura de distribuição significativa para atender a todas as vendas feitas por nossos clientes, com acesso rápido a um amplo estoque de produtos.

*Capacidade dos sistemas:* Expandiremos a capacidade de nossos sistemas para atender a níveis de crescimento equivalentes. O grupo de sistemas realiza uma tarefa importante: ampliar para atender ao crescimento de curto prazo, reestruturar sistemas para uma escala multibilionária e dezenas de milhares de clientes, criar funções e sistemas para inovações e novas iniciativas e aumentar a excelência e a eficiência operacional. Ao mesmo tempo, mantemos uma loja multibilionária de 8 milhões de clientes aberta e disponível em uma base 24 horas por dia, 7 dias por semana.

*Promessa de marca:* A Amazon.com ainda é uma empresa pequena e jovem em comparação aos grandes varejistas off-line, e precisamos garantir a formação de relacionamentos amplos e sólidos com os clientes durante esse período crítico.

*Ofertas de produtos e serviços expandidos:* Em 1999, continuaremos a aperfeiçoar a gama de ofertas de produtos e serviços atuais, além de acrescentar novas iniciativas. A Amazon.com Auction é nosso lançamento mais recente. Se vocês não experimentaram esse serviço, eu sugiro que corram — não andem — para www.amazon.com e cliquem na aba Auctions. Como cliente da Amazon.com, você está pré-registrado para apresentar lances ou vender. Como vendedor, você tem acesso aos 8 milhões de experientes compradores online da Amazon.com.

*Processos e bench strength [reserva de talentos]:* Complicamos nossos negócios drasticamente com novos produtos, serviços, locais, aquisições e adições ao nosso modelo de negócio. Pretendemos investir em equipes, processos, comunicação e práticas de desenvolvimento de pessoas. Escalar dessa maneira está entre os elementos mais desafiadores e difíceis de nosso plano.

A Amazon.com deu vários passos à frente no ano passado, mas ainda há muito a aprender e fazer. Continuamos otimistas, mas precisamos ficar vigilantes e manter o senso de urgência. Enfrentamos vários desafios e dificuldades. Entre eles, concorrência agressiva, capaz e bem fundamentada, desafios do crescimento e riscos de execução associados à nossa expansão e a necessidade de grandes investimentos contínuos para atender às oportunidades do mercado em expansão.

O mais importante que posso dizer nesta carta foi dito na carta do ano passado, que detalhou nossa abordagem de investimentos a longo prazo. Como temos muitos acionistas novos (este ano estamos imprimindo mais de 200 mil dessas cartas — no ano passado, imprimimos cerca de 13 mil), anexamos a carta do ano passado a esta. Eu os convido a ler a seção intitulada "Tudo Gira em Torno do Longo Prazo". Talvez queiram lê-la duas vezes para se certificar de que somos o tipo de empresa na qual gostariam de investir. Nela, não afirmamos adotar a filosofia certa, apenas que ela é nossa!

Agradecemos e desejamos o melhor a todos os nossos clientes, acionistas e pessoas que trabalham apaixonadamente todos os dias para construir uma empresa importante e duradoura.

# Construindo para o Longo Prazo

# 1999

OS PRIMEIROS QUATRO anos e meio de nossa jornada produziram alguns resultados incríveis: atendemos a mais de 17 milhões de clientes em mais de 150 países e construímos uma marca e plataforma de e-commerce líderes globais.

Nos próximos anos, esperamos nos beneficiar da contínua aceitação do comércio online no mundo enquanto milhões de novos consumidores se conectam à internet pela primeira vez. À medida que a experiência de comprar online continua a melhorar, o mesmo ocorrerá com a confiança e a segurança, promovendo maior adesão. E, se fizermos bem o nosso trabalho na Amazon.com, atenderemos melhor esses novos clientes e nos beneficiaremos.

### Uma Recapitulação de 1999

Durante 1999, nosso incansável foco no cliente funcionou:

As vendas cresceram de US$610 milhões em 1998 para US$1,64 bilhões — um aumento de 169%.

Conquistamos 10,7 milhões de novos clientes, aumentando as contas cumulativas de clientes de 6,2 milhões para 16,9 milhões.

A porcentagem de compras repetidas cresceu de mais de 64% no quarto trimestre de 1998 para mais de 73% no mesmo período em 1999.

Clientes em todo o mundo escolhem a Amazon.com em busca de uma grande variedade de produtos. Há apenas dois anos, o negócio de livros da Amazon.com nos Estados Unidos representava 100% de nossas vendas. Hoje, apesar do forte crescimento de livros nos EUA, outras áreas representam mais que a metade de nossas vendas. Iniciativas importantes em 1999 incluíram Auctions, zShops, Brinquedos, Eletrônicos de Consumo, Materiais de Construção, Software, Videogames, Pagamentos e nossa iniciativa sem fio, Amazon Anywhere.

Continuamos a ser reconhecidos como os melhores não só em áreas mais consagradas como livros, mas também em nossas lojas mais recentes. Para citar apenas uma área, a Amazon Toys recebeu diversos prêmios, além de ter sido classificada como a loja de brinquedos online nº1 pela Forrester Research, e a primeira na Consumer Reports na categoria de brinquedos vendidos pela internet, em todos os casos vencendo vários participantes mais antigos.

As vendas fora dos Estados Unidos representaram 22% dos negócios, totalizando US$358 milhões. No Reino Unido e na Alemanha, acrescentamos Música, Leilões e zShops. Na verdade, a Amazon.co.uk, Amazon.de e Amazon.com são agora os três domínios de varejo online mais populares na Europa.

Aumentamos nossa capacidade de distribuição mundial de cerca de 28 mil m$^2$ para 470 mil m$^2$ em menos de 12 meses.

Em parte devido a essa infraestrutura, aumentamos a receita em 90% em três meses, ao mesmo tempo em que entregamos mais de 99% de nossos pedidos de Natal no prazo. Até onde temos conhecimento, nenhuma outra empresa cresceu 90% em três meses com vendas de mais de US$1 bilhão.

Tenho muito orgulho de todos na Amazon.com por seus esforços incansáveis para criar o que é o padrão classe Amazon.com de experiência do cliente ao mesmo tempo em que lidam com taxas de crescimento extraordinárias. Se algum de vocês, acionistas, quiser agradecer a essa incrível equipe mundial, sintam-se à vontade de enviar um e-mail para jeff@amazon.com. Com a ajuda de minha incrível equipe administrativa, eu os reunirei e enviarei à empresa. Tenho certeza de que serão apreciados. (Como um benefício adicional, verei se alguém lê essas cartas!)

Em 1999, continuamos a nos beneficiar de um modelo de negócios com utilização eficiente de capital. Não precisamos construir lojas físicas ou estocar essas lojas com mercadorias, e nosso modelo de distribuição centralizado nos permitiu construir um negócio com mais de US$2 bilhões de vendas anuais, mas que requer apenas US$200 milhões em estoque e US$318 milhões no ativo imobilizado. Nos últimos cinco anos, usamos cumulativamente apenas US$62 milhões em caixa operacional.

## O Que Você Tem?

Em um evento recente no campus da Universidade Stanford, uma jovem foi até o microfone e me fez uma ótima pergunta: "Eu tenho cem ações da Amazon.com. O que eu tenho?"

Fiquei surpreso por não ter ouvido isso antes, pelo menos, não com tanta simplicidade. O que você tem? Você tem uma parte da plataforma líder em e-commerce.

A plataforma da Amazon.com é composta por marca, clientes, tecnologia, capacidade de distribuição, grande experiência em e-commerce e uma ótima equipe com paixão por inovação e atender bem aos clientes. Começamos o ano de 2000 com 17 milhões de clientes, uma reputação mundial de foco no cliente, os melhores sistemas de software para e-commerce e uma infraestrutura de atendimento ao cliente e distribuição especialmente concebidos. Acreditamos ter chegado a um "ponto crítico" em que essa plataforma nos permite lançar novos negócios de e-commerce mais depressa, com melhor qualidade para a experiência do cliente, um custo incremental mais baixo, maior chance de sucesso e um caminho mais rápido para escalar e lucrar do que qualquer outra empresa.

Nossa visão é usar essa plataforma para criar a empresa mais centrada no cliente do mundo, um local em que eles possam encontrar e descobrir tudo e qualquer coisa para comprar online. Não faremos isso sozinhos, mas ao lado de milhares de parceiros de todos os tamanhos. Ouviremos os clientes, inventaremos pensando neles e personalizaremos a loja para cada um deles, ao mesmo tempo em que trabalharemos duro para continuar a conquistar sua confiança. Como deve estar claro, essa plataforma nos oferecerá uma oportunidade incomum em larga escala que, se aproveitada ao máximo, será muito valiosa para clientes e acionistas. Apesar dos muitos riscos e complexidades, estamos profundamente comprometidos com essa tarefa.

## Metas para 2000

A Amazon.com. tem seis metas importantes para 2000: aumentar a quantidade de clientes e consolidar o relacionamento com cada um deles; expandir continuamente os produtos e serviços que oferecemos; levar excelência operacional a todas as áreas da empresa; expandir internacionalmente; expandir programas de parceria; e, por fim, igualmente importante, buscar lucratividade em todas as áreas de que participamos. Falarei um pouco sobre cada meta.

*Aumentar e consolidar relacionamentos com clientes:* Continuaremos a investir intensamente em apresentações a novos clientes. Embora às vezes seja difícil imaginar com tudo o que aconteceu nos últimos cinco anos, este continua sendo o Dia 1 para o e-commerce, e esses são os primeiros dias da formação da categoria em que muitos clientes estão criando relacionamentos pela primeira vez. Precisamos trabalhar duro para aumentar o número de clientes que compram conosco, a quantidade de produtos que compram, a frequência com que compram e nível de satisfação que têm quando o fazem.

*Expandir produtos e serviços:* Estamos trabalhando para construir um local em que os clientes possam encontrar e descobrir qualquer coisa que queiram comprar, a qualquer momento, em qualquer lugar. Cada novo produto ou serviço que oferecemos nos torna mais relevantes para um grupo maior de clientes e aumenta a frequência com que visitam nossa loja. Assim, à medida que expandimos nossas ofertas, criamos um círculo virtuoso para todo o negócio. Quanto maior a frequência com que visitam a loja, menos tempo, energia e investimento de marketing é exigido para fazê-los voltar. Quem vê cara, vê coração.

Além disso, à medida que expandimos, cada nova loja tem uma equipe dedicada que trabalha para torná-la a melhor da categoria; assim, cada nova loja também é uma nova oportunidade de demonstrar aos clientes nosso foco neles. Finalmente, cada novo produto ou serviço alavanca ainda mais nossos investimentos em distribuição, atendimento ao cliente, tecnologia e marca, e potencializa nossos lucros.

*Levar excelência operacional:* Para nós excelência operacional implica dois fatores: proporcionar melhoria contínua na experiência do cliente e aumentar produtividade, eficiência de margem e rotatividade de ativos em todos nossos negócios.

Muitas vezes, a melhor forma de produzir uma é fazer a outra. Por exemplo, uma distribuição mais eficiente agiliza os prazos de entrega o que, por sua vez, reduz contatos por pedido e custos de atendimento ao cliente. Esses, por sua vez, melhoram a experiência do cliente e constroem a marca, e consequentemente reduzem os custos de aquisição e retenção de clientes.

A empresa está totalmente focada em produzir excelência operacional em cada área de negócios em 2000. Ser uma empresa de classe mundial em experiência do cliente e nas operações permitirá que cresçamos mais depressa e entreguemos serviços de nível ainda mais elevado.

*Expandir internacionalmente:* Acreditamos que os clientes fora dos Estados Unidos são ainda mais mal servidos pelo varejo do que em nosso país e, com a plataforma instalada, a Amazon.com está bem posicionada para se tornar líder mundial no setor. Já temos marcas, vendas e clientes em número significativo em todo o mundo, pois enviamos para mais de 150 países há quase cinco anos. Tenho o prazer de informar que nossas lojas no Reino Unido e na Alemanha tiveram um ótimo começo: elas já se encontram entre as dez principais propriedades da web e o site nº 1 de e-commerce em cada um desses países. Nossos clientes e acionistas em todo o mundo podem esperar uma expansão geográfica a partir dessa base no próximo ano.

*Expandir programas de parceria:* Por meio de nossa plataforma, criamos muito valor para nossos parceiros, como drugstore.com. Na verdade, nossa experiência até agora sugere que a Amazon.com pode facilmente ser o meio mais eficiente e capaz para nossos parceiros desenvolverem seus negócios. Em muitas áreas, as parcerias são a melhor forma para expandir rapidamente nossa loja de um modo lucrativo e focado no cliente. Um ponto que vale a pena enfatizar: a qualidade da experiência do cliente gerada por um parceiro é o critério mais importante em nosso processo de seleção — simplesmente não criaremos parcerias com empresas que não partilhem de nossa paixão por atender aos clientes.

Adoramos essas parcerias porque elas agradam aos clientes, aos nossos parceiros, e são financeiramente atraentes, agradando aos nossos acionistas: vocês e nós.

*Buscar lucratividade em todas as áreas de que participamos:* Cada uma das metas anteriores contribui para o nosso persistente objetivo de construir a melhor franquia, mais lucrativa e duradoura e de maior retorno de capital. Assim, de certa forma, estimular a lucratividade é a base que sustenta todas essas metas. No próximo ano, esperamos produzir uma melhoria significativa de margem e alavancagem operacional enquanto geramos melhoria contínua na parceria com fornecedores, em nossa produtividade e eficiência, na gestão de capital fixo e de giro, e na competência em gerir o mix de produtos e preços.

Cada produto e serviço sucessivo que lançarmos este ano melhorarão nossa plataforma, tornando a curva de investimentos menos acentuada e reduzindo o prazo para obtenção de lucros para cada negócio em geral.

## Tudo Gira em Torno do Longo Prazo

Finalizando, pense nesse ponto importante: a experiência de compra online atual é a pior que jamais será. Hoje é boa o suficiente para atrair 17 milhões de clientes, mas melhorará muito. O aumento da banda larga resultará em visualizações mais rápidas de páginas e conteúdo mais rico. Outras melhorias levarão a "acesso permanente" (o que espero será um grande impulsionador para compras online em casa, em comparação ao escritório) e veremos crescimento significativo em acesso por dispositivos sem fio e que não sejam computadores. Além disso, é ótimo participar do que é um mercado multitrilionário global, no qual somos muito pequenos. Somos duplamente afortunados. Temos uma oportunidade ilimitada em termos de tamanho de mercado em uma área em que a tecnologia básica estrutural que empregamos melhora todos os dias. Isso não é normal.

Como sempre, nós, na Amazon.com, somos gratos aos nossos clientes por suas compras e confiança, uns aos outros por nosso trabalho duro e aos nossos acionistas por seu apoio e encorajamento. Muito, muito obrigado.

# Planejando o Futuro

## 2000

Aí! Foi um ano terrível para muitos que atuam nos mercados de capitais e certamente para os acionistas da Amazon.com. No momento em que escrevo, nossas ações caíram mais de 80% desde quando escrevi para você no ano passado. Mesmo assim, por quase todas as medidas, a Amazon.com está em uma posição mais forte agora do que em qualquer momento no passado.

Atendemos a 20 milhões de clientes em 2000, um aumento de seis milhões em relação a 1999.

As vendas aumentaram US$2,76 bilhões em 2000, em comparação aos US$1,64 bilhão em 1999.

Conforme dados preliminares, o prejuízo operacional caiu para 6% das vendas no quarto trimestre de 2000, quando era de 26% das vendas no quarto trimestre de 1999.

Conforme dados preliminares, o prejuízo operacional nos Estados Unidos caiu para 2% das vendas no quarto trimestre de 2000, de 24% das vendas no quarto trimestre de 1999.

O gasto médio por cliente em 2000 foi de US$134, uma alta de 19%.

O lucro bruto aumentou para US$656 milhões em 2000, de US$291 milhões em 1999, um aumento de 125%.

Quase 36% dos clientes norte-americanos no quarto trimestre de 2000 compraram de uma de nossas lojas "non-BMV" [Books, Magazines, Videos — Livros, Revistas e Vídeos] como eletrônicos, ferramentas e utensílios de cozinha.

Vendas internacionais aumentaram para US$381 milhões em 2000, em comparação a US$168 milhões em 1999.

Ajudamos nosso parceiro Toysrus.com a vender mais de US$12 milhões em brinquedos e videogames no quarto trimestre de 2000.

Terminamos 2000 com o total de caixa e títulos negociáveis no valor de US$1,1 bilhão, em comparação a US$796 milhões no final de 1999, graças a nosso lançamento de títulos em euro conversíveis em ações no início de 2000.

E, mais importante, nosso foco intenso no cliente se refletiu em uma pontuação de 84 no Índice de Satisfação do Cliente Americano. Fomos informados que essa foi a maior pontuação já registrada para uma empresa prestadora de serviços em qualquer setor.

Assim, se a posição da empresa hoje é melhor do que há um ano, por que o preço das ações é tão menor do que naquele período? Como disse o famoso investidor Benjamin Graham, "No curto prazo, o mercado de ações é uma máquina de votação; no longo prazo, é uma máquina de pesagem". É evidente que houve muita votação no boom de 1999 — e muito menos pesagem. Somos uma empresa que quer e será pesada — no longo prazo, todas empresas o são. Enquanto isso, concentramo-nos em trabalhar para construir uma empresa cada vez mais "pesada".

Muitos de vocês me ouviram falar sobre as "apostas ousadas" que a empresa fez e continuará a fazer — elas incluíram de tudo, de investimentos em tecnologias digitais e sem fio a investimentos em empresas de e-commerce menores, como living.com e Pets.com, ambas que encerraram as operações em 2000. Fomos acionistas de peso em ambas e perdemos uma significativa quantia de dinheiro nas duas.

Fizemos esses investimentos porque sabíamos que não entraríamos nessas categorias tão cedo, e realmente acreditamos na metáfora da "corrida por terras" na internet. De fato, essa metáfora foi muito útil às decisões durante vários anos a partir de 1994, mas agora acreditamos que sua utilidade desapareceu em grande parte nos últimos dois anos. Em retrospecto, subestimamos o tempo disponível para entrar em cada uma dessas categorias e o quanto seria difícil para empresas de e-commerce de categoria única atingir a escala necessária para ter êxito.

As vendas online (em comparação ao varejo tradicional) é um negócio de escala caracterizado por elevados custos fixos e custos variáveis relativamente baixos. Esses fatores dificultam a existência de uma empresa de e-commerce média. Com fôlego financeiro suficiente, a Pets. com e a living.com poderiam ter conquistado o número de clientes para atingir a escala necessária. Mas quando os mercados de capital fecharam as portas de financiamentos para empresas de internet, elas não tiveram outra escolha senão encerrar as atividades. Por mais doloroso que fosse, a alternativa — investir mais nessas empresas para mantê-las funcionando — seria um erro ainda maior.

## Futuro: O Setor Imobiliário Não Obedece à Lei de Moore

Passemos ao futuro. Por que ser otimista quanto ao futuro do e-commerce e da Amazon.com?

O crescimento da indústria e a conquista de novos clientes serão impulsionados nos próximos anos por melhorias persistentes na experiência do cliente em compras online. Essas melhorias serão impulsionadas por inovações possibilitadas por aumentos extraordinários na largura de banda, espaço em disco e capacidade de processamento, elementos cujo preço está diminuindo rapidamente.

O desempenho de preço da capacidade de processamento dobra a cerca de cada dezoito meses (Lei de Moore), o de espaço de disco dobra a cada doze meses e o da banda larga dobra a cada nove meses. Considerando a última taxa de duplicação, a Amazon.com poderá usar seis vezes a quantidade de largura de banda por cliente daqui a cinco anos enquanto mantém o custo de largura de banda por cliente constante. De forma semelhante, melhorias no desempenho de preço em espaço de disco e capacidade de processamento nos permitirá, por exemplo, realizar mais e melhores personalizações em nosso site em tempo real.

No mundo físico, varejistas continuarão a usar a tecnologia para reduzir custos, mas não para transformar a experiência do cliente. Também usaremos a tecnologia para reduzir custos, mas o efeito mais significativo será usá-la para impulsionar aceitação e receita. Ainda acreditamos que cerca de 15% do comércio varejista passará para plataformas online.

Embora não possamos tirar conclusões e ainda temos muito a provar, hoje a Amazon.com é um bem único. Temos a marca, os relacionamentos com clientes, a tecnologia, a infraestrutura logística, a força financeira, as pessoas e a determinação de ampliar nossa liderança nessa indústria jovem e construir uma empresa importante e duradoura. E o faremos mantendo o cliente em primeiro lugar.

O ano de 2001 será importante para o nosso desenvolvimento. Como 2000, será um ano de foco e execução. Para começar, definimos a meta de atingir um lucro operacional preliminar no quarto trimestre. Embora haja muito trabalho a fazer e não haja garantia, temos um plano para atingi-la, ela é nossa maior prioridade e todos na empresa estão comprometidos em ajudar a alcançá-la. Espero informá-los de nosso progresso no ano que vem.

Nós, na Amazon.com, continuamos agradecidos aos nossos clientes por suas compras e confiança, uns aos outros por nosso trabalho duro e aos nossos acionistas por seu apoio e encorajamento. Muito, muito obrigado.

# A Franquia do Cliente é Nosso Bem Mais Valioso

## 2001

EM JULHO DO ano passado, a Amazon.com alcançou uma etapa importante. Depois de quatro anos de foco rigoroso no crescimento e de dois anos passados quase exclusivamente na redução de custos, atingimos um ponto em que equilibraremos crescimento e melhoria nos custos, dedicando recursos e projetos com equipes a ambos. Nossa principal redução de preços em julho, dando descontos de 30% sobre o preço de tabela em livros acima de US$20, marcou essa mudança.

Esse equilíbrio começou a apresentar resultados no quarto trimestre, quando superamos significativamente nossas metas de lucratividade e, ao mesmo tempo, tornamos a acelerar o crescimento dos negócios. Baixamos os preços novamente em janeiro quando oferecemos um novo tipo de frete grátis (o ano todo) para pedidos acima de US$99. O foco na melhoria de custos possibilita oferecer preços mais baixos, o que estimula o crescimento. O crescimento estende os custos fixos a mais vendas, reduzindo o custo unitário, o que possibilita mais reduções de preço. Os clientes gostam disso e é bom para os acionistas. Pretendemos repetir esse ciclo.

Como mencionei, superamos nossas metas para o quarto trimestre com lucro operacional projetado de US$59 milhões e lucro líquido projetado de US$35 milhões. Milhares de funcionários da Amazon.com em todo o mundo trabalharam duro para atingir essa meta; eles têm, com razão, orgulho dessa conquista. Mais destaques sobre um ano notável:

As vendas cresceram 13%, de US$2,76 bilhões em 2000 para US$3,12 bilhões em 2001; atingimos nosso primeiro quarto de bilhão de dólares com o reaquecimento das vendas e um crescimento ano a ano por unidade de 23% no quarto trimestre.

Atendemos 25 milhões de contas de clientes em 2001, comparadas a 20 milhões em 2000 e 14 milhões em 1999.

As vendas internacionais cresceram 74% em 2001, e mais que 1/4 delas foram geradas fora dos Estados Unidos. O Reino Unido e a Alemanha, nossos maiores mercados internacionais, tiveram um lucro operacional preliminar combinado pela primeira vez no quarto trimestre. Aberta apenas há um ano, a loja do Japão teve uma receita recorrente anual de US$100 milhões no quarto trimestre.

Centenas de milhares de pequenas empresas e indivíduos ganharam dinheiro vendendo produtos novos e usados diretamente aos nossos clientes a partir de nossas muito visitadas páginas de detalhes de produtos. Os pedidos do Marketplace, lançado em novembro de 2000, cresceram 15% nos EUA no quarto trimestre, superando em muito nossas expectativas.

A rotatividade de estoque aumentou de 12 em 2000 para 16 em 2001.

Mais importante, continuamos incansavelmente focados no cliente, como mostram os 84 pontos obtidos pelo segundo ano seguido no conceituado Índice de Satisfação do Cliente Americano conduzido pela Universidade de Michigan. Disseram-nos que essa foi a maior pontuação já registrada — não apenas por varejistas, mas por qualquer empresa de serviços.

## Obsessão com os Clientes: Nosso Compromisso Continua

Até julho, a Amazon.com tinha sido construída principalmente sobre dois pilares da experiência do cliente: seleção e conveniência. Em julho, como já comentei, acrescentamos um terceiro pilar: persistente redução de preços. Você deve saber que nosso comprometimento com os dois primeiros pilares continua tão forte quanto sempre.

Hoje temos mais de 45 mil itens em nossa loja de eletrônicos (cerca de sete vezes a seleção que você provavelmente encontrará em uma grande loja física do ramo), triplicamos a seleção de utensílios de cozinha (com as melhores marcas), lançamos lojas de assinatura para computadores e revistas e aumentamos a seleção com parceiros estratégicos como a Target e Circuit City.

Aperfeiçoamos a conveniência com funções como o Instant Order Update, que avisa se você vai comprar o mesmo item duas vezes (as pessoas são ocupadas — elas esquecem que já o compraram!).

Melhoramos extraordinariamente as capacidades de autosserviço do cliente. Agora eles encontram, cancelam ou modificam seus pedidos com facilidade. Para encontrar um pedido, certifique-se de que você está logado e reconhecido pelo site e faça uma pesquisa regular em qualquer produto em seu pedido. Quando chegar à página de detalhes do produto, surgirá um link para o seu pedido no alto da página.

Criamos uma nova função chamada Dê Uma Olhada. Os clientes veem imagens em alta resolução da capa, da contracapa, do índice, do sumário e uma amostra razoável das páginas internas. Eles podem Dar uma Olhada antes de tomar uma decisão de compra. Ela está disponível em mais 200 mil de nossos milhões de títulos (a título de comparação, uma megalivraria comum exibe cerca de 100 mil títulos).

Como exemplo final, uma das medidas mais importantes que adotamos a fim de melhorar a conveniência e a experiência do cliente também impulsiona a produtividade de custo variável: eliminar erros e imperfeições por sua raiz. Aperfeiçoamos a eliminação de erros a cada ano após a fundação da Amazon.com, e o ano passado foi o melhor de todos. Eliminar os erros pela raiz nos economiza dinheiro e tempo para os clientes.

Nossa franquia do cliente é nosso bem mais valioso e a sustentaremos com inovação e trabalho duro.

## Uma Estrutura de Investimento

A cada carta anual (incluindo esta), anexamos uma cópia da carta original aos acionistas de 1997 para ajudá-los a decidir se a Amazon.com é o tipo de investimento certo para eles e para nos ajudar a determinar se continuamos fiéis às nossas metas e valores originais. Eu acredito que sim.

Na carta de 1997, escrevemos, "Quando obrigados a escolher entre otimizar a aparência de nosso GAAP [Generally Accepted Accounting Principles — Princípios Contábeis Geralmente Aceitos] e maximizar o valor presente de fluxos de caixa futuros, escolheremos os fluxos de caixa."

Por que focar fluxos de caixa? Por que uma ação é parte do fluxo de caixa futuro da empresa e, como resultado, fluxos de caixa explicam o preço das ações de uma empresa no longo prazo melhor do que qualquer outra variável.

Se pudéssemos ter certeza sobre dois fatos — o fluxo de caixa futuro da empresa e a quantidade futura de ações em circulação — teríamos uma excelente ideia do valor justo de uma ação dessa empresa nos dias de hoje. (Você também precisaria conhecer as taxas de desconto pertinentes, mas se você conhecesse os fluxos de caixa futuros *com certeza*, também seria razoavelmente fácil saber quais taxas de desconto usar.) Não é fácil, mas é possível fazer uma previsão acertada sobre os fluxos de caixa futuros examinando o desempenho passado da companhia e analisando fatores como os pontos de alavancagem e escalabilidade no modelo da empresa. Calcular a quantidade de ações em circulação no futuro requer que você preveja itens como concessões de opções aos empregados ou outras transações de capital em potencial. Por fim, sua determinação do fluxo de caixa por ação será um forte indicador do preço que você possa estar disposto a pagar por uma quota de propriedade de qualquer empresa.

Visto que esperamos que nossos custos continuem fixos, mesmo a volumes unitários significativamente mais elevados, acreditamos que a

Amazon.com está preparada para gerar um fluxo de caixa livre, sustentado e significativo nos próximos anos. Nossa meta para 2002 reflete exatamente isso. Como dissemos em janeiro quando informamos os resultados do quarto trimestre, planejamos neste ano gerar um fluxo de caixa operacional positivo, levando a um fluxo de caixa livre (a diferença entre os dois é superior a US$75 milhões de gastos de capital planejados). Com base em dados preliminares, nossa renda líquida em um período de doze meses deverá, com bastante exatidão, mostrar uma tendência de um fluxo de caixa de doze meses.

Limitar o volume de ações significa mais fluxo de caixa por ação e mais valor de longo prazo aos acionistas. Nosso objetivo atual é uma média de diluição líquida das opções de compra de ações do empregado (concessões excluindo cancelamentos) de 3% ao ano no período dos próximos cinco anos, embora em qualquer ano ela possa ser maior ou menor.

## Compromisso Incansável com o Valor de Longo Prazo do Acionista

Como já afirmamos inúmeras vezes, acreditamos que os interesses de longo prazo dos acionistas estão fortemente ligados aos dos clientes: se fizermos um bom trabalho, os clientes atuais comprarão mais amanhã, conquistaremos mais clientes no processo e geraremos um maior fluxo de caixa e mais valor de longo prazo para os acionistas. Para tanto, nos comprometemos a ampliar nossa liderança no e-commerce de forma a beneficiar os clientes e, consequentemente, os acionistas — um não existe sem o outro.

Fico satisfeito em afirmar que, neste início de 2002, estou mais empolgado que nunca com esta empresa. Há mais inovações à nossa espera do que as que já realizamos, estamos perto de demonstrar a alavancagem operacional de nosso modelo de negócios, e tenho a oportunidade de trabalhar com uma equipe incrível em todo o mundo. Sou afortunado e agradecido. Agradecemos a vocês, nossos proprietários, por seu apoio, seu encorajamento e por nos acompanhar nessa aventura. Se você é um cliente, nós lhe agradecemos outra vez!

# O que é Bom Para os Clientes é
# Bom para os Acionistas

# 2002

Em muitos aspectos, a Amazon.com não é uma loja normal. Dispomos de uma ampla seleção não limitada por espaço de prateleira. Giramos nosso estoque dezenove vezes por ano. Personalizamos a loja para cada cliente. Trocamos imóveis por tecnologia (que fica mais barata e poderosa a cada ano). Apresentamos avaliações negativas dos clientes sobre nossos produtos. Você pode fazer uma compra em segundos e com um clique. Colocamos produtos usados ao lado de novos para você escolher. Partilhamos nossa principal propriedade — nossas páginas de detalhes de produtos — com terceiros e, se eles oferecem melhor valor, tudo bem.

Uma de nossas peculiaridades mais empolgantes é mal compreendida. As pessoas veem que estamos determinados a oferecer uma experiência de nível mundial ao cliente *e* os menores preços possíveis, mas para alguns essa combinação de metas parece paradoxal, quando não totalmente quixotesca. Lojas tradicionais se veem diante do compromisso de oferecer uma experiência de qualidade para o cliente por um lado, e os menores preços possíveis do outro. Como a Amazon.com pode tentar fazer ambos?

A resposta é que transformamos grande parte da experiência do cliente — como uma seleção imbatível, numerosas informações sobre produtos, recomendações pessoais e outras funções novas de software — em uma despesa basicamente fixa. Com os custos da experiência do cliente basicamente fixos (mais como um modelo editorial do que um modelo de varejo), nossos custos como porcentagem das vendas encolhem rapidamente à medida que desenvolvemos nosso negócio. Além disso, os custos de experiência do cliente que permanecem variáveis — como a parte variável dos custos de logística — melhoram em nosso modelo à medida que reduzimos os defeitos. Eliminar defeitos melhora os custos e gera uma melhor experiência para o cliente.

Acreditamos que nossa habilidade de baixar preços ao mesmo tempo em que melhoramos a experiência do cliente é um ótimo negócio e o ano passado é uma prova de que a estratégia está funcionando.

Primeiro, continuamos com a atenção voltada à experiência do cliente. A época de festas deste ano é um exemplo. Enquanto entregamos um número recorde de unidades para os clientes, também entregamos nossa melhor experiência de todos os tempos. O tempo de ciclo, o tempo necessário para que os centros logísticos processem um pedido, melhorou 17% em comparação ao ano passado. E nossa medida mais sensível de satisfação do cliente, contatos por pedido, viu uma melhoria de 13%.

Dentro das categorias de produtos existentes, trabalhamos duro para aumentar a seleção. Nos eletrônicos, houve um aumento de 40% só nos Estados Unidos em relação ao ano anterior e hoje oferecemos uma seleção dez vezes maior que uma típica loja física. Mesmo no setor de livros nos EUA, onde trabalhamos há oito anos, aumentamos a seleção em 15%, principalmente em títulos raros e fora de catálogo. E, naturalmente, acrescentamos novas categorias. Nossa loja de Vestuário e Acessórios dispõe de mais de quinhentas marcas de roupas de renome, e nos primeiros 60 dias, os clientes compraram 153 mil camisas, 106 mil calças e 31 pares de roupas íntimas.

No Índice de Satisfação do Cliente Americano deste ano, o estudo mais respeitado do setor, a Amazon.com marcou 88 pontos, a maior pontuação já registrada — não só online, não só em varejo — mas a pontuação mais elevada registrada em qualquer indústria de serviços. Nas palavras do ISCA, "a Amazon.com continua a mostrar notáveis níveis de satisfação de cliente. Com uma pontuação de 88 (um aumento de 5%), ela está gerando satisfação em um nível inédito no setor de serviços... Poderá a satisfação do cliente da Amazon aumentar? Os últimos dados da ISCA indicam que é possível. O atendimento e a proposta de valor oferecida pela Amazon aumentaram em uma taxa acentuada".

Segundo, embora concentrados na experiência do cliente, também reduzimos os preços significativamente. Temos feito isso em todas as categorias de produtos, de livros a eletrônicos, e eliminamos cobrança de frete com nosso Free Super Saver Shipping [Frete Grátis de SuperEconomia] de 365 dias por ano para pedidos acima de US$25. Temos adotado medidas semelhantes em todos os países em que atuamos.

Nosso objetivo de preço não é oferecer desconto em um pequeno número de produtos por tempo limitado, mas oferecer preços baixos todos os dias e aplicá-los amplamente em toda a nossa linha de produtos. Como exemplo, recentemente comparamos nossos preços aos de uma cadeia conhecida de megalivrarias. Não escolhemos a dedo um grupo de livros com o qual queríamos comparar. Em vez disso, usamos a lista publicada de seus 100 best-sellers de 2002. Foi uma boa amostra dos tipos de livros que as pessoas mais compram, consistindo em 45 títulos de capa dura e 55 de bolso, abrangendo várias categorias diferentes, incluindo Literatura, Romance, Mistério e Suspense, Não Ficção, Infantil, Autoajuda etc.

Definimos o preço de todos os cem títulos visitando suas megalojas em Seattle e Nova York. Levamos seis horas em quatro lojas diferentes para encontrar os cem livros da lista. Quando somamos tudo que gastamos, descobrimos que:

Em suas lojas, esses 100 livros custaram US$1.561. Na Amazon.com, os mesmos livros custam US$1.195, uma economia total de US$366, ou 23%.

Em 72 dos 100 livros nosso preço era mais baixo. Em 25, o preço era o mesmo. Em 3 dos 100, os preços deles eram melhores (logo depois reduzimos nossos preços desses três livros).

Nessas superlojas físicas, só 15 dos 100 títulos tinham desconto — os outros 85 estavam sendo vendidos pelo preço de tabela. Na Amazon.com, 76 dos 100 livros tinham desconto e 24 eram vendidos a preço de tabela.

Para ter certeza, você pode encontrar razões para comprar em uma loja física — por exemplo, se você precisar de algo imediatamente — mas, se o fizer, pagará mais caro. Se quiser poupar tempo e dinheiro, será melhor comprar na Amazon.com.

Terceiro, nossa determinação em oferecer preços baixos *e* boa experiência ao cliente está gerando resultados financeiros. As vendas líquidas aumentaram 26% para um recorde de US$3,9 bilhões, e as vendas unitárias aumentaram ainda mais, 34%. O fluxo de caixa livre — nossa medida financeira mais importante — atingiu US$135 milhões, um aumento de US$305 milhões em relação ao ano anterior.*

Em resumo, o que é bom para os clientes é bom para os acionistas.

Novamente este ano, anexo uma cópia da carta original de 1997 e encorajo acionistas atuais e potenciais a lê-la. Considerando o quanto crescemos e o quanto a internet evoluiu, é notável que os fundamentos de como realizamos os negócios permaneçam os mesmos.

---

\* O fluxo de caixa livre para 2002 de US$135 milhões é o caixa líquido gerado por atividades operacionais de US$174 milhões menos compras de ativos imobilizados de US$39 milhões. O fluxo de caixa livre de 2001 de US$170 milhões negativos é o caixa líquido usado em atividades operacionais de US$120 milhões menos compras de ativos imobilizados de US$50 milhões.

# Pensando no Longo Prazo

## 2003

Pensar no longo prazo é uma exigência e um resultado de um verdadeiro sentimento de posse. Proprietários são diferentes de locatários. Conheço um casal que alugou a casa e a família de inquilinos pregou a árvore de Natal no piso de madeira maciça em vez de colocá-la em um suporte. Práticos, imagino, e certamente maus inquilinos, mas nenhum proprietário seria tão descuidado. Da mesma forma, muitos investidores são realmente inquilinos de curto prazo, mudando seus portfólios tão depressa que estão, de fato, alugando as ações que "possuem" temporariamente.

Enfatizamos nosso ponto de vista em relação ao longo prazo na carta de 1997, a primeira como empresa pública, porque essa abordagem realmente motiva a tomada de muitas decisões concretas e não abstratas. Eu gostaria de discutir algumas dessas decisões não abstratas no contexto da experiência do cliente. Na Amazon.com, usamos o termo experiência do cliente de modo abrangente. Ele inclui todos os aspectos enfrentados pelo cliente em nosso negócio — dos preços dos produtos à seleção, da interface do usuário no site a como embalamos e enviamos os itens. A experiência do cliente que criamos é o fator mais importante no desenvolvimento de nosso negócio.

Planejamos a experiência do cliente com vistas ao longo prazo. Tentamos tomar todas as decisões relativas a essa experiência — grandes e pequenas — nesta estrutura.

Por exemplo, logo após o lançamento da Amazon.com em 1995, empoderamos os clientes a avaliar os produtos. Embora agora uma prática rotineira na empresa, na época recebemos queixas de alguns vendedores, basicamente perguntando se entendíamos nosso negócio: "Vocês ganham dinheiro quando vendem coisas — por que permitem avaliações negativas em seu site?" Falando como se fosse um grupo de discussão de uma pessoa, às vezes mudei de ideia antes de comprar algo na Amazon.com por causa de uma avaliação negativa ou fria de um cliente. Embora avaliações negativas nos custem algumas vendas no curto prazo, ajudar os clientes a tomar melhores decisões de compra acaba sendo benéfico para a empresa.

Outro exemplo é nossa função Instant Order Update [Atualização Instantânea de Pedidos], que lembra que você já comprou um determinado produto. Os clientes levam vidas agitadas e nem sempre lembram se adquiriram um determinado item, como um DVD ou CD no ano anterior. Quando lançamos o Instant Order Update, pudemos medir com significação estatística que essa função reduziu levemente as vendas. Bom para os clientes? Com certeza. Bom para os acionistas? Sim, no longo prazo.

Entre as melhorias mais caras para a experiência do cliente em que nos concentramos estão nossas ofertas diárias de frete grátis e as contínuas reduções de preços dos produtos. Eliminar defeitos, melhorar a produtividade e passar a resultante economia de custo aos clientes na forma de preços mais baixos é uma decisão de longo prazo. Volumes maiores levam tempo para se concretizar e redução de preços quase sempre prejudica resultados atuais. No longo prazo, entretanto, impulsionar incansavelmente o "ciclo de estrutura preço-custo" criará um negócio mais forte e valioso. Como vários de nossos outros custos, como engenharia de software, são relativamente fixos, e muitos de nossos custos variáveis também podem ser melhor geridos em uma escala maior, aumentar o volume por meio da estrutura de custos reduz esses custos como porcentagem de vendas. Para dar um pequeno exemplo, projetar uma função como o Instant Order Update para ser usado por 40 milhões de clientes não custa nem de longe 40 vezes o que custaria para fazer o mesmo para um milhão de clientes.

Nossa estratégia de preços não tenta maximizar margens *percentuais*, mas busca criar mais valor para os clientes e, consequentemente, uma lucratividade maior — no longo prazo. Por exemplo, visamos margens brutas da venda de joias substancialmente menores que as normas do setor porque acreditamos que ao longo do tempo — os clientes descobrem essas coisas — essa abordagem produzirá mais valor para os acionistas.

Temos uma equipe forte de pessoas dedicadas e inovadoras que estão construindo a Amazon.com. Elas estão focadas no cliente e no longo prazo. Nessa escala de tempo, os interesses dos acionistas e dos clientes estão alinhados.

P.S. Novamente, este ano, o renomado Índice de Satisfação do Cliente Americano deu uma pontuação de 88 à Amazon.com — a maior pontuação de satisfação do cliente já registrada em qualquer setor de serviços, online ou não. Um representante do ISCA foi ouvido dizendo: "Se eles subirem mais, vão estourar a boca do balão." Estamos trabalhando nisso.

# Pensando em Finanças

# 2004

Nossa principal medida financeira, e a que continuaremos a usar no longo prazo, é o fluxo de caixa livre por ação. Por que não se concentrar primeiro, como muitos fazem, nos ganhos, nos ganhos por ação e em seu crescimento? Porque os ganhos não se traduzem diretamente em fluxo de caixa e as ações valem apenas o valor presente dos fluxos de caixa futuros, não o valor presente de seus ganhos futuros. Ganhos futuros são um componente — mas não o único importante — do fluxo de caixa futuro por ação. O capital de giro e as despesas de capital também são importantes, assim como a diluição futura de ações.

Embora alguns considerem a medida contraproducente, uma empresa pode realmente afetar o valor do acionista em certas circunstâncias com o aumento dos ganhos. Isso ocorre quando os investimentos de capital exigidos para o crescimento superam o valor presente do fluxo de caixa derivado desses investimentos.

Para ilustrar com um exemplo hipotético e simples, imagine que um empresário invente uma máquina que possa transportar pessoas rapidamente de um local a outro. A máquina é cara — US$160 milhões com capacidade anual de viagens para 100 mil passageiros e vida útil de quatro anos. Cada viagem custa US$1 mil, com custos de US$450 para energia e materiais e US$50 em mão de obra e outros.

Continue a imaginar que o negócio está florescendo, com 100 mil viagens no Ano 1, usando a capacidade total da máquina. Isso gera um ganho de US$10 milhões depois da dedução de despesas operacionais incluindo a depreciação — uma margem líquida de 10%. O principal foco da empresa é o lucro; assim, com base nos resultados iniciais, o empresário decide investir mais capital para alimentar o crescimento das vendas e dos ganhos, acrescentando mais máquinas nos Anos 2 a 4.

Aqui está a demonstração de resultados dos quatro primeiros anos da empresa:

| | Ganhos (em milhares) | | | |
|---|---|---|---|---|
| | *Ano 1* | *Ano 2* | *Ano 3* | *Ano 4* |
| Vendas | US$100.000 | US$200.000 | US$400.000 | US$800.000 |
| Unidades Vendidas | 100 | 200 | 400 | 800 |
| Crescimento | N/A | 100% | 100% | 100% |
| Lucro bruto | 55.000 | 110.000 | 220.000 | 440.000 |
| Margem bruta | 55% | 55% | 55% | 55% |
| Depreciação | 40.000 | 80.000 | 160.000 | 320.000 |
| Custos de mão de obra e outros | 5.000 | 10.000 | 20.000 | 40.000 |
| Ganhos | US$10.000 | US$20.000 | US$40.000 | US$80.000 |
| Margem | 10% | 10% | 10% | 10% |
| Crescimento | N/A | 100% | 100% | 100% |

É impressionante: crescimento de 100% de ganhos compostos e US$150 milhões de ganhos cumulativos. Os investidores que considerarem apenas a declaração de rendimentos superior ficariam satisfeitos.

Entretanto, uma análise dos fluxos de caixa conta outra história. Ao longo dos quatro anos, o negócio de transporte gera um fluxo de caixa livre negativo de US$530 milhões.

## Pensando em Finanças

| | Fluxo de Caixa (em milhares) | | | |
|---|---|---|---|---|
| | Ano 1 | Ano 2 | Ano 3 | Ano 4 |
| Ganhos | US$10.000 | US$20.000 | US$40.000 | US$80.000 |
| Depreciação | 40.000 | 80.000 | 160.000 | 320.000 |
| Capital de Giro | — | — | — | — |
| Fluxo de Caixa Operacional | 50.000 | 100.000. | 200.000 | 400.000 |
| Despesas de Capital | 160.000 | 160.000 | 320.000 | 640.000 |
| Fluxo de Caixa Livre | US$(110.000) | US$(60.000) | US$(120.000) | US$(240.000) |

É claro que há outros modelos de negócios em que os ganhos aproximam mais os fluxos de caixa. Mas, como nosso exemplo sobre a transportadora ilustra, não se pode avaliar com segurança a criação ou destruição do valor do acionista apenas com a análise da demonstração de resultados.

Observe, também, que o foco no LAJIDA (lucros antes de juros, impostos, depreciação e amortização) levaria à mesma conclusão equivocada sobre a saúde da empresa. O LAJIDA anual sequencial teria sido de US$50, US$100, US$200 e US$400 milhões — um crescimento de 100% durante três anos seguidos. Contudo, sem levar em conta os US$1,28 bilhão de despesas de capital necessários para gerar esse "fluxo de caixa", temos somente parte da história — LAJIDA não é fluxo de caixa.

E se modificássemos as taxas de crescimento e, correspondentemente, as despesas de capital para maquinário — os fluxos de caixa teriam se deteriorado ou melhorado?

| Vendas e Taxa de Crescimento de Ganhos nos Anos 2, 3 e 4 | Número de Máquinas no Ano 4 | Ganhos Cumulativos Anos 1 a 4 | Fluxo de Caixa Livre Cumulativo Anos 1 a 4 |
|---|---|---|---|
| | | (em milhares) | |
| 0%, 0%, 0% | 1 | US$40.000 | US$40.000 |
| 100%, 50%, 33% | 4 | US$100.000 | US$(140.000) |
| 100%, 100%, 100% | 8 | US$150.000 | US$(530.000) |

Paradoxalmente, do ponto de vista do fluxo de caixa, quanto mais lento é o crescimento da empresa, em melhor situação ela fica. Quando o capital inicial foi disponibilizado para a primeira máquina, a trajetória de crescimento ideal é escalar a 100% da capacidade rapidamente e então parar de crescer. Entretanto, mesmo com apenas uma máquina, o fluxo de caixa cumulativo bruto não supera o custo inicial da máquina até o Ano 4 e o valor presente líquido dessa sequência de fluxos de caixa (usando 12% do custo de capital) ainda é negativo.

Infelizmente, nosso negócio de transporte é basicamente falho. Não há taxa de crescimento que justifique investir capital inicial ou subsequente para operar o negócio. Na verdade, nosso exemplo é tão simples e claro que é óbvio. Os investidores fariam uma análise de valor presente líquido dos fatores econômicos e logo determinariam que ele é inviável. Embora no mundo real os fatos sejam mais sutis e complexos, essa questão — a dualidade entre ganhos e fluxos de caixa — ocorre o tempo todo.

Demonstrativos de fluxo de caixa não costumam receber a atenção que merecem. Investidores atentos não param no demonstrativo de rendimentos.

## Nossa Medida Financeira Mais Importante: Fluxo de Caixa Livre por Ação

O foco financeiro da Amazon.com está no crescimento a longo prazo do fluxo de caixa livre por ação. O fluxo de caixa livre da empresa é gerado principalmente pelo crescimento do lucro operacional e pela gestão eficiente do capital de giro e das despesas de capital. Trabalhamos para melhorar o lucro operacional ao focar o aprimoramento de todos os aspectos da experiência do cliente para aumentar as vendas e manter uma estrutura de custos enxuta.

Temos um ciclo operacional de geração de caixa* porque temos uma rápida rotatividade de estoque, coletando os pagamentos dos clientes

---

\* O ciclo operacional é o número de dias de vendas do estoque mais o número de dias de vendas nas contas a receber menos os dias de contas a pagar.

*Pensando em Finanças* 71

antes do vencimento do pagamento aos fornecedores. Nossa alta rotatividade de estoque representa níveis relativamente baixos de investimento em estoque — US$480 milhões no final do ano em uma base de vendas de cerca de US$7 bilhões.

A eficiência de capital de nosso modelo de negócios é ilustrada por nossos modestos investimentos em ativo imobilizado, que foram de US$246 milhões no final do ano ou 4% das vendas de 2004.

O fluxo de caixa livre* aumentou 38%, para US$477 milhões em 2004, um aumento de US$131 milhões em relação ao ano anterior. Estamos confiantes de que, se continuarmos a melhorar a experiência do cliente — incluindo aumentar a seleção e reduzir os preços — e executarmos com eficiência, nossa proposta de valor, assim como nosso fluxo de caixa livre, expandirão ainda mais.

Quanto à diluição, o total de ações em circulação mais prêmios com base em ações estão essencialmente inalterados no final de 2004, comparados ao de 2003, e caíram 1% nos últimos três anos. Durante o mesmo período, também eliminamos mais de 6 milhões de ações de diluição futura ao repagar mais de US$600 milhões da dívida conversível que seria devida em 2009 e 2010. Gerenciar contas de ações com eficiência significa mais fluxo de caixa por ação e mais valor de longo prazo para os proprietários.

O foco no fluxo de caixa livre não é novidade na Amazon.com. Deixamos claro na carta aos acionistas de 1997 — nossa primeira como empresa de capital aberto — que quando "forçados entre otimizar a contabilidade GAAP e maximizar o valor presente de fluxos de caixa futuros, escolheríamos os fluxos de caixa".

---

* O fluxo de caixa livre é definido como o caixa líquido oferecido por atividades operacionais menos compras de ativo imobilizado, incluindo software capitalizado de uso interno e desenvolvimento de sites, ambos apresentados em nossos demonstrativos de fluxos de caixa. O fluxo de caixa livre para 2004 de US$477 milhões é caixa líquido gerado por atividades operacionais de US$567 milhões menos compras de ativo imobilizado, incluindo custos de desenvolvimento de site e software de uso interno capitalizado, de US$89 milhões. O fluxo de caixa livre para 2003 de US$346 milhões é caixa líquido gerado por atividades operacionais de US$392 milhões menos compras de ativos imobilizados, incluindo custo de desenvolvimento de site e software de uso interno capitalizado de US$46 milhões.

# Tomando Decisões

## 2005

MUITAS DAS DECISÕES importantes tomadas na Amazon.com são baseadas em dados. Há uma resposta certa ou errada, uma resposta melhor ou pior, e a matemática nos mostra qual é qual. Essas são nossas decisões preferidas.

Abrir um novo centro logístico é um exemplo. Usamos o histórico de nossa rede logística existente para avaliar picos sazonais e modelar alternativas para a nova capacidade. Realizamos uma análise prévia de um mix de produtos, incluindo dimensões e peso dos itens para definir espaço necessário e se precisamos de instalações para itens menores "classificáveis" ou maiores que geralmente são enviados em separado. Para reduzir o tempo de entrega e os custos de transporte de saída, analisamos prováveis locais com base na proximidade dos clientes, centros de transporte e instalações existentes. Uma análise quantitativa melhora a experiência do cliente e nossa estrutura de custos.

De modo semelhante, a maioria das decisões de compra de estoque podem ser numericamente modeladas e analisadas. Queremos produtos em estoque e imediatamente disponíveis aos clientes e queremos um estoque total mínimo a fim de manter os custos de manutenção associados e, portanto, os preços, baixos. Para atingir ambos, há uma quantidade adequada de estoque. Usamos dados de compra passados para prever a demanda do cliente por um produto e a esperada variabilidade nessa demanda. Usamos dados do desempenho passado de vendedores para calcular tempos de reposição. Podemos determinar onde estocar o produto em nossa rede de atendimento com base em custos de transporte de entrada e saída, custos de armazenamento e locais previsíveis de clientes. Com essa abordagem, mantemos mais de 1 milhão de itens únicos sob nosso teto, imediatamente disponíveis aos clientes, ao mesmo tempo promovendo a rotatividade do estoque mais que catorze vezes por ano.

As decisões acima exigem que façamos suposições e julgamentos, mas nesse caso, o julgamento e a opinião atuam apenas como parceiros secundários. O trabalho pesado é realizado pela matemática.

Entretanto, como é de se esperar, nem todas as decisões importantes podem ser tomadas por meio desse invejável meio baseado em números. Às vezes, temos poucos ou nenhum dado passado para nos orientar e a experimentação proativa é impossível, inviável ou equivalente para que uma decisão avance. Embora dados, análises e matemática desempenhem um importante papel, o principal ingrediente dessas decisões é o julgamento.*

Como nossos acionistas sabem, tomamos decisões para reduzir preços para os clientes continua e significativamente, ano após ano, na me-

---

* "The Structure of 'Unstructured' Decision Processes" [A Estrutura dos Processos de Decisão Não Estruturados] é um artigo fascinante de 1976, de Henry Mintzberg, Duru Raisinghani, e Andre Theoret. Eles analisam como as instituições tomam decisões estratégicas "não estruturadas" em comparação com decisões "operacionais" mais quantificáveis. Entre outras pérolas, você vai encontrar isso no artigo: "Atenção excessiva por parte de cientistas de gestão a decisões operacionais pode fazer com que as organizações sigam rumos de ação inadequados com mais eficiência." Eles não discutem a importância de uma análise rigorosa e quantitativa, mas apenas que ela recebe uma quantidade desigual de atenção e estudo, provavelmente pelo fato de ela ser mais quantificável. O artigo na íntegra está disponível em www.amazon.com/ir/mintzberg.

dida em que nossa eficiência e escala tornam isso possível. Este é um exemplo de uma decisão muito importante que não pode ser feita com base na matemática. Na verdade quando reduzimos os preços, contrariamos a matemática que sempre diz que a medida inteligente é *aumentar* os preços. Temos dados significativos relacionados à elasticidade dos preços. Com precisão razoável, prevemos que a redução de preço em determinada porcentagem resultará no aumento de unidades vendidas em uma certa porcentagem. Com raras exceções, o aumento de volume no curto prazo nunca é suficiente para compensar a redução de preço. Entretanto, nossa compreensão quantitativa de elasticidade é de curto prazo. Podemos calcular o que a redução de preço causará nesta semana e neste trimestre. Mas não podemos calcular numericamente o efeito que a redução consistente de preços terá em nosso negócio em cinco, dez anos ou mais. Nosso *julgamento* é que incansavelmente retornar melhorias de eficiência e economia de escala para os clientes na forma de preços mais baixos cria um círculo virtuoso que, no longo prazo, gera mais dinheiro no fluxo de caixa livre, e, assim, para uma Amazon.com muito mais valiosa. Fizemos julgamentos semelhantes sobre o Free Super Saver Shipping e Amazon Prime, ambos caros no curto prazo e — acreditamos — importantes e valiosos no longo prazo.

Como outro exemplo, em 2000, convidamos terceiros para concorrer diretamente conosco em nossa "principal propriedade de varejo" — nossas páginas de detalhes de produto. Lançar uma única página para o varejo da Amazon e itens de terceiros parecia arriscado. Pessoas bem-intencionadas dentro e fora da empresa se preocupavam com a possibilidade de o negócio de varejo da Amazon ser destruído e — como costuma ocorrer com inovações focadas nos clientes — não havia como provar antecipadamente que funcionaria. Nossos compradores ressaltaram que convidar terceiros para a Amazon.com dificultaria a previsão de estoques e que poderíamos ficar "atolados" com excesso de mercadorias se "perdêssemos a página de detalhes" para um dos vendedores externos. Entretanto, nosso julgamento foi simples. Se um terceiro poderia oferecer um preço melhor ou melhorar a disponibilidade de um item específico, então queríamos que nossos clientes tivessem acesso fácil a essa oferta. Ao longo do tempo, vendas de terceiros tornaram-se uma parte bem-sucedida e importante de nosso negócio. Unidades de terceiros aumentaram de 6% do total de unidades vendidas em 2000 para 28% em 2005, mesmo quando as receitas do varejo triplicaram.

Decisões baseadas em matemática comandam amplos acordos, enquanto decisões baseadas em julgamento são diretamente discutidas e muitas vezes controversas, pelo menos, até colocadas em prática e demonstradas. Qualquer instituição que esteja relutante em enfrentar controvérsia deve se limitar a decisões do primeiro tipo. Em nossa opinião, fazer isso não apenas limitaria a controvérsia — mas também limitaria significativamente a inovação e a criação de valor no longo prazo.

A base de nossa filosofia de tomada de decisão foi descrita em nossa carta aos acionistas de 1997, uma cópia da qual está anexada:

Continuaremos a focar incansavelmente nossos clientes.

Continuaremos a tomar decisões de investimento com vistas a considerações de liderança de mercado de longo prazo e não considerações de lucro ou reações de Wall Street de curto prazo.

Continuaremos a medir nossos programas e a eficiência de nossos investimentos analiticamente a fim de descartar os que não proporcionam retornos aceitáveis e aumentar os que funcionam melhor. Continuaremos a aprender com nossos erros e sucessos.

Tomaremos decisões de investimento ousadas quando virmos suficientes probabilidades de obter vantagens de liderança de mercado. Alguns desses investimentos darão resultados, outros, não, e em ambos os casos, teremos aprendido mais uma lição valiosa.

Contem conosco para combinar uma forte cultura quantitativa e analítica com a disposição de tomar decisões ousadas. Enquanto o fizermos, começaremos com o cliente e trabalharemos no sentido inverso. Segundo nosso julgamento, essa é a melhor forma de criar valor para o acionista.

# Abrindo Novos Negócios

# 2006

Na escala atual da Amazon, o plantio de sementes que se transformarão em novos negócios relevantes exige disciplina, um pouco de paciência e uma cultura de cuidado.

Nossos negócios estabelecidos são árvores jovens bem enraizadas. Eles estão crescendo, desfrutam de elevados retornos de capital e atuam em amplos segmentos de mercado. Essas características definem um padrão elevado para qualquer novo negócio que desejamos iniciar. Antes de investir o dinheiro de nossos acionistas em um novo negócio, temos que nos convencer de que a nova oportunidade gerará os retornos de capital esperados pelos investidores. E temos que nos convencer de que o novo negócio poderá crescer em uma escala que possa ser significativa no contexto da empresa como um todo.

Além do mais, temos que acreditar que a oportunidade não é bem atendida e que temos as capacidades necessárias para criar uma forte diferenciação no mercado em relação ao cliente. Sem isso, é improvável que alcancemos escala nesse novo negócio.

*Abrindo Novos Negócios*

Muitas vezes me perguntam, "Quando você vai abrir lojas físicas?" Essa é uma oportunidade de expansão a qual resistimos. Com exceção de um, ela falha em todos os testes citados acima. O tamanho potencial de uma rede de lojas físicas é estimulante. Entretanto, não sabemos como fazê-lo com pequeno capital e retornos elevados; o varejo no mundo físico é um negócio antigo e instável que já é bem atendido; não temos ideias para criar uma experiência de loja física que ofereça um diferencial significativo para o cliente.

Quando vocês nos veem ingressar em um novo negócio, é porque acreditamos que ele passou nos testes acima. Nossa aquisição da Joyo.com é um primeiro passo para atender o país mais populoso do mundo. O e-commerce na China ainda está no início e acreditamos que é uma excelente oportunidade de negócio. Sapatos, roupas, produtos de mercearia: esses são segmentos relevantes em que temos as habilidades certas para inventar e desenvolver negócios em larga escala com retornos elevados que genuinamente melhoram a experiência do cliente.

O Fulfillment by Amazon (FBA) é um conjunto de APIs de Web Services que tornam nossa rede de centros logísticos de mais de 12 milhões de m² em um periférico de computador gigantesco e sofisticado. Pague-nos US$0,45 por mês por metro cúbico de espaço do centro logístico e você poderá guardar seus produtos em nossa rede. Você fará chamadas de serviço na web para nos avisar da chegada de mercadorias, para nos dizer para pegar e embalar um ou mais itens e nos dizer para onde enviá-los. Você nunca terá que falar conosco. É diferenciado, pode ser grande e ultrapassa nosso padrão de retorno.

A Amazon Web Services é outro exemplo. Com a AWS, construímos um negócio focado em um novo grupo de clientes: desenvolvedores de software. Atualmente, oferecemos dez diferentes serviços na web e construímos uma comunidade de mais de 240 mil desenvolvedores. Visamos amplas necessidades universalmente enfrentadas por desenvolvedores, como capacidade computacional e de armazenamento — áreas em que os desenvolvedores têm pedido ajuda e nas quais temos profunda experiência da escala de doze anos na Amazon.com. Estamos em posição de fazê-lo, é algo altamente diferenciado e pode ser um negócio significativo e financeiramente atraente ao longo do tempo.

Em algumas grandes empresas, pode ser difícil desenvolver novos negócios a partir de pequenas sementes devido à paciência e ao cuidado necessários. Em minha opinião, a cultura da Amazon apoia intensamente pequenos negócios com grande potencial e acredito que essa é uma fonte de vantagem competitiva.

Como qualquer empresa, temos uma cultura corporativa formada não só por nossas intenções, mas também como resultado de nossa história. Para a Amazon, essa história é relativamente nova e, felizmente, inclui vários exemplos de minúsculas sementes se transformando em grandes árvores. Temos muitas pessoas na empresa que observaram US$10 milhões em sementes se transformarem em negócios bilionários. Essa primeira experiência e a cultura que se desenvolveu ao redor desses sucessos é, na minha opinião, uma grande parte do motivo pelo qual podemos começar negócios a partir do zero. A cultura exige que esses novos negócios tenham alto potencial, sejam inovadores e diferenciados, mas não exige que sejam grandes no dia do nascimento.

Lembro como fiquei empolgado em 1996 quando passamos os US$10 milhões em vendas de livros. Não foi difícil ficar empolgado — atingimos esse valor do zero. Hoje, quando um novo negócio na Amazon chega aos US$10 milhões, a empresa como um todo está passando de US$10 bilhões para US$10,01 bilhões. Seria fácil para os executivos seniores que dirigem nossos negócios estabelecidos de bilhões de dólares zombar. Mas eles não o fazem. Eles assistem às taxas de crescimento de negócios emergentes e enviam e-mails de felicitações. Isso é muito legal, e temos orgulho por isso fazer parte de nossa cultura.

Em nossa experiência, se um novo negócio tem um excelente sucesso inicial, ele só *começará* a ser significativo para a economia da empresa como um todo em um prazo de três a sete anos. Vimos esses prazos com nossos negócios internacionais, nossos primeiros negócios "non media", e os negócios de vendas de terceiros. Hoje, o setor internacional representa 45% das vendas, non media, 34%, e vendas de terceiros 28% por unidades vendidas. Certamente ficaremos felizes se algumas das novas sementes que plantamos tenham igual sucesso.

Percorremos um longo caminho desde que comemoramos nossos primeiros US$10 milhões em vendas. À medida que continuamos a crescer, trabalharemos para manter uma cultura que abranja novos negócios. Nós o faremos com disciplina, de olho nos retornos, no potencial de crescimento e na capacidade de criar uma diferenciação importante para os clientes. Nem sempre faremos boas escolhas e nem sempre seremos bem-sucedidos. Mas seremos exigentes e trabalharemos duro e com paciência.

# Uma Equipe de Missionários

# 2007

O DIA 19 de novembro de 2007 foi especial. Depois de 3 anos de trabalho, apresentamos o Kindle da Amazon para os clientes.

Muitos de vocês já devem saber algo sobre o Kindle — estamos satisfeitos (e agradecidos) pelo muito que se escreveu e falou dele. Em poucas palavras, o Kindle é um dispositivo de leitura especialmente concebido para leitura com acesso sem fio a mais de 110 mil livros, blogs, revistas e jornais. A conexão não é por Wi-Fi — em vez disso, ele usa a mesma rede sem fio de celulares avançados, o que significa que funciona quando você está em casa, na cama ou andando por aí. Você pode comprar um livro diretamente pelo dispositivo e ele vai ser baixado na íntegra sem fio, pronto para a leitura, em menos de 60 segundos. Não há "plano wireless", nenhum contrato anual nem taxas mensais. Ele tem uma tela paper-like e-ink de fácil leitura mesmo sob clara luz do dia. Quem o vê pela primeira vez fica intrigado. Ele é mais fino e leve que um livro de bolso e pode armazenar 200 livros. Dê uma olhada na página de detalhes do Kindle na Amazon.com e conheça a opinião dos leitores — o Kindle já recebeu mais de 2 mil avaliações.

Como se pode esperar depois de três anos de trabalho, imaginamos que o Kindle seria bem recebido, mas não com o nível de demanda que realmente ocorreu. Vendemos o estoque nas primeiras cinco horas e meia e nossas equipes de fabricação e cadeia de fornecimento tiveram que correr para aumentar a capacidade de produção.

Começamos por definir a meta reconhecidamente audaciosa de aprimorar o livro físico. Não foi uma meta escolhida com precipitação. Algo que persistiu basicamente no mesmo formato e resistiu a mudanças por quinhentos anos provavelmente não poderia ser melhorado com facilidade. No início do processo de concepção, identificamos o que acreditamos ser a característica mais importante do livro: ele *desaparece*. Quando você lê um livro, não nota o papel, a tinta, a cola e a costura. Tudo se dissipa, deixando apenas o mundo do autor.

Sabíamos que o Kindle teria que *sair do caminho*, assim como o livro físico, para que os leitores pudessem ser absorvidos pelas palavras e esquecessem que estão lendo em um dispositivo. Também sabíamos que não deveríamos tentar copiar todas as características de um livro — nunca conseguiríamos superá-lo. Teríamos que acrescentar *novos* recursos — impossíveis de encontrar em um livro tradicional.

Os primeiros dias da Amazon.com fornecem uma analogia. Na época, foi tentador acreditar que uma livraria online deveria ter todas as características de uma livraria física. Perguntaram-me sobre um recurso em especial dezenas de vezes: "Como você vai promover sessões eletrônicas de autógrafos?" Treze anos depois, ainda não encontramos a resposta! Em vez de tentar imitar livrarias físicas, fomos inspirados por elas e trabalhamos para encontrar elementos que poderíamos criar no novo meio que nunca poderiam ser feitos no antigo. Não temos sessões de autógrafos eletrônicas e, da mesma forma, não podemos proporcionar um local confortável para tomar um café e relaxar. Entretanto, podemos oferecer literalmente *milhões* de títulos, ajudar nas decisões de compra por meio de avaliações de clientes e indicar recursos de descoberta como "clientes que compraram esse item também compraram". A lista de coisas úteis que podem ser feitas só no novo meio é longa.

Destacarei alguns recursos úteis que incluímos no Kindle que superam os de um livro físico. Se encontrar uma palavra desconhecida, é possível consultá-la com facilidade. Você pode pesquisar nos seus livros. Suas notas de margem e sublinhados são armazenados no lado do servidor na "nuvem", onde não se perderão. O Kindle guarda o trecho do livro que você está lendo automaticamente. Se ficar com a vista cansada, poderá mudar o tamanho da fonte. O mais importante é a habilidade simples e integrada de encontrar um livro e tê-lo em sessenta segundos. Quando vi pessoas fazendo isso pela primeira vez, ficou claro que o recurso exerce um efeito profundo nelas. Nossa visão para o Kindle é ter todos os livros impressos em qualquer idioma disponíveis em menos de sessenta segundos. Editoras — incluindo todas as importantes — adotaram o Kindle, fato pelo qual somos gratos. Do ponto de vista de uma editora, o Kindle oferece uma série de vantagens. Os livros nunca saem de catálogo e nunca ficam em falta. Tampouco há desperdício e excesso de cópias. Mais importante, o Kindle torna mais conveniente comprar mais livros. Sempre é vantajoso simplificar e reduzir o atrito das coisas.

Nós humanos evoluímos com nossas ferramentas. Nós as modificamos e depois elas nos modificam. A escrita, inventada há milhares de anos, é uma ferramenta notável e não tenho dúvidas de que nos mudou extraordinariamente. Há quinhentos anos, a invenção de Gutenberg produziu uma mudança radical no custo dos livros. Livros físicos introduziram uma nova forma de colaborar e aprender. Ultimamente, ferramentas em rede como computadores de mesa, notebooks, celulares e PDAs [assistentes pessoais digitais] também nos mudaram. Elas nos conduziram ao hábito de *petiscar informações* e, em minha opinião, a menores limiares de atenção. Valorizo meu Blackberry — estou convencido de que ele me deixa mais produtivo — mas não quero ler um documento de trezentas páginas nele. Tampouco quero ler algo de centenas de páginas no meu computador ou notebook. Como já mencionei nesta carta, as pessoas preferem o que é conveniente e simples. Se nossas ferramentas facilitam "petiscar informações", passaremos a realizá-las com mais frequência e nos afastaremos de leituras longas. O Kindle foi concebido para leituras longas. Esperamos que ele e seus sucessores possam gradativa e incrementalmente nos levar, ao longo dos anos, para um mundo com maiores limiares de atenção, compensando a recente proliferação de ferramentas para "petiscar informações". Sei que pareço estar em uma campanha missionária, mas garanto que sou sincero. E afirmo que não sou o único, pois é uma atitude partilhada por um grande grupo de pessoas aqui. Fico satisfeito com isso porque missionários criam produtos melhores. Também ressalto que, embora eu esteja convencido de que os livros estão prestes a passar por uma melhoria, a Amazon não pretende ficar em posição vulnerável nessa mudança. Ela ocorrerá, mas se não a executarmos bem, será feita por terceiros.

Sua equipe de missionários aqui está ansiosa para promover fluxos de caixa livres por ação e retornos de capital. Sabemos que podemos atingir esse objetivo colocando os clientes em primeiro lugar. Garanto que haverá muito mais inovações do que já ocorreram, e não esperamos uma viagem tranquila. Estamos esperançosos e eu diria até que otimistas, de que o Kindle, fiel ao seu nome [incendiar, em inglês], "iniciará um fogo" e melhorará o mundo da leitura.

O Kindle exemplifica a nossa filosofia e abordagem de investimento de longo prazo discutidos em nossa primeira carta aos acionistas de 1997.

# Trabalhando Retroativamente

# 2008

NESTA TURBULENTA ECONOMIA global, nossa abordagem básica continua a mesma. Ficar atentos, focados no longo prazo e obcecados pelos clientes. O pensamento de longo prazo alavanca nossas habilidades existentes e nos permite fazer coisas novas que não poderíamos realizar de outra forma. Ele sustenta o fracasso e a iteração exigidos para a invenção e nos liberta para sermos pioneiros em espaços inexplorados. Procure a gratificação instantânea — ou a promessa ilusória dela — e encontrará uma multidão à sua frente. A orientação de longo prazo interage bem com a obsessão pelo cliente. Se identificamos uma necessidade do cliente e queremos desenvolver ainda mais a convicção de que essa necessidade é significativa e durável, nossa abordagem nos permite trabalhar com paciência durante vários anos a fim de entregar uma solução. "Trabalhar retroativamente" a partir das necessidades do cliente pode ser comparado à abordagem "skills-forward" na qual habilidades e competências existentes são usadas para impulsionar oportunidades de negócio. A abordagem skills-forward diz, "Somos realmente bons em X. O que mais podemos fazer com X?" Essa é uma abordagem empresarial útil e recompensadora. Entretanto, se usada exclusivamente, a empresa que a empregar nunca será motivada a desenvolver novas habilidades. Por fim, as habilidades existentes se tornarão desatualizadas. Trabalhar retroativamente a partir das necessidades do cliente muitas vezes *exige* que adquiramos novas competências e exercitemos novos músculos, sem nos importar o quanto esses primeiros passos possam ser desconfortáveis e estranhos.

O Kindle é um bom exemplo de nossa abordagem básica. Há mais de quatro anos, começamos com uma visão de longo prazo: cada livro já impresso, em qualquer idioma, todos disponíveis em menos de sessenta segundos. A experiência do cliente que imaginamos não permitiu a criação de linhas rígidas de demarcação entre o dispositivo Kindle e o serviço Kindle — os dois deveriam ser combinados de modo harmonioso. A Amazon nunca tinha projetado ou construído um dispositivo de hardware, mas em vez de mudar a visão para acomodar nossas habilidades então existentes, contratamos vários engenheiros de hardware talentosos (e missionários) e começamos a aprender uma nova habilidade institucional, a de que precisávamos para atender melhor aos leitores no futuro.

Estamos agradecidos e empolgados pelo fato de as vendas do Kindle terem superado as nossas expectativas mais otimistas. Em 23 de fevereiro, começamos a enviar o Kindle 2. Se você não o viu, ele é tudo o que os clientes adoraram no Kindle original, só que mais fino, rápido, com uma tela mais nítida, vida de bateria mais longa e capaz de armazenar 1.500 livros. Você pode escolher entre mais de 250 mil dos livros, revistas e jornais mais populares. A conexão sem fio é gratuita e você tem seu livro em menos de 60 segundos. Recebemos milhares de e-mails com feedback de clientes sobre o dispositivo e, foi impressionante — 26% deles contêm a palavra "amei".

## Pilares da Experiência do Cliente

Em nosso negócio de varejo, estamos convictos de que os clientes valorizam preços baixos, seleção variada e entrega rápida, conveniente e que essas necessidades continuem estáveis ao longo do tempo. Para nós é difícil imaginar que daqui a dez anos os clientes quererão preços mais altos, seleção menor ou entrega mais lenta. Nossa crença na durabilidade desses pilares nos dá a confiança necessária para investir em seu fortalecimento. Sabemos que a energia que dedicamos a eles agora continuará a pagar dividendos no futuro.

Nosso objetivo com a fixação de preços é conquistar a confiança do cliente, não otimizar o lucro monetário de curto prazo. Consideramos que é uma profissão de fé, e acreditamos que fixar preços dessa forma é a melhor forma de aumentar nosso lucro agregado no longo prazo. Ganhamos menos por unidade, mas ao conquistar a confiança com consistência, venderemos muito mais itens. Assim sendo, oferecemos preços baixos em toda nossa linha de produtos. Pelo mesmo motivo, continuamos a investir nos programas de frete grátis, incluindo o Amazon Prime. Os clientes são bem informados e espertos e avaliam o custo total, incluindo as taxas de entrega, quando tomam as decisões de compra. Nos últimos doze meses, clientes do mundo todo pouparam mais de US$800 milhões ao aproveitar nossas ofertas com frete grátis.

Estamos incansavelmente focados em aumentar nossa seleção, tanto dentro das categorias existentes quanto em novas. Acrescentamos 28 novas categorias desde 2007. Um negócio que cresce rapidamente e continua a me surpreender é nossa loja de calçados, a Endless.com, que lançamos em 2007. Entrega rápida e confiável é importante para os clientes. Em 2005, lançamos o Amazon Prime. Por US$79 por ano,[*] membros do Prime têm direito a frete grátis expresso ilimitado em dois dias e upgrades para entrega em um dia por apenas US$3,99. Em 2007, lançamos a Fulfillment by Amazon, um novo serviço para vendedores externos. Com a FBA, os vendedores armazenam seu estoque em nossa rede logística global e apanhamos, embalamos e enviamos para o consumidor final em nome do vendedor. Os itens FBA estão qualificados para o Amazon Prime e Super Saver Shipping — como se os itens fossem do

---

\* O Prime é um programa global: ¥3,900 no Japão, £48 no Reino Unido, €29 na Alemanha e €49 na França.

estoque da Amazon. Como resultado, o FBA melhora a experiência do cliente e impulsiona os negócios do vendedor. No quarto trimestre de 2008, enviamos mais de 3 milhões de unidades em nome de vendedores que usam o Fulfillment by Amazon, uma medida vantajosa para clientes e vendedores.

## Gastos Prudentes

O caminho da experiência do cliente que escolhemos exige uma estrutura de custos eficiente. A boa notícia para os acionistas é que vemos muitas oportunidades de melhoria nesse sentido. Para onde olhamos (e todos olhamos), encontramos o que fabricantes japoneses experientes chamam de *muda*, ou desperdício.[*] Isso é incrivelmente estimulante. Eu o encaro como um potencial — anos e anos de ganhos de produtividade fixos e variáveis, maior velocidade e eficiência, gastos de capital mais flexíveis.

Nossa principal meta financeira continua sendo maximizar o fluxo de caixa livre de longo prazo e fazer isso com elevadas taxas de retorno do capital investido. Estamos investindo pesadamente na Amazon Web Services, em ferramentas para vendedores externos, em mídia digital, na China e em novas categorias de produtos. E fazemos esses investimentos acreditando que eles têm uma escala significativa e abrirão caminho para nossos elevados padrões de retornos.

Em todo o mundo, colaboradores incríveis, inventivos e dedicados colocam os clientes em primeiro lugar. Tenho orgulho em fazer parte dessa equipe. Agradecemos a vocês, proprietários, por seu apoio, seu encorajamento e por se ajuntar a nós nessa contínua aventura.

---

* Recentemente, em um centro de distribuição, um de nossos especialistas Kaizen me perguntou, "Sou favorável a um centro de distribuição limpo, mas por que você está limpando? Por que não elimina a origem da sujeira?" Eu me senti como Karatê Kid.

# Definindo Metas

# 2009

OS RESULTADOS FINANCEIROS de 2009 refletem o efeito cumulativo de 15 anos de melhorias na experiência do cliente: aumento de seleção, aceleração de entrega, redução de estrutura de custos para oferecer preços ainda mais baixos aos clientes etc. Esse trabalho foi feito por várias pessoas inteligentes, incansáveis e dedicadas ao cliente em todos os setores da empresa. Temos orgulho de nossos preços baixos, de nossa entrega confiável e de nossa posição em estoque de até itens incomuns e difíceis de encontrar. Sabemos que podemos melhorar muito e estamos trabalhando nisso.

Alguns destaques marcantes de 2009:

As vendas líquidas aumentaram 28% de ano a ano para US$24,51 bilhões em 2009. Isso representa 15 vezes mais do que as vendas líquidas de 10 anos atrás quando atingiram US$1,64 bilhão em 1999.

O fluxo de caixa livre aumentou 114% ano a ano para US$2,92 bilhões em 2009.

Mais clientes estão aproveitando o Amazon Prime com o aumento significativo de assinaturas em todo o mundo no ano passado. A quantidade de diferentes itens disponíveis para envio imediato aumentou mais de 50% em 2009.

Adicionamos 21 novas categorias de produtos em todo o mundo em 2009, incluindo Automotivos, no Japão, Bebê, na França, e Calçados e Vestuário, na China.

Foi um ano movimentado para nosso setor de calçados. Em novembro, adquirimos a Zappos, líder de vendas online de vestuário e calçados que se esforça para proporcionar o melhor atendimento e seleção aos compradores. A Zappos é um complemento fantástico para nossa seleção Endless, Javari, Amazon e Shopbop.

A equipe de vestuário continuou a melhorar a experiência do cliente com o lançamento do Denim Shop oferecendo cem marcas, incluindo Joe's Jeans, Lucky Brand, 7 For All Mankind e Levi's.

As equipes de calçados e vestuário criaram mais de 121 mil descrições de produtos e fizeram o upload de mais de 2,2 milhões de imagens para o site, oferecendo aos clientes uma vibrante experiência de compras.

Aproximadamente 7 milhões de avaliações de clientes foram adicionadas aos sites de todo o mundo.

Vendas de produtos por terceiros em nossos sites representaram 30% das vendas unitárias em 2009. Contas ativas de vendedores aumentaram 24% para 1,9 milhão no ano. Globalmente, vendedores que usam o Fulfillment by Amazon armazenaram mais de 1 milhão de itens exclusivos em nossa rede de centros logísticos, qualificando-os para o Free Super Saver Shipping e Amazon Prime.

A Amazon Web Services continuou o rápido ritmo de inovação, lançando vários serviços e funções novas, incluindo o Amazon Relational Database Service, Virtual Private Cloud, Elastic MapReduce, High-Memory EC2 Instances, Reserved and Spot Instances, Streaming for Amazon CloudFront e Versioning for Amazon S3. A AWS também continuou a expansão global a fim de incluir serviços adicionais na UE e uma nova região do norte da Califórnia e planos para presença na região Ásia-Pacífico em 2010. A inovação e o histórico do desempenho operacional ajudaram a AWS a adicionar mais clientes em 2009 do que em qualquer outra época, incluindo muitas grandes empresas.

A loja Kindle nos EUA hoje tem mais de 460 mil livros em comparação com 250 mil no ano anterior, e inclui 103 dos 110 best-sellers do *New York Times*, mais de 8.900 blogs e 171 jornais e revistas norte-americanos e internacionais importantes. Enviamos Kindles para mais de 120 países e hoje oferecemos conteúdo em seis idiomas diferentes.

Líderes seniores que hoje são novos na Amazon muitas vezes se surpreendem pelo pouco tempo que passamos discutindo resultados financeiros atuais ou debatendo resultados financeiros estimados. Quero deixar claro que levamos esses resultados a sério, mas acreditamos que concentrar nossa energia nos investimentos controláveis em nosso negócio é a forma mais eficiente de maximizar os resultados financeiros ao longo do tempo. Nosso processo anual de definição de metas começa no outono e termina no começo do ano novo depois que completamos o trimestre de pico de festas. Nossas sessões de definição de metas são longas, vigorosas e voltadas a detalhes. Temos um padrão elevado para a experiência que nossos clientes merecem e um senso de urgência para melhorar essa experiência.

Temos usado o mesmo processo anual há vários anos. Para 2010, definimos 452 metas detalhadas com proprietários, entregas e datas de conclusão previstas. Essas não são as únicas metas que nossas equipes definem para si próprias, mas as que achamos mais importante monitorar. Nenhuma dessas metas são fáceis e muitas não serão atingidas sem invenção. Revemos o status de cada uma várias vezes por ano com a equipe de liderança e adicionamos, removemos e modificamos metas à medida que avançamos.

Uma revisão de nossas metas atuais revela alguns dados interessantes:

360 das 452 metas impactarão diretamente a experiência do cliente.

*Definindo Metas*

A palavra *receita* é usada 8 vezes e *fluxo de caixa livre*, apenas quatro.

Nas 452 metas, o termos *renda líquida, margem* ou *lucro bruto* e *lucro operacional* não são usadas uma única vez.

Analisado como um todo, o conjunto de metas indica nossa abordagem fundamental. Começar com os clientes e trabalhar no sentido inverso. Não apenas ouvir os clientes — também inventar pensando neles. Não garantimos que atingiremos todas as metas deste ano. Não o fizemos em anos passados. Entretanto, podemos assegurar que continuaremos obcecados pelos clientes. Temos firme convicção de que essa abordagem — no longo prazo — é tão boa para os acionistas quanto para os clientes.

Ainda é o Dia 1.

# Ferramentas Fundamentais

# 2010

Florestas aleatórias, classificadores Naive Bayes, RESTful services, protocolos de fofocas, consistência eventual, sharding de banco de dados, antientropia, sistemas de quóruns bizantinos, erasure coding [método de proteção de dados], relógios vetoriais: entre em certas reuniões da Amazon e, por um momento, achará que entrou em uma palestra sobre ciência da computação.

Veja um livro atual sobre arquitetura de software e encontrará alguns padrões que não aplicamos na Amazon. Usamos sistemas de transações de alto desempenho, renderização complexa e cache de objetos, sistemas de filas e de gestão de fluxo de trabalho, inteligência empresarial e análise de dados, aprendizado de máquina e reconhecimento de padrões, redes neurais e tomada de decisão probabilística e uma ampla variedade de outras técnicas. E, embora muitos de nossos sistemas sejam baseados no que há de mais recente em pesquisas de ciências de computação, isso muitas vezes não é suficiente: nossos arquitetos e engenheiros precisam avançar as pesquisas na direção que nenhum acadêmico ainda tomou.

*Ferramentas Fundamentais* 93

Muitos dos problemas que enfrentamos não são descritos em manuais e assim nós — felizmente — inventamos novas abordagens.

Nossas tecnologias são quase exclusivamente implementadas como *serviços*: bits de lógica que encapsulam os dados com que operam e proporcionam interfaces endurecidas como a única forma de acessar sua funcionalidade. Essa abordagem reduz efeitos colaterais e permite que os serviços evoluam em seu próprio ritmo sem impactar os outros componentes do sistema como um todo. A Arquitetura Orientada a Serviços (SOA) é a construção fundamental de abstrações para as tecnologias da Amazon. Graças a uma equipe ponderada e perspicaz de engenheiros e arquitetos, essa abordagem foi aplicada na Amazon muito antes de a SOA se tornar parte do jargão do setor. Nossa plataforma de e-commerce é composta por uma federação de centenas de serviços de software que atuam em conjunto para proporcionar funcionalidade desde recomendações de preenchimento de pedidos a controle de estoque. Por exemplo, para construir uma página de detalhes de produto para um cliente que visita a Amazon.com, nosso software usa entre duzentos e trezentos serviços para apresentar uma experiência altamente personalizada para esse cliente.

O gerenciamento de estado é essencial a qualquer sistema que precise atingir grandes dimensões. Há muitos anos, as exigências da Amazon atingiram um ponto em que muitos de nossos sistemas não podiam mais ser atendidos por qualquer solução comercial: nossos serviços de dados-chave armazenam muitos petabytes de dados e lidam com milhões de pedidos por segundo. Para atender a essas exigências complexas e incomuns, desenvolvemos várias soluções alternativas de persistência especialmente concebidas, incluindo nosso próprio armazenamento de dados-chave e armazenamento em tabela única. Para isso, dependemos grandemente dos princípios básicos dos sistemas distribuídos e comunidades de pesquisa de banco de dados e criamos a partir dali. Os sistemas de armazenamento de que fomos pioneiros demonstram extrema escalabilidade ao mesmo tempo em que mantêm rígido controle sobre desempenho, disponibilidade e custo. Para atingir suas propriedades de ultraescala esses sistemas utilizam uma abordagem nova para gestão de atualização de dados: relaxando as exigências de sincronização de atualizações que precisam ser disseminadas a grandes números de réplicas, esses sistemas são capazes de sobreviver sob as mais duras condições de desempenho e disponibilidade. Essas implementações são baseadas no conceito da consistência eventual. Os avanços na gestão de dados desenvolvida pelos engenheiros da Amazon foram o ponto de partida para a arquitetura que baseia os serviços de gestão de dados e armazenamento na nuvem oferecidos pela Amazon Web Services (AWS). Por exemplo, a arquitetura básica do Simple Storage Service, Elastic Block Store e SimpleDB originaram-se de tecnologias exclusivas da Amazon.

Outras áreas de negócios da Amazon enfrentam problemas de decisão e processamento de dados igualmente complexos como categorização e ingestão de dados de produtos, previsão de demanda, alocação de estoque e detecção de fraude. Sistemas baseados em regras podem ser usados com êxito, mas podem ser difíceis de manter e podem se tornar quebradiços com o tempo. Em muitos casos, técnicas de aprendizado de máquina avançadas proporcionam classificação mais precisa e podem se autocurar para se adaptar a novas condições. Por exemplo, nosso mecanismo de pesquisa emprega mineração de dados e algoritmos de aprendizado de máquina que são executados em segundo plano para construir modelos de tópicos, e aplicamos algoritmos de extração de informações a fim de identificar atributos e extrair entidades de descrições não estruturadas, permitindo aos clientes reduzir suas buscas e encontrar rapidamente o produto desejado. Consideramos um grande número de fatores na relevância de busca a fim de prever a probabilidade do interesse de um cliente e otimizar a classificação de resultados. A diversidade de produtos requer que empreguemos técnicas de regressão modernas como florestas aleatórias treinadas de árvores de decisão para incorporar com flexibilidade milhares de atributos de produtos no momento da classificação. O resultado final desse software nos bastidores? Resultados de busca rápidos e precisos que o ajudam a encontrar o que quer.

*Ferramentas Fundamentais*                    95

Todo o esforço dedicado à tecnologia poderia não ser tão importante se a deixássemos de lado em algum departamento de P&D, mas não adotamos essa abordagem. A tecnologia está entranhada em todas nossas equipes, nossos processos, nossas tomadas de decisão e nossa abordagem à inovação em cada um de nossos negócios. Ela está profundamente integrada a tudo que fazemos.

Um exemplo é o Whispersync, o serviço do Kindle destinado a garantir que, não importa onde vá ou que dispositivos tenha com você, possa acessar sua biblioteca e todos os seus destaques, notas e marcadores de página, tudo em sincronia com os dispositivos Kindle e apps móveis. O desafio técnico é tornar isso realidade para milhões de donos de Kindles, com centenas de milhões de livros e centenas de tipos de dispositivos, vivendo em mais de 100 países em todo o mundo — com confiabilidade 24/7. No centro do Whispersync está um repositório de dados replicados eventualmente consistente, com resolução de conflitos de aplicações definidas que pode e deve lidar com isolamento do dispositivo durante semanas ou mais. Como cliente Kindle, é claro, escondemos toda essa tecnologia de você. Então, quando você abre o seu Kindle, ele está em sincronia e na página certa. Parafraseando Arthur C. Clarke, como qualquer tecnologia suficientemente avançada, é indistinguível da magia.

Portanto, se a vista de algum acionista que estiver lendo zelosamente esta carta estiver ficando cansada nesse momento, eu vou despertá-lo ressaltando que, em minha opinião, essas técnicas não são perseguidas inutilmente — elas levam diretamente ao fluxo de caixa livre.

Vivemos em uma época de incríveis aumentos de largura de banda, espaço de disco e capacidade de processamento, todos elementos que continuam a ficar mais baratos rapidamente. Temos em nossa equipe alguns dos tecnólogos mais sofisticados do mundo — ajudando a superar desafios que estão no limite do possível hoje. Como discutimos muitas vezes antes, temos a inabalável convicção de que os interesses de longo prazo dos acionistas estão perfeitamente alinhados com os interesses dos clientes.

E gostamos disso. A invenção está em nosso DNA e a tecnologia é a ferramenta fundamental que usamos para evoluir e melhorar cada aspecto da experiência que proporcionamos aos clientes. Ainda temos muito a aprender e espero e desejo que continuemos a nos divertir aprendendo. Tenho muito orgulho de fazer parte dessa equipe.

Ainda é o Dia 1.

# O Poder da Invenção

## 2011

"**P**ARA NÓS, o valor da Amazon Web Services é inegável — em vinte segundos, podemos dobrar a capacidade de nosso servidor. Em um ambiente de rápido crescimento como o nosso e com uma pequena equipe de desenvolvedores, é muito importante ter a certeza de que temos o melhor apoio a oferecer à comunidade musical em todo o mundo. Há cinco anos, teríamos falhado e caído sem saber quando nos levantaríamos. Agora, devido à constante inovação da Amazon, oferecemos a melhor tecnologia e continuamos a crescer!" Essas são palavras de Christopher Tholen, diretor de Tecnologia da BandPage. Seus comentários sobre como a AWS ajuda com a necessidade crítica de escalar a capacidade de computação de modo rápido e confiável não são hipotéticos: a BandPage hoje ajuda 500 mil bandas e artistas a se conectar com dezenas de milhões de fãs.

"Assim, comecei a vender na Amazon em abril de 2011 e quando nos tornamos o principal vendedor de lancheiras da Amazon em junho, tínhamos de 50 a 75 pedidos por dia. Quando chegamos a agosto e setembro — nossa época mais movimentada, com o início do ano escolar

— tínhamos 300, às vezes 500 pedidos por dia. Foi simplesmente incrível... Uso a Amazon para atender meus pedidos, o que facilita a minha vida. Além disso, quando meus clientes descobriram que poderiam ter frete grátis com assinaturas Prime, a venda das lancheiras explodiu." Kelly Lester é a "mãe empresária" da EasyLunchboxes, sua linha inovadora de embalagens ecológicas para lanches fáceis de montar.

"Foi uma descoberta casual e abriu um mundo totalmente novo para mim. Como eu tinha mais de mil títulos (de livros) em casa, pensei, 'Vou experimentar'. Vendi alguns, continuei a expandir o negócio e descobri que ele era tão divertido que resolvi que nunca mais quero outro tipo de emprego. E eu não tinha um chefe — isto é, além de minha mulher. O que poderia ser melhor? Nós trabalhamos juntos nisso. Nós dois saímos à caça, então é um esforço de equipe que funciona muito bem. Vendemos cerca de 700 livros por mês. Enviamos entre 800 e 900 para a Amazon todos os meses e ela envia os 700 que as pessoas compram. Sem o trabalho de envio e atendimento ao cliente da Amazon, minha mulher e eu teríamos que correr até os Correios ou algum outro lugar todos os dias com dezenas de pacotes. Com essa parte resolvida, a vida fica muito mais simples... Esse é um programa incrível e eu adoro. Afinal, a Amazon oferece e até envia os livros aos clientes. Então, o que poderia ser melhor que isso?" Bob Frank fundou a RJF Books and More depois de ser despedido em meio a uma crise econômica. Ele e a mulher dividem o tempo entre Phoenix e Minneapolis e ele descreve encontrar os livros que vende como uma "caça diária ao tesouro".

"Por causa do Kindle Direct Publishing, ganho mais em royalties em um mês do que já ganhei em um ano escrevendo para uma editora tradicional. Passei de me preocupar em conseguir pagar as contas — e houve muitos meses em que não o consegui — a finalmente ter uma boa poupança e até pensar em tirar férias; algo que não fazia há anos... A Amazon me permitiu realmente estender as minhas asas. Antes, eu estava preso a um gênero quando, por outro lado, haviam vários outros livros que eu queria escrever. Agora posso fazer isso. Eu gerencio minha carreira. Sinto-me como se tivesse finalmente encontrado um parceiro na Amazon. Eles entendem desse negócio e mudaram a cara da publicação para o bem do escritor e do leitor, colocando as opções em nossas mãos." Essas são palavras de A. K. Alexander, autor de *Daddy's Home* [*Papai Está em Casa*, em tradução livre], um dos cem livros do Kindle mais vendidos em março.

"Eu não tinha ideia de que março de 2010, o primeiro mês em que decidi publicar no KDP, seria um momento decisivo em minha vida. Depois de um ano, eu ganhava o suficiente por mês para deixar meu emprego e me dedicar a escrever em tempo integral! As recompensas que surgiram depois de começar a publicar no KDP mudaram minha vida — financeira, pessoal, emocional e criativamente. Poder escrever o dia inteiro, estar em casa com a família, escrever exatamente o que quero sem que uma comissão de marketing jurídico queira dar opinião em cada detalhe do meu texto me tornou um escritor mais forte, prolífico e, mais importante, feliz... A Amazon e o KDP estão literalmente permitindo o surgimento da criatividade no mundo editorial e dando a escritores como eu uma chance de realizar seu sonho e sou eternamente grato por isso." Este foi Blake Crouch, autor de vários livros de suspense, incluindo o best-seller do Kindle, *Run* [*Corra*, em tradução livre].

"A Amazon possibilitou que escritores como eu levassem suas obras para os leitores e mudou a minha vida. Em pouco mais de um ano, vendi perto de 250 mil exemplares pelo Kindle e troquei sonhos antigos por outros maiores e melhores. Quatro dos meus livros ficaram na Lista dos 100 Best-sellers do Kindle, fui procurada por agentes, vendedores do estrangeiro e dois produtores de cinema e recebi menções no *LA Times*, *Wall Street Journal* e *PC Magazine*, e recentemente fui entrevistada pelo *USA Today*. Acima de tudo, fico empolgada porque agora todos os escritores têm a oportunidade de levar seu trabalho aos leitores sem tentar superar obstáculos intransponíveis. Os escritores têm mais opções e os leitores, mais alternativas. O mundo editorial está mudando depressa e pretendo aproveitar cada passo da jornada." Theresa Ragan é autora do KDP de vários best-sellers do Kindle, incluindo *Abducted* [*Abduzidos*, em tradução livre].

"Com mais de 60 anos e em meio à recessão, minha mulher e eu descobrimos que nossas opções de renda eram muito limitadas. O KDP foi minha tentativa de realizar o sonho de uma vida — nossa única chance de salvação financeira. Após alguns meses da publicação, o KDP mudou totalmente nossas vidas, permitindo que esse escritor de não ficção de idade avançada iniciasse uma carreira nova como romancista de best-sellers. Não há elogios suficientes para a Amazon e as muitas ferramentas que disponibilizam a autores independentes. Sem hesitação, eu encorajo colegas escritores a investigar e aproveitar as oportunidades oferecidas pelo KDP. Como tive a felicidade de descobrir, ali não há risco de perda — e o potencial é praticamente ilimitado." Robert Bidinotto é autor do best-seller do Kindle, *Hunter: A Thriller* [*Caçador: Um Thriller*, em tradução livre].

"Eu alavanquei a tecnologia do KDP para ultrapassar todas as portas tradicionais. Você tem ideia do que é, depois de lutar muito, por muito tempo, por cada... leitor? Agora, admiradores de ficção que eu nunca teria atingido estão apreciando *Nobody* [*Ninguém*, em tradução livre] e meus outros dois romances do Kindle Store a US\$2.99. Sempre quis escrever uma história sobre Cinderela. Eu consegui. E, graças ao Príncipe Encantado (KDP), muitas outras virão..." Creston Mapes é o autor do best-seller do Kindle *Nobody*.

A invenção vem em muitas formas e escalas. As invenções mais radicais e transformadoras geralmente são as que empoderam os *outros* a liberar *sua* criatividade — para buscar *seus* sonhos. Isso é uma parte importante do que ocorre na Amazon Web Services, Fulfillment by Amazon e Kindle Direct Publishing. Com a AWS, FBA e KDP, estamos criando plataformas de autoatendimento poderosas que permitem a milhares de pessoas experimentar e realizar com ousadia coisas que seriam impossíveis ou impraticáveis de outra forma. Essas plataformas inovadoras de larga escala não são um jogo de soma zero — elas criam situações em que todos ganham e valor significativo para desenvolvedores, empreendedores, clientes, autores e leitores.

A Amazon Web Services desenvolveu-se, atingindo trinta serviços diferentes e milhares de médias e grandes empresas e desenvolvedores individuais como clientes. Uma das primeiras ofertas da AWS, o Simple Storage Service, ou S3, hoje armazena mais de 900 bilhões de objetos de dados com mais de um bilhão de novos objetos adicionados todos os dias. O S3 lida rotineiramente com mais de 500 mil transações por segundo e chegou ao máximo de cerca de um milhão de transações por segundo. Todos os serviços da AWS são pré-pagos e transformam radicalmente as despesas de capital em custo variável. A AWS é um autoatendimento: não é necessário negociar um contrato ou conversar com um vendedor — você simplesmente lê a documentação online e começa a usá-lo. Os serviços AWS são flexíveis — podem ter a escala aumentada ou reduzida com facilidade.

Só no último trimestre de 2011, a Fulfillment by Amazon enviou dezenas de milhões de itens vendidos por terceiros. Quando os vendedores usam o FBA, seus itens se qualificam para o Amazon Prime, para o Super Saver Shipping e para processamento de devoluções e atendimento ao cliente da Amazon. O FBA é um programa de autoatendimento e vem acompanhado de um console de gestão de estoque fácil de usar como parte do Amazon Seller Central. Para os mais versados em tecnologia, ele também vem com um conjunto de aplicativos para que se possa usar a rede global de centros logísticos como um gigantesco dispositivo periférico.

Enfatizo a natureza de autoatendimento dessas plataformas porque ela é importante por um motivo que não é muito evidente: mesmo gatekeepers bem-intencionados retardam a inovação. Quando uma plataforma é de autoatendimento, mesmo ideias improváveis podem ser tentadas, porque não há nenhum gatekeeper experiente pronto para dizer, "Isso nunca vai funcionar!". E adivinhe só — muitas dessas ideias improváveis funcionam e a sociedade se beneficia dessa diversidade.

O Kindle Direct Publishing atingiu uma escala surpreendente rapidamente — mais de mil autores KDP hoje vendem mais de mil exemplares por mês, alguns já atingiram centenas de milhares em vendas e dois já integram o Kindle Million Club. O KDP é uma grande vitória para os autores, pois eles detêm os direitos autorais, mantêm os direitos sobre obras derivadas, podem publicar de acordo com o seu cronograma — o prazo comum para publicações tradicionais pode ser de um ano ou mais depois que o livro é concluído — e, deixando o melhor para o fim, os autores do KDP ganham royalties de até 70%. As maiores editoras tradicionais pagam royalties de apenas 17,5% para e-books (eles pagam 25% de 70% do preço de venda, o que acaba sendo 17,5% do preço de venda). A estrutura de royalties do KDP é totalmente transformadora para os autores. O preço de venda comum para um livro KDP são atrativos US$2,99 — sendo que cerca de US$2 vão para os autores! Com direitos autorais de 17,5%, o preço de venda teria que ser de US$11,43 para render os mesmos US$2 de royalties por unidade. Garanto que os autores vendem muito mais cópias a US$2,99 do que fariam a US$11,43.

O Kindle Direct Publishing é bom para os leitores porque eles encontram preços mais baixos, mas talvez igualmente importante, os leitores têm acesso a mais diversidade, pois autores rejeitados por canais de publicação consagrados agora têm uma chance no mercado. Você pode observar pessoalmente esse fato. Dê uma olhada na lista de best-sellers do Kindle e compare-a com a do *New York Times* — qual é mais variada? A lista do Kindle é repleta de livros autopublicados e de pequenas gráficas, enquanto a do *New York Times* é dominada por autores consagrados e de sucesso.

Os apoiadores da Amazon estão em busca do futuro com inovações radicais e transformadoras que criam valor para milhares de autores, empreendedores e desenvolvedores. A invenção se tornou uma segunda natureza na Amazon e, em minha opinião, o ritmo de inovação da equipe está acelerando — posso garantir que isso é estimulante. Tenho muito orgulho de toda a equipe e me sinto feliz por estar sentado na primeira fila.

Ainda é o Dia 1!

# Motivação Interna

## 2012

Como os leitores habituais desta carta sabem, nossa energia na Amazon vem do desejo de impressionar os clientes e não de tentar superar a concorrência. Não pensamos em qual abordagem tem maior probabilidade de maximizar o sucesso dos negócios. Há prós e contras em ambas e muitos exemplos de empresas focadas na concorrência altamente bem-sucedidas. Trabalhamos para prestar atenção aos concorrentes e nos inspirar neles, mas é fato que o modo centrado no cliente é, nesse ponto, um elemento determinante de nossa cultura.

Uma vantagem — talvez um tanto sutil — de um foco orientado para o cliente é que ele sustenta um certo tipo de proatividade. Quando damos nosso melhor, não esperamos pressões externas. Somos *internamente* motivados a melhorar nossos serviços, adicionando benefícios e recursos antes mesmo que sejam necessários. Reduzimos os preços e aumentamos a qualidade para os clientes antes que seja necessário. Inventamos antes de precisar. Esses investimentos são motivados pelo foco no cliente e não pela reação à concorrência. Achamos que essa abordagem conquista a confiança dos clientes e impulsiona melhorias rápidas em sua experiência — e isso é importante — mesmo em áreas em que já somos líderes.

"Obrigado. Sempre que vejo o papel branco na página inicial da Amazon, sei que ganharei mais por meu dinheiro do que imaginei. Eu me cadastrei no programa Prime pelo frete, e agora recebo filmes, TV e livros. Vocês continuam adicionando novos elementos, sem cobrar mais. Portanto, obrigado de novo pelas adições." Hoje temos mais de 15 milhões de itens no Prime, 15 vezes mais desde que o lançamos em 2005. A seleção do Prime Instant Video triplicou em apenas um ano para mais de 38 mil filmes e episódios de séries de TV. O Kindle Owners' Lending Library também mais que triplicou para mais de 300 mil livros, incluindo um investimento de milhões de dólares para disponibilizar toda a série *Harry Potter* como parte dessa seleção. Não "precisávamos" fazer essas melhorias no Prime. Nós as fizemos proativamente. Um investimento relacionado — importante de vários anos — é o Fulfillment by Amazon. O FBA oferece aos vendedores externos a opção de armazenar seu estoque em nossa rede de centros logísticos. Ele foi um divisor de águas para nossos clientes vendedores porque seus itens se qualificam para os benefícios do Prime, o que melhora suas vendas, ao mesmo tempo em que favorece os clientes com uma seleção adicional do Prime.

Construímos sistemas automatizados que buscam ocasiões em que a experiência do cliente não corresponde aos nossos padrões e esses sistemas então reembolsam os clientes proativamente. Um observador do setor recentemente recebeu um e-mail automático nosso que dizia, "Notamos que o senhor teve uma experiência insatisfatória ao assistir o seguinte filme alugado no Amazon Video On Demand: Casablanca. Sentimos pelo transtorno e informamos que lhe enviamos um reembolso de US$2,99. Esperamos vê-lo novamente em breve." Surpreso pelo reembolso proativo, ele acabou escrevendo sobre a experiência: "A Amazon 'notou que tive uma exibição de vídeo de má qualidade…' E eles decidiram me reembolsar por causa disso? Uau… É isso que eu chamo de colocar os clientes em primeiro lugar."

Se você fizer uma pré-encomenda na Amazon, garantimos o menor preço entre o momento do pedido e o fim do dia de liberação. "Acabo de receber um aviso de reembolso de US$5,00 no meu cartão de crédito pela proteção de preço da pré-encomenda... Que jeito maravilhoso de fazer negócios! Obrigado pela atitude justa e honesta." A maioria dos clientes está ocupada demais para monitorar o preço de um item depois da pré-encomenda e nossa política poderia exigir que o cliente nos contatasse e pedisse o reembolso. Agir proativamente é mais caro para nós, mas também surpreende, satisfaz e conquista confiança.

Também temos autores como clientes. A Amazon Publishing acaba de anunciar que começará a pagar os royalties aos autores por mês, a partir de sessenta dias da entrega. Editoras costumam pagar duas vezes por ano e isso tem sido um padrão há muito tempo. No entanto, quando entrevistamos esses autores, o pagamento infrequente é um grande fator de insatisfação. Imagine o que você diria se fosse pago duas vezes por ano. Não existe pressão da concorrência para realizar o pagamento mais que uma vez a cada seis meses, mas nós o fazemos proativamente. A propósito — embora a pesquisa fosse onerosa, fui adiante e estou satisfeito em informar que recentemente vi vários Kindles em uso em uma praia da Flórida. Há cinco gerações de Kindle e acredito que vi todas em uso, exceto pela primeira. Nossa abordagem de negócios é vender hardware de qualidade praticamente sem lucro. Queremos ganhar dinheiro quando as pessoas usam nossos dispositivos — não quando os compram. Achamos que isso nos deixa mais bem alinhados com os clientes. Por exemplo, não precisamos que os clientes façam upgrades. Ficamos muito satisfeitos em ver pessoas ainda usando Kindles de quatro anos!

Eu poderia continuar — Kindle Fire's Free Time, o serviço de atendimento ao cliente Andon Cord, AutoRip MP3 da Amazon — mas terminarei com um exemplo muito claro de motivação interna: a Amazon Web Services. Em 2012, a AWS anunciou 159 funções e serviços novos. Reduzimos os preços da AWS 27 vezes desde o lançamento há sete anos, adicionamos melhorias de apoio ao serviço de empresas e criamos ferramentas inovadoras para ajudar os clientes a serem mais eficientes. A

AWS Trusted Advisor monitora as configurações dos clientes, as compara às melhores práticas conhecidas e então avisa aos clientes onde existem oportunidades para melhorar o desempenho, a segurança ou economizar dinheiro. Sim, dizemos ativamente aos clientes que estão nos pagando mais do que precisam. Nos últimos noventa dias, os clientes pouparam milhões de dólares por meio do Trusted Advisor, e o serviço só está começando. Todo esse progresso se deve ao fato de a AWS ser amplamente reconhecida como líder nessa área — uma situação em que seria possível se preocupar com uma eventual falta de motivação externa. Por outro lado, a motivação interna — a motivação para fazer o cliente dizer "Uau" — mantém a rapidez das inovações.

Nossos elevados investimentos no Prime, AWS, Kindle, mídia digital e experiência do cliente em geral parecem generosos demais para alguns, um descaso com os acionistas ou até contrários a uma empresa que visa lucros. "A Amazon, até onde posso dizer, é uma organização beneficente gerida por elementos da comunidade de investimentos para o benefício dos consumidores", escreveu um observador externo. Mas não concordo. Para mim, tentar distribuir melhorias de um modo just-in-time causaria problemas e seria arriscado no mundo acelerado em que vivemos. Fundamentalmente, acho que o pensamento no longo prazo acaba formando um círculo. Proativamente agradar aos clientes gera confiança, que gera mais vendas, até em setores de negócios novos. Adote a visão de longo prazo e os interesses dos clientes e acionistas se alinharão.

Enquanto escrevo, o desempenho recente de nossas ações tem sido positivo, mas nós nos lembramos constantemente de um ponto importante — como cito frequentemente o famoso investidor Benjamin Graham em nossas reuniões gerais com funcionários — "No curto prazo, o mercado é uma máquina de votação; no longo, é uma máquina de pesagem". Não comemoramos um aumento de 10% no valor das ações como comemoramos uma experiência do cliente excelente. Não ficamos 10% mais espertos quando isso ocorre e tampouco somos 10% mais estúpidos quando as ações caem. Queremos ser pesados e estamos sempre trabalhando para construir uma empresa mais pesada.

*Motivação Interna*

Por mais que eu esteja orgulhoso de nosso progresso e nossas inovações, sei que cometeremos erros ao longo do caminho — alguns autoinfligidos, outros causados por concorrentes espertos e dedicados. Nossa paixão pelo pioneirismo nos levará a explorar desfiladeiros estreitos e, sem dúvida, muitos mostrarão ser becos sem saída. Mas — com um pouco de sorte — também haverá alguns que se abrirão em grandes avenidas.

Sou incrivelmente afortunado por fazer parte dessa grande equipe de incríveis missionários que valorizam o cliente tanto quanto eu e que demonstram isso todos os dias com seu trabalho.

# "Uau"

# 2013

Tenho muito orgulho de tudo que as equipes da Amazon conseguiram fazer pelos clientes neste ano. Funcionários incríveis em todo o mundo estão aperfeiçoando produtos e serviços em um grau além do esperado ou exigido, com uma visão de longo prazo, reinventando o normal e fazendo os clientes exclamarem "Uau!"

Gostaria de levá-los a um passeio que mostra uma pequena parte de nossas várias iniciativas, indo do Prime ao Amazon Smile ao Mayday. O objetivo é lhes dar uma ideia de tudo que acontece em toda a Amazon e o quanto é estimulante trabalhar nesses programas. Essa ampla série de iniciativas só é possível porque uma grande equipe de pessoas talentosas em todos os níveis estão exercendo seu bom julgamento todos os dias e sempre perguntando como fazer algo melhor.

Ok, vamos começar.

## Prime

Os clientes amam o Prime. Mais que 1 milhão de clientes se associaram ao programa na terceira semana de dezembro, e agora eles são dezenas de milhões em todo o mundo. Em uma base por cliente, os membros do Prime estão comprando mais itens em mais categorias do que nunca. Até internamente, é fácil esquecer que o Prime foi um conceito novo e não comprovado (alguns até disseram temerário) quando o lançamos há nove anos: Tudo-o-que-você-consegue-comer, envio em dois dias por uma taxa anual fixa. Na época, tínhamos um milhão de produtos qualificados para o Prime. Este ano, passamos 20 milhões de produtos qualificados e continuamos a adicionar mais. Melhoramos o Prime de outras formas também, adicionando novos benefícios digitais — incluindo o Kindle Owners' Lending Library e o Prime Instant Video. E não terminamos. Temos muitas ideias para tornar o Prime ainda melhor.

## Leitores e Autores

Estamos investindo pesadamente em prol dos leitores. O Kindle Paperwhite totalmente novo de alto contraste foi lançado com ótimas críticas. Integramos o impressionante Goodreads ao Kindle, introduzimos FreeTime for Kindle e lançamos o Kindle na Índia, México e Austrália. Para alegria de quem viaja de avião, a FAA aprovou o uso de dispositivos eletrônicos durante decolagem e aterrissagem. Nossa equipe de políticas públicas, com ajuda de vários aliados, trabalhou pacientemente durante quatro anos para isso, em certo ponto carregando um avião de testes com 150 Kindles ativos. Sim, tudo funcionou muito bem!

Unindo-se ao CreateSpace, Kindle Singles e Kindle Direct Publishing está o novo serviço Kindle Worlds, o jornal literário Day One, oito novas impressões da Amazon Publishing e o lançamento da Amazon Publishing no Reino Unido e na Alemanha. Milhares de autores já estão usando esses serviços para criar carreiras gratificantes. Muitos escrevem e nos contam que os ajudamos a enviar os filhos à faculdade, pagar

110

*Inventar & Vagar*

contas médicas e comprar uma casa. Somos missionários da leitura e essas histórias nos inspiram e encorajam a continuar investindo em prol de escritores e leitores.

## Prime Instant Video

O Prime Instant Video está experimentando um tremendo crescimento em todas as medidas — incluindo novos clientes, uso repetido e quantidade total de streams. Essas são métricas de resultado e sugerem que estamos no caminho certo, focando investimentos corretos. Dois dos investimentos essenciais são o crescimento da seleção e de sua desejabilidade. Desde que lançamos o PIV em 2011 com 5 mil títulos, aumentamos a seleção para mais de 40 mil filmes e episódios de séries de TV — todos incluídos na assinatura Prime. O PIV tem exclusividades em centenas de temporadas de TV cobiçadas, incluindo *Downton Abbey*, o sucesso *O Domo, The Americans, Justified, Grimm, Orphan Black* e programas infantis como *Bob Esponja, Dora a Aventureira* e *As Pistas de Blue*. Além disso, nossa equipe da Amazon Studios continua a investir grandemente em conteúdo original. *Alpha House*, de Garry Trudeau, com John Goodman, foi lançado no ano passado e logo se tornou o programa mais assistido na Amazon. Recentemente, liberamos mais cinco originais, incluindo *Bosch*, de Michael Connelly, *The After*, de Chris Carter de *Arquivo X, Mozart in the Jungle*, de Roman Coppola e Jason Schwartzman e o maravilhoso *Transparent*, de Jill Soloway, que alguns consideram o melhor piloto em anos. Gostamos de nossa abordagem e a replicamos com a recente implantação do PIV no Reino Unido e na Alemanha. As reações iniciais dos clientes nesses países foram incríveis, superando nossas expectativas.

## Fire TV

Na semana passada, depois de dois anos de trabalho duro, nossa equipe de hardware lançou a Fire TV. Ela não só é a melhor forma de assistir às ofertas de vídeo da Amazon, como também abrange serviços como Netflix, Hulu Plus, VEVO, WatchESPN etc. A Fire TV tem hardware mais potente em uma categoria que foi previamente hardware-light. Dá pra ver. A Fire TV é rápida e fluida. E nossa tecnologia ASAP prevê o que você vai querer assistir e carrega o programa previamente para que ele comece instantaneamente. Nossa equipe também colocou um pequeno microfone no controle remoto. Aperte o botão do microfone e faça sua busca por voz em vez de digitá-la no teclado alfabético. A equipe fez uma trabalho incrível — a busca por voz realmente funciona.

Além do Prime Instant Video, a Fire TV oferece acesso instantâneo a mais de 200 mil filmes e séries de TV disponíveis no menu, incluindo novos lançamentos como *Gravidade, 12 Anos de Escravidão, O Clube de Compras Dallas, Frozen* etc. Como um bônus, a Fire TV também permite que você jogue jogos baratos e de alta qualidade na televisão de sua sala de estar. Esperamos que você experimente. Se o fizer, conte-nos o que achou. A equipe adoraria ouvir o seu feedback.

## Amazon Game Studios

Estamos no início do século XXII e a Terra é ameaçada por uma espécie de alienígenas, os Ne'ahtu. Eles infectaram a rede de energia da Terra com um vírus de computador para incapacitar a defesa do planeta.

Antes que pudessem atacar, o prodígio da ciência da computação Amy Ramanujan neutralizou o vírus alienígena e salvou o planeta. Agora, os Ne'ahtu voltaram e a Dra. Ramanujan precisa evitar que eles lancem uma invasão total à Terra. Ela precisa de sua ajuda.

É assim que começa *Sev Zero*, o primeiro jogo exclusivo da Fire TV da Amazon Games Studios. A equipe combinou tower defense [defesa na torre] com shooter gameplay e criaram um modo cooperativo em que um jogador atua no chão com um gamepad controller enquanto o segundo jogador fornece apoio aéreo de um tablet. Garanto que há momentos intensos em que você apreciará ataques aéreos bem cronometrados. Quando o vir, ficará surpreso que esse nível de jogo seja possível em um dispositivo de mídia barato por streaming. O *Sev Zero* é só o primeiro de uma coleção de jogos inovadores e graficamente atraentes que estamos construindo para tablets Fire e Fire TV.

## Amazon Appstore

A Amazon Appstore hoje atende a clientes em quase 200 países. A seleção aumentou a fim de incluir mais de 200 mil apps e jogos de importantes desenvolvedores em todo o mundo — quase triplicando o tamanho no ano passado. Lançamos a Amazon Coins [Moedas Amazon], uma moeda virtual com que os clientes economizam até 10% em compras no app e em seu conteúdo. Nossa tecnologia Whispersync for Games permite que você comece o jogo em um dispositivo e o continue em outro sem perder seus avanços. Desenvolvedores podem usar o programa Mobile Associates para oferecer milhões de produtos físicos da Amazon dentro de seus apps e receber comissões quando os clientes os compram. Lançamos o Appstore Developer Select, um programa de marketing que promove novos jogos e apps nos tablets Kindle Fire e na Amazon's Mobile Ad Network. Criamos os serviços gratuitos Analytics e a A/B Testing — que possibilitam aos desenvolvedores rastrear o engajamento do usuário e otimizam seus apps para iOS, Android e Fire OS. Também neste ano, incluímos desenvolvedores de apps em HTML5. Eles também oferecem seus apps no Kindle Fire e na Amazon Appstore.

## Áudio de Palavra Falada

2013 foi um ano histórico para a Audible, o maior produtor e vendedor de audiolivros do mundo. A Audible possibilita que você leia quando seus olhos estão ocupados. Milhões de clientes baixam centenas de milhares de audiolivros e outras programações de palavra falada da Audible. Seus clientes baixaram quase 600 milhões de horas ouvidas em 2013. Graças à Audible Studios, as pessoas dirigem para o trabalho ouvindo Kate Winslet, Colin Firth, Anne Hathaway e muitos outros astros. Um grande sucesso em 2013 foi o desempenho de Jake Gyllenhaal em *O Grande Gatsby*, que já vendeu 100 mil cópias. O Whispersync for Voice permite aos clientes alternar sem problemas entre a leitura de um livro no Kindle e ouvir o mesmo livro Audible correspondente no smartphone. O *Wall Street Journal* chamou o Whispersync for Voice de "novo app indispensável da Amazon para livros". Se ainda não o testou, sugiro que o faça — é divertido e aumenta a quantidade de tempo disponível para ler.

## Mercado em Domicílio

Depois de testar o serviço durante cinco anos em Seattle (ninguém pode nos acusar de falta de paciência), expandimos o Amazon Fresh para Los Angeles e São Francisco. Os membros do Prime Fresh pagam US$299 por ano e recebem pedidos no mesmo dia pela manhã não só de produtos frescos, mas também mais 500 mil outros itens de brinquedos a eletrônicos e artigos domésticos. Estamos criando uma parceria com comerciantes locais favoritos (o Cheese Store, de Beverly Hills, Pike Place Fish Market, San Francisco Wine Trading Company etc.) para oferecer as mesmas entregas em domicílio convenientes de uma ampla seleção de alimentos preparados e especialidades. Continuamos nossa abordagem metódica — medindo e aperfeiçoando a Amazon Fresh — com a meta de levar esse serviço incrível a mais cidades ao longo do tempo.

## Amazon Web Services

A AWS tem oito anos e o ritmo de inovação da equipe está acelerando. Em 2010, lançamos 61 serviços e recursos significativos. Em 2011, esse número foi de 82. Em 2012, foi de 169. Em 2013, 280. Também expandimos nossa presença geográfica. Hoje temos 10 regiões AWS no mundo, incluindo a costa leste dos Estados Unidos, duas na costa oeste, Europa, Singapura, Tóquio, Sydney, Brasil, China e uma região exclusiva do governo chamada GovCloud. Temos 26 zonas de disponibilidade nas regiões e 51 pontos de presença para nossa rede logística. As equipes de desenvolvimento trabalham diretamente com clientes e têm poderes para projetar, construir e lançar com base no que aprendem. Iteramos continuamente e quando um recurso ou aperfeiçoamento está pronto, nós o disponibilizamos imediatamente a todos. Essa abordagem é rápida, centrada no cliente e eficiente — ela nos possibilitou reduzir preços mais que quarenta vezes nos últimos oito anos — e as equipes não têm planos de desacelerar.

## Empoderamento do Funcionário

Nós nos desafiamos não só a inventar funcionalidades para uso externo, mas também a encontrar melhores meios de realizar tarefas internamente — tarefas que nos tornarão mais eficientes e beneficiarão milhares de colaboradores em todo o mundo.

O Career Choice é um programa em que realizamos um pré-pagamento de 95% dos custos de cursos em áreas de alta demanda para os empregados, como mecânica aeronáutica ou enfermagem, independentemente de as habilidades serem relevantes para uma carreira na Amazon. A meta é possibilitar escolhas. Sabemos que para alguns de nossos empregados dos centros logísticos, a Amazon representa uma carreira. Para outros, a Amazon é um trampolim para outro emprego — um emprego que pode exigir novas habilidades. Se o treinamento adequado fizer a diferença, queremos ajudar.

O segundo programa é chamado Pay to Quit [Pague para Sair]. Foi inventado por pessoas inteligentes na Zappos e os centros logísticos da Amazon têm iterado sobre eles. Pay to Quit é muito simples. Uma vez por ano, oferecemos um pagamento para nossos colaboradores saírem. No primeiro ano, a oferta é de US$2 mil. Depois, o valor aumenta US$1 mil por ano até atingir US$5 mil. O título da oferta é "Por favor, não aceite essa oferta". Esperamos que eles não a aceitem; queremos que fiquem. Por que a fazemos? A meta é encorajar as pessoas a parar e pensar sobre o que realmente querem. No longo prazo, ficar em uma posição que não lhe agrada não é saudável para o funcionário e nem para a empresa.

Uma terceira inovação interna é nosso Virtual Contact Center. É uma ideia que adotamos há alguns anos e continuamos a desenvolver com ótimos resultados. Nesse programa, os colaboradores oferecem suporte ao atendimento aos clientes da Amazon e do Kindle enquanto trabalham de casa. Essa flexibilidade é ideal para muitos empregados que, talvez por ter crianças pequenas ou outro motivo, não querem ou preferem não trabalhar fora de casa. Nosso Virtual Contact Center é nosso "local" de maior crescimento nos Estados Unidos, operando em mais que dez estados. Esse crescimento continuará, assim como esperamos dobrar nossa presença nos estados em 2014.

## Contratação de Veteranos

Procuramos líderes que inventem, pensem grande, tenham propensão à ação e entreguem resultados em prol dos clientes. Esses princípios soam familiares para homens e mulheres que serviram ao país nas forças armadas e achamos que sua experiência em liderar pessoas é valiosa em nosso ambiente de ritmo acelerado. Somos membros do Joining Forces e dos 100 mil Jobs Mission — dois esforços nacionais que encorajam empresas a oferecer aos membros do serviço uniformizado e suas famílias oportunidades de carreira e apoio. Nossa equipe de Talentos Militares participou de mais de 50 eventos de recrutamento no ano passado para ajudar veteranos a encontrar oportunidades de emprego na

Amazon. Em 2013, contratamos mais de 1.900 veteranos. E quando eles se juntam à nossa equipe, oferecemos vários programas que os ajudam em uma transição mais tranquila para a força de trabalho civil e que os conectam com nossa rede interna de veteranos para mentoria e apoio. Esses programas nos conferiram o reconhecimento como melhor empregador pela *G.I. Jobs Magazine, U.S. Veterans Magazine* e *Military Spouse Magazine*, e continuaremos a investir na contratação de veteranos à medida que crescemos.

## Inovação em Atendimento

Há dezenove anos, eu levava os pacotes da Amazon para o correio todas as tardes no porta-malas do meu Chevy Blazer. Minha visão ia tão longe que eu sonhava que um dia poderíamos comprar uma empilhadeira. Avançando rapidamente para os dias de hoje, temos 96 centros logísticos e trabalhando no projeto da 7ª geração desses centros. Nossa equipe de operações é extraordinária — metódica e engenhosa. Por meio do programa Kaizen, nome japonês para "mudar para melhor", os empregados trabalham em pequenas equipes para agilizar os processos e reduzir defeitos e desperdício. Nossos Earth Kaizens definem metas ecológicas como redução de consumo de energia, reciclagem etc. Em 2013, mais que 4.700 associados participaram de 1.100 Kaizens.

Software sofisticado é essencial aos nossos CLs. Neste ano, criamos 280 melhorias importantes de software em toda a rede de CLs. Nossa meta é continuar a iterar e melhorar o design, layout, a tecnologia e as operações nesses edifícios, garantindo que cada nova instalação que construímos seja melhor que a anterior. Eu os convido a ver por si mesmo. Oferecemos visitas a centros logísticos abertas ao público em geral, para pessoas de seis anos ou mais. Você pode se informar sobre tours disponíveis em www.amazon.com/fctours. Sempre me surpreendo quando visito um de nossos CLs, e espero que você agende uma visita. Acho que ficará impressionado.

## Campus Urbanos

Em 2013, adicionamos 39 mil m² ao espaço da nova sede em Seattle e iniciamos as obras que ocuparão quatro quarteirões na cidade e vários milhões de metros quadrados de uma nova construção. É verdade que poderíamos ter poupado dinheiro construindo no subúrbio, mas para nós é importante ficar na cidade. Os campi urbanos são muito mais ecológicos. Nossos empregados aproveitam as comunidades existentes e a infraestrutura do transporte público, dependendo menos de carros. Estamos investindo em ciclovias dedicadas que proporcionem acesso fácil, seguro e sem poluição aos nossos escritórios. Muitos de nossos empregados podem morar nas proximidades, deixar o transporte de lado totalmente e caminhar até o trabalho. Embora eu não possa provar, também acredito que uma sede urbana ajudará a manter o dinamismo da Amazon, atrair os talentos adequados e conservar a saúde e bem-estar de nossos empregados e da cidade de Seattle.

## Entrega Rápida

Em parceria com o Serviço Postal dos Estados Unidos, começamos pela primeira vez a oferecer entrega aos domingos em cidades selecionadas. A entrega aos domingos é uma vantagem para os clientes da Amazon e planejamos estendê-la a uma grande parcela da população dos EUA em 2014. Criamos nossas próprias redes rápidas de last-mile delivery [última milha de entrega] no Reino Unido, onde as transportadoras comerciais não puderam sustentar nossos grandes volumes. Na Índia e na China, onde a infraestrutura ainda não está madura, é possível ver entregadores da Amazon de bicicleta entregando pacotes em todas as grandes cidades. E há mais invenções pela frente. A equipe do Prime Air já está testando nossa quinta e sexta geração de veículos aéreos não tripulados e estamos na fase de projeto das gerações sete e oito.

## Experimentos e Mais Experimentos

Temos nossa própria plataforma de experimentação interna chamada "Weblab" em que avaliamos melhorias em nossos sites e produtos. Em 2013, realizamos 1.976 Weblabs em todo o mundo, de 1.092 em 2012, e 546 em 2011. Um sucesso recente é nosso novo recurso chamado "Ask an Owner" [Pergunte a um Dono]. Muitos anos atrás demos início à ideia de avaliações de clientes online — opiniões sobre produtos para ajudar outros clientes a tomarem decisões de compra conscientes. "Ask" segue a mesma tradição. Os clientes podem fazer qualquer pergunta relacionada a um produto a partir de sua página. *O produto é compatível com minha TV/Estéreo/PC? É fácil de montar? Quanto tempo dura a bateria?* Então, transferimos as perguntas a *donos* do produto. Como ocorre com as avaliações, os clientes ficam felizes em partilhar seu conhecimento para ajudar diretamente outros clientes. Milhões de perguntas já foram feitas e respondidas.

## Vestuário e Calçados

A Amazon Fashion é um sucesso. Marcas consagradas estão reconhecendo que podem usar a Amazon para atingir clientes high-demo ligados em moda, e os clientes estão gostando da seleção, das devoluções grátis, fotos detalhadas e vídeo clips que deixam ver como as roupas se movimentam e ondulam quando as modelos andam e se viram. Abrimos um estúdio de fotografia de 3.900 m² no Brooklyn e agora tiramos uma média de 10.413 fotos todos os dias nas 28 baias do estúdio. Para comemorar a abertura, realizamos um concurso de design com alunos da Pratt, Parsons, School of Visual Arts e o Fashion Institute of Technology que foi julgado por um painel de líderes do setor incluindo Steven Kolb, Eva Chen, Derek Lam, Tracy Reese e Steven Alan. Elogios à Parsons, que levou o prêmio de primeiro lugar para casa.

## Embalagem Sem Frustração

Nossa batalha contra as desagradáveis abraçadeiras e conchas de plástico continua. Uma iniciativa que começou há cinco anos com uma ideia simples para evitar riscos de se ferir ao abrir os novos eletrônicos ou brinquedos se estendeu a mais de 200 mil produtos, todos disponíveis em pacotes recicláveis e fáceis de abrir projetados para aliviar a "raiva da embalagem" e ajudar o planeta a reduzir os resíduos de embalagens. Temos mais de 200 mil fabricantes em nosso programa Embalagem sem Frustração, incluindo a Fisher-Price, Mattel, Unilever, Belkin, Victorinox Swiss Army, Logitech etc. Hoje enviamos milhões de itens Livres de Frustração para 175 países. Também reduzimos resíduos de embalagens para os clientes — eliminando 14 milhões de excesso de embalagens até hoje. O programa é o exemplo perfeito de uma equipe missionária concentrada em atender aos clientes. Por meio de trabalho duro e perseverança, uma ideia que começou com apenas dezenove produtos agora está disponível para centenas de milhares e beneficia milhões de clientes.

## Fulfillment by Amazon

A quantidade de vendedores que usa o Fulfillment by Amazon aumentou mais que 65% no ano passado. Um crescimento nesse nível é incomum. O FBA é único em diversas formas. Nem sempre você consegue satisfazer dois grupos de clientes com um programa. Com o FBA, os vendedores podem armazenar suas mercadorias em nossos centros logísticos e nós apanhamos, embalamos, enviamos e oferecemos atendimento ao cliente para esses produtos. Os vendedores se beneficiam de uma das redes de distribuição mais avançadas do mundo, escalando facilmente seus negócios para atingir milhões de clientes. E não só quaisquer clientes — membros Prime. Os produtos FBA se qualificam para o frete grátis em dois dias. Os clientes se beneficiam dessa seleção adicional — eles recebem ainda mais valor com sua associação ao Prime. E, o que não é de surpreender, os vendedores têm aumento nas vendas quando se associam ao FBA. Em um estudo realizado em 2013, cerca de três entre quatro de nossos usuários FBA alegaram que suas vendas unitárias aumentaram na Amazon.com em mais de 20% depois da parceria. Todos ganham.

> "O FBA é o melhor empregado que já tive... Certa manhã, acordei e vi que o FBA tinha enviado cinquenta unidades. Assim que me dei conta de que poderia vender produtos enquanto durmo, não tive que pensar duas vezes."
>
> — *Thanny Schuck, Action Sports LLC*

> "Ao começar com uma marca desconhecida, foi difícil encontrar lojas dispostas a armazenar nossos artigos. Essas barreiras não existem na Amazon. A beleza da empresa está no fato de alguém dizer, 'Quero iniciar um negócio', e ir até a Amazon e realmente iniciar um negócio. Não é preciso alugar um imóvel nem mesmo ter empregados no começo. Você pode trabalhar sozinho. E foi o que eu fiz."
>
> — *Wendell Morris, YogaRat*

## Faça o Login e Pague com a Amazon

Durante vários anos possibilitamos aos clientes da Amazon usar sites de pagamento como Kickstarter, SmugMug e Gogo Inflight, com os cartões de crédito e endereços de entrega já armazenados na conta Amazon. Neste ano, ampliamos essa capacidade para que os clientes possam também fazer o login com os dados da conta da Amazon, poupando-lhes o aborrecimento de ter que lembrar outra conta e senha. É conveniente para o cliente e impulsiona os negócios para o comerciante. A Cymax Stores, uma loja de móveis online, teve tremendo sucesso com o Login and Pay. Ele soma 20% de suas vendas, triplicando o registro de novas contas e aumentado a conversão de compras em 3,15% nos três primeiros meses. Este exemplo não é incomum. Vemos resultados como esse com muitos parceiros e a equipe está empolgada e encorajada. Espere melhores resultados em 2014.

## Amazon Smile

Em 2013, lançamos o Amazon Smile — um meio simples para os clientes ajudarem suas organizações beneficentes preferidas sempre que compram. Quando você compra no smile.amazon.com, a Amazon doa uma parte do valor da compra para a obra de sua escolha. Você encontrará a mesma seleção, preços, opções de entrega e qualificação para o Prime no smile.amazon.com que na Amazon.com — você inclusive encontrará o mesmo carrinho de compras e lista de favoritos. Além das organizações consagradas nacionais que espera encontrar, também pode indicar o hospital infantil local, a APM de sua escola ou praticamente qualquer outra causa que queira ajudar. Há quase 1 milhão de organizações beneficentes entre as quais escolher. Espero que encontre sua preferida na lista.

## O Botão Mayday

"O dispositivo não só é incrível, mas o recurso Mayday é absolutamente FANTÁSTICO!!!!! A equipe Kindle se superou dessa vez."

"Acabo de tentar usar o botão mayday no meu hdx. Tempo de resposta de quinze segundos... a Amazon conseguiu de novo. Muito impressionado."

Nada nos proporciona mais prazer na Amazon do que "reinventar o normal" — criar invenções que os clientes adoram e reconfigurar suas expectativas para o que deve ser normal. O Mayday reimagina e revoluciona a ideia do suporte técnico on-device. Aperte o botão Mayday e um especialista da Amazon aparecerá em seu Fire HDX e o acompanhará em cada função entrando em sua tela, mostrando-lhe como fazer algo sozinho ou fazendo-o para você — o que for melhor. O Mayday está disponível 24/7, 365 dias por ano, e nossa meta de tempo de resposta é de 15 segundos ou menos. Superamos essa meta — com uma média de tempo de resposta de apenas 9 segundos no Natal, nosso dia mais movimentado.

Alguns Maydays foram divertidos. Os Assistentes Técnicos Mayday receberam 35 propostas de casamento dos clientes. 475 clientes pediram para falar com Amy, nossa personalidade Mayday da televisão. 109 Maydays foram de clientes precisando de ajuda para pedir uma pizza. Por uma margem muito pequena, a Pizza Hut vence a preferência em relação a Dominos. Houve 44 ocasiões em que o assistente Técnico Mayday cantou Parabéns a Você para o cliente. Os técnicos receberam serenatas de clientes 648 vezes. E três clientes pediram uma história para dormir. Muito legal.

Espero que isso lhe dê uma ideia do alcance de nossas oportunidades e iniciativas, assim como o espírito inventivo e a motivação para atingir uma qualidade excepcional com que estão comprometidos. Devo ressaltar novamente que essa é apenas uma parte. Há muitos programas que não citei nesta carta que são tão promissores, significativos e interessantes quanto os que mencionei.

Temos a grande sorte de dispor de uma equipe grande e inventiva e uma cultura paciente e pioneira obcecada pelo cliente — ótimas inovações, grandes e pequenas, ocorrem todos os dias em prol dos clientes e em todos os níveis na empresa. Essa distribuição descentralizada de invenções na organização — não limitada aos líderes seniores — é o único meio de conseguir inovações sólidas e produtivas. O que fazemos é desafiador e divertido — trabalhamos para o futuro. Os fracassos fazem parte e acompanham as invenções. Não é uma opção. Compreendemos isso e acreditamos em falhar no início e iterar até acertar. Quando o processo funciona, significa que nossas falhas são relativamente pequenas (a maioria dos experimentos começa pequena), e quando descobrimos algo que realmente funciona para os clientes, nos esforçamos para torná-lo um sucesso ainda maior. Entretanto, nem sempre é simples assim. Inventar é algo complicado e, com o tempo, certamente falhare-mos também em grandes apostas.

Gostaria de encerrar lembrando Joy Covey. Joy foi CFO na Amazon no início e deixou uma marca indelével na empresa. Joy era brilhante, intensa e muito divertida. Ela sorria muito e seus olhos sempre estavam muito abertos para não perder nada. Ela era a substância acima da óti-ca. Ela pensava no longo prazo. Ela era forte e ousada. Ela exercia um impacto profundo em toda a equipe sênior e na cultura da empresa. Parte dela sempre estará aqui, garantindo que estejamos atentos aos detalhes, vejamos o mundo à nossa volta e possamos nos divertir.

Sinto-me muito feliz por fazer parte da equipe da Amazon. Ainda é o Dia 1.

# Três Grandes Ideias

# 2014

Uma oferta de negócios dos sonhos tem ao menos quatro características. Os clientes a adoram, ela pode se expandir muito, oferece altos retornos de capital e é durável — com potencial para perdurar por décadas. Quando você encontra uma dessas, não fica só no namoro, propõe casamento.

Bem, estou satisfeito em informar que a Amazon não é monogâmica nesse sentido. Depois de duas décadas correndo riscos e trabalhando em equipe e com a generosa ajuda da sorte durante a jornada, hoje temos um casamento feliz com o que acredito sejam três parceiros para a vida toda: Marketplace, Prime e AWS. Cada uma dessas ofertas foi uma aposta ousada e pessoas sensatas preocuparam-se (muito) com a possibilidade de não funcionarem. Mas agora ficou claro que elas são especiais e que temos sorte por tê-las. Também ficou claro que não há caminhos fáceis nos negócios. Sabemos que é nossa função alimentá-los e fortificá-los sempre.

Enfrentaremos nosso trabalho com as ferramentas usuais: a obsessão pelo cliente e não o foco na concorrência, uma paixão profunda pela invenção, o comprometimento com a excelência operacional e a disposição de pensar no longo prazo. Com boa execução e um pouco de boa sorte contínua, Marketplace, Prime e AWS podem atender aos clientes e gerar retornos financeiros durante muitos anos.

## Marketplace

Os primeiros dias do Marketplace não foram fáceis. Primeiro, lançamos a Amazon Auctions. Acho que vieram sete pessoas, se contarmos meus pais e irmãos. A Auctions se transformou em zShops, que era basicamente uma versão de preço fixo da Auctions. Novamente, nada de clientes. Mas então transformamos a zShops em Marketplace. Internamente, o Marketplace era conhecido como SDP [sigla de Single Detail Page — Página de Detalhe Único]. A ideia era pegar nossa propriedade mais valiosa — as páginas de detalhes de produtos — e deixar que vendedores externos concorressem com os gerentes de nossa categoria de varejo. Era mais conveniente para os clientes e, dentro de um ano, foi responsável por 5% das unidades vendidas. Hoje, mais que 40% de nossas unidades são comercializadas por mais de 2 milhões de vendedores externos em todo o mundo. Os clientes compraram mais de 2 bilhões de unidades de terceiros em 2014.

O sucesso desse modelo híbrido acelerou o volante da Amazon. No início, as pessoas foram atraídas pela seleção de produtos de rápido crescimento vendidos pela Amazon a preços ótimos com excelente experiência do cliente. Então, ao permitir que terceiros oferecessem produtos lado a lado, nós nos tornamos mais atraentes para os clientes, o que atraiu ainda mais vendedores. Isso também melhorou nossa economia de escala, o que conseguimos abaixando os preços e eliminando taxas de frete para pedidos qualificados. Depois de lançar esses programas nos Estados Unidos, nós os integramos rapidamente em outros pontos geográficos. O resultado foi um marketplace que se tornou harmoniosamente integrado com todos os nossos sites globais.

Trabalhamos muito a fim de reduzir a carga de trabalho para vendedores e aumentar o sucesso de seus negócios. Por meio do programa Selling Coach, geramos um fluxo uniforme de "nudges" [cutucões] automatizados aprendidos por máquinas (mais que 70 milhões em uma semana normal) — alertando vendedores sobre oportunidades a evitar que saiam de estoque, adicionar seleção que está vendendo e ajustar os preços para serem mais competitivos. Esses cutucões se traduzem em bilhões de aumento de vendas aos vendedores.

Para globalizar ainda mais o Marketplace, hoje ajudamos vendedores em cada uma de nossas localizações geográficas — e em países em que não estamos presentes — a contatar nossos clientes em países fora de suas localizações geográficas. Hospedamos comerciantes de mais de 100 países diferentes no ano passado e os ajudamos a se conectar com clientes em 185 países.

Quase 1/5 das vendas de terceiros ocorrem fora de seu país de domicílio e as vendas de nossos comerciantes cross-border praticamente dobraram no ano passado. Na União Europeia, os vendedores podem abrir uma única conta, gerir seus negócios em vários idiomas e disponibilizar produtos em nossos cinco sites na UE. Mais recentemente, começamos a consolidar envios cross-border para vendedores e ajudá-los a obter transporte marítimo da Ásia para a Europa e América do Norte a taxas preferenciais para grandes quantidades.

O Marketplace é o centro de nossas operações de rápido crescimento na Índia, visto que toda a nossa seleção nesse país é oferecida por vendedores externos. A Amazon.in hoje oferece mais seleção do que qualquer outro site de e-commerce naquele país — com mais de 20 milhões de produtos oferecidos de mais de 2.100 vendedores. Com o serviço Easy Ship, apanhamos os produtos do vendedor e tratamos da entrega até o consumidor final. A partir do Easy Ship, recentemente a equipe da Índia testou o piloto Kirana Now, um serviço que entrega produtos essenciais do dia a dia das lojas locais kirana (mãe e pai) aos clientes entre duas a quatro horas, aumentando a conveniência dos clientes e aumentando as vendas das lojas que participam do serviço.

*Três Grandes Ideias* 127

Talvez mais importante para os vendedores seja a criação do Fulfill-ment by Amazon. Mas vou deixar isso para depois de discutirmos o Prime.

## Amazon Prime

Em 2005, lançamos o Amazon Prime, originalmente projetado como um programa de entrega rápida grátis do tipo tudo-o-que-você-conse-gue-comer. Disseram-nos com frequência que era uma jogada arriscada e, de certo modo, era. No primeiro ano, desistimos de milhões de dó-lares em receitas de envio e não havia cálculos simples que mostrassem que valeria a pena. A decisão de prosseguir se baseou nos resultados positivos vistos antes quando lançamos o Free Super Saver Shipping e na intuição de que os clientes logo compreenderiam que estavam dian-te do melhor negócio da história das compras. Além disso, a análise nos revelou que, se atingíssemos escala, poderíamos baixar significati-vamente o custo da entrega rápida.

Nosso negócio de varejo de estoque próprio foi a base do Prime. Além de criar equipes de varejo para construir cada uma de nossas "lojas" de categorias específicas online, criamos sistemas de larga esca-la para automatizar grande parte da reposição, localização de estoque e preço de produtos. A promessa da data de entrega exata do Prime exigiu operar os centros logísticos de uma nova forma e reunir todas es-sas tarefas é uma das grandes realizações de nossa equipe operacional global. Nossa rede mundial de centros logísticos se expandiu de 13 em 2005, quando lançamos o Prime, para 109 em 2015. Estamos hoje no projeto da oitava geração de centros logísticos, empregando software proprietário para gerir receitas, armazenamento, coletas e remessa. A Amazon Robotics, que começou com a aquisição da Kiva em 2012, hoje emprega mais de 1.500 robôs para dar suporte ao armazenamento e re-tirada de produtos com maior densidade e menor custo já conseguidos. Nosso negócio de varejo de estoque próprio continua sendo o melhor veículo de aquisição para o cliente do Prime e uma parte essencial da formação de categorias que atraem tráfego e vendedores externos.

Embora a entrega rápida continue sendo o principal benefício do Prime, estamos encontrando novos meios de energizar o serviço. Dois dos mais importantes são elementos digitais e dispositivos.

Em 2011, adicionamos o Prime Instant Video como benefício, hoje com dezenas de milhares de filmes e episódios de séries de TV disponíveis para streaming ilimitado nos Estados Unidos e começamos a expandir o programa para o Reino Unido e a Alemanha. Estamos investindo uma quantia significativa nesse conteúdo e é importante que monitoremos seu impacto. Perguntamos, vale a pena? Está impulsionando o Prime? Entre outras coisas, observamos o início de testes grátis Prime, a conversão para assinaturas pagas, taxas de renovação e taxas de compra de produtos pelos membros que ingressam por meio desse canal. Gostamos do que vemos até agora e planejamos continuar a investir aqui.

Embora a maior parte de nossos gastos como PIV seja de conteúdo licenciado, também começamos a desenvolver conteúdo original. A equipe começou animada. Nossa série *Transparent* se tornou a primeira de um serviço de streaming a vencer um Globo de Ouro de melhor série e *Tumble Leaf* venceu o Annie de melhor série animada infantil. Além dos elogios da crítica, os números são promissores. Uma vantagem de nossa programação original é que a primeira exibição é no Prime — ela não aparece em nenhum outro meio. Juntamente com a qualidade das séries, o status de lançamento parece ser um dos fatores que geram números atraentes. Também gostamos da natureza de custo fixo da programação original. Distribuímos esse custo fixo por nossa grande base de membros. Finalmente, nosso modelo de negócios para conteúdo original é exclusivo. Tenho certeza de que somos a primeira empresa a descobrir como fazer que um vencedor do Globo de Ouro dê frutos como aumento de vendas de ferramentas elétricas e lenços umedecidos!

Os dispositivos projetados e construídos pela Amazon — do Kindle ao Fire TV ao Echo — também injetam energia aos serviços do Prime como o Prime Instant Video e Prime Music, e geralmente criam maior envolvimento com todos os elementos do ecossistema da Amazon. E há mais para o futuro — nossa equipe de dispositivos tem um plano forte e estimulante à sua frente.

O Prime também não parou de melhorar sua promessa original de entrega grátis e rápida. O recentemente lançado Prime Now oferece aos membros do Prime entrega grátis em duas horas de dezenas de milhares de itens ou entrega em uma hora por uma taxa de US$7,99. Muitas avaliações iniciais são como essa, "Nas últimas seis semanas, meu marido e eu fizemos uma quantidade constrangedora de pedidos no Amazon Prime Now. É barato, fácil e insanamente rápido". Nós o lançamos em Manhattan, Brooklyn, Miami, Baltimore, Dallas, Atlanta e Austin e mais cidades virão em breve.

Agora, eu gostaria de falar sobre Fulfillment by Amazon. O FBA é muito importante porque é o fator de ligação entre o Marketplace e o Prime. Graças ao FBA, o Marketplace e o Prime não são mais dois elementos. Na verdade, nesse ponto, realmente não consigo pensar neles separadamente. Suas economias e experiências são agora feliz e profundamente entrelaçadas.

O FBA é um serviço para os vendedores do Marketplace. Quando um vendedor decide usar o FBA, eles armazenam seu estoque em nossos centros logísticos. Assumimos toda a logística, atendimento ao cliente e devoluções de produtos. Se um cliente compra um produto da FBA e um item do estoque próprio da Amazon, podemos enviar os dois em uma mesma caixa ao cliente — um imenso ganho de eficiência. Mas ainda mais importante, quando um vendedor se associa ao FBA, seus produtos qualificam-se para o Prime.

Conservar o óbvio com firmeza é mais difícil do que se pode imaginar. Mas vale a pena tentar. Se você perguntar, o que os vendedores querem? A resposta correta (e óbvia) é: mais vendas. Assim, o que acontece quando eles se associam ao FBA e seus produtos se qualificam para o Prime? Suas vendas aumentam.

Note também o que acontece do ponto de vista de um membro Prime. Sempre que um vendedor se associa ao FBA, os membros Prime obtêm uma seleção qualificada ao Prime maior. O valor da associação sobe. Isso é poderoso para nosso volante. O FBA completa o círculo: o Marketplace injeta energia no Prime, e o Prime energiza o Marketplace.

Em um levantamento com vendedores dos EUA em 2014, 71% dos lojistas informaram um aumento superior a 20% nas vendas unitárias depois de se associar ao FBA. No período de festas, as unidades enviadas pelo FBA no mundo aumentaram 50% em relação ao ano anterior e representaram mais que 40% das unidades pagas por terceiros. As assinaturas do Paid Prime cresceram mais que 50% nos Estados Unidos no ano passado e 53% no mundo. O FBA é vantajoso para os clientes e para os vendedores.

## Amazon Web Services

Uma ideia radical quando foi lançada há nove anos, a Amazon Web Services hoje é grande e continua a crescer. As startups foram as primeiras a aderir. Recursos on demand, computação e armazenamento em nuvem pay-as-you-go são recursos que aumentaram extraordinariamente a velocidade dos primeiros passos de um novo negócio. Empresas como a Pinterest, Dropbox e Airbnb usaram os serviços da AWS e continuam clientes atualmente.

Desde então, grandes empresas também se juntaram a nós e optaram por usar a AWS pelo mesmo motivo que incentivou as startups: velocidade e agilidade. Ter menores custos de TI é atraente e, às vezes, a economia de custos absoluta é imensa. Contudo, apenas a economia de custos não superaria deficiências de desempenho e funcionalidade. As empresas dependem de TI — é um aspecto crítico da missão. Assim, a proposta, "Eu posso reduzir significativamente o custo anual de TI e meu serviço é quase tão bom quanto o que tem agora", não vai atrair muitos clientes. Nesse cenário, o que os clientes realmente querem é "melhor e mais depressa", e se "melhor e mais depressa" acompanhar a economia de custos, fantástico. Mas a economia de custos é o molho, não o filé.

TI representa uma grande alavancagem para a empresa. Você não quer imaginar um concorrente cujo departamento de TI é mais ágil que o seu. Todas as empresas possuem uma lista de projetos de tecnologia que gostariam de ver implementados o mais rápido possível. A realidade dolorosa é que eles sempre passam por uma triagem difícil e muitos projetos nunca são concretizados. Mesmo os que dispõem dos recursos demoram a ser concluídos ou têm funcionalidade incompleta. Se um departamento de TI puder descobrir como realizar um número maior de projetos de tecnologia que aprimorem os negócios mais depressa, ele criará valor real e significativo para a organização.

Esses são os motivos pelos quais a AWS está crescendo tão depressa. Os departamentos de TI reconhecem que quando adotam a AWS conseguem realizar mais. Eles passam menos tempo em atividades de baixo valor agregado como gestão de centros de dados, networking, patches de sistemas operacionais, planejamento de capacidade, escala de banco de dados etc. Igualmente importante, eles têm acesso a ferramentas e APIs potentes que simplificam em muito a construção de sistemas escaláveis, seguros, robustos de alto desempenho. E essas APIs e ferramentas são continua e integralmente atualizados nos bastidores, sem esforço do cliente.

Hoje, a AWS possui mais que 1 milhão de clientes ativos, pois empresas e organizações de todos os tamanhos usam a AWS em todos os segmentos de negócios imagináveis. O uso da AWS cresceu aproximadamente 90% no quarto trimestre de 2014 em comparação ao ano anterior. Empresas como a GE, Major League Baseball, Tata Motors e Qantas estão construindo novas aplicações com a AWS — que vão de apps para crowdsourcing e assistência médica personalizada a apps móveis para gestão de frotas de caminhões. Outros clientes, como a NTT DOCOMO, o *Financial Times* e a Comissão de Valores Mobiliários usam a AWS para analisar e lidar com uma grande quantidade de dados. E muitos clientes como Condé Nast, Kellogg's e News Corp estão migrando aplicativos críticos legados e, em alguns casos, centros de dados inteiros para a AWS.

Aumentamos o ritmo das inovações à medida que avançamos — de cerca de 160 novos recursos e serviços em 2012 para 280 em 2013, e 516 no ano passado. Há muitos sobre os quais seria interessante falar — de WorkDocs e WorkMail a AWS Lambda e o EC2 Container Service ao AWS Marketplace — mas, para não nos estendermos demais, vou me limitar a um: o recentemente lançado Amazon Aurora. Esperamos que o Aurora ofereça aos clientes um novo normal para uma tecnologia muito importante (mas também muito problemática) que é a base crítica de muitas aplicações: o banco de dados relacional. O Aurora é um mecanismo de banco de dados compatível com MySQL que oferece a velocidade e disponibilidade de bancos de dados comerciais high-end com a simplicidade e custo-benefício de bancos de dados open source. O desempenho do Aurora chega a ser cinco vezes melhor que o de bancos de dados típicos MySQL, a 1/10 do custo dos pacotes de bancos de dados comerciais. Bancos de dados relacionais têm sido um setor problemático para organizações e desenvolvedores há muito tempo e estamos muito empolgados com o Aurora.

Acho que a AWS é uma daquelas ofertas de negócios dos sonhos que pode atender aos clientes e produzir retornos financeiros por muitos anos. Por que estou otimista? Primeiro, porque a oportunidade é grande e, no fim das contas, abrange gastos globais com servidores, networking, data centers, software de infraestrutura, bancos de dados, armazéns de dados etc. Da mesma forma que encaro o varejo da Amazon, por todos os propósitos práticos, acho que o mercado da AWS é ilimitado.

Segundo, sua atual posição de liderança (que é significativa) é uma forte vantagem constante. Trabalhamos com muito empenho para que a AWS seja tão fácil de usar quanto possível. Mesmo assim, ainda é um conjunto de ferramentas necessariamente complexo com alta funcionalidade e uma curva de aprendizado significativa. À medida que aprender a construir sistemas complexos com a AWS, você não vai querer ter que aprender um novo conjunto de ferramentas e APIs presumindo que o conjunto que já compreende funciona para você. Isso não é algo com que devamos nos acomodar, mas se continuarmos a atender aos nossos clientes de forma realmente excepcional, eles preferirão ficar conosco.

Além disso, também devido à nossa posição de liderança, hoje temos milhares de eficientes embaixadores da AWS vagando pelo mundo. Desenvolvedores de software que trocam de emprego, passam de uma empresa a outra, tornam-se nossos melhores vendedores: "Usamos a AWS onde eu trabalhava e deveríamos adquiri-lo aqui. Acho que conseguimos realizar muito mais." É um bom sinal que a proficiência com a AWS e seus serviços já seja algo que os desenvolvedores estão adicionando ao seu currículo.

Finalmente, estou otimista de que a AWS gerará altos retornos de capital. Esse é um fator que nós, como equipe, analisamos, porque a AWS é um produto de capital intensivo. A boa notícia é que gostamos do que vemos quando realizamos essas análises. Estruturalmente, a AWS é menos intensiva de capital que o modo que está substituindo — centros de processamento de dados faça-você-mesmo — que têm baixas taxas de utilização, quase sempre abaixo de 20%. Compartilhar cargas de trabalho entre os clientes dá à AWS taxas de utilização muito mais altas e eficiência de capital correspondentemente mais elevadas. Além disso, a nossa posição de liderança é útil: economias de escala proporcionam uma vantagem relativa sobre a eficiência de capital. Continuamos a observar e moldar o negócio para gerar bons retornos sobre o capital.

A AWS é nova, ainda crescendo e evoluindo. Nós podemos continuar a liderar se continuarmos a executar com as necessidades dos clientes em mente.

## Escolha de Carreira

Antes de concluir, gostaria de atualizar os acionistas sobre algo que nos empolga e orgulha. Em 2012, lançamos um benefício inovador para o empregado — o programa Career Choice, onde pré-pagamos 95% do valor dos cursos em áreas em demanda, como mecânica de aeronaves ou enfermagem, independentemente de as habilidades serem relevantes para uma carreira na Amazon. A ideia é simples: possibilitar a escolha.

Sabemos que, para alguns colaboradores dos centros logísticos e atendimento ao cliente, a Amazon será uma carreira. Para outros, a Amazon é um trampolim para um emprego em outro lugar — que talvez exija novas habilidades. Se o treinamento adequado fizer a diferença, queremos ajudar, e até agora ajudamos mais de 200 mil empregados que participaram do programa em 8 países diferentes. O interesse tem sido tanto que estamos construindo salas de aula no local de trabalho para que aulas técnicas ou de faculdade possam ser dadas em nossos centros logísticos, facilitando ainda mais para nossos colaboradores atingirem essas metas.

Hoje há oito CLs oferecendo quinze aulas no local de trabalho em nossas salas especialmente construídas com recursos tecnológicos de ponta, projetadas com paredes de vidro para inspirar outras pessoas a participar e gerar incentivo de colegas. Acreditamos que o Career Choice é uma forma inovadora de atrair grandes talentos para atender aos clientes em nossos centros logísticos e de atendimento ao cliente. Esses empregos podem se tornar portas para grandes carreiras na Amazon à medida que expandimos para o mundo ou permitir aos empregados a oportunidade de seguir sua paixão em outros campos técnicos procurados, como fez a nossa primeira formanda do programa que iniciou uma nova carreira como enfermeira em sua comunidade.

Eu gostaria de convidá-los a se unir às mais de 24 mil pessoas que se inscreveram até agora para ver a mágica que acontece depois que se clica no botão "comprar" na Amazon.com, fazendo um tour em um de nossos centros logísticos. Além dos tours nos EUA, oferecemos tours em instalações ao redor do mundo, incluindo Rugeley, no Reino Unido e Graben, na Alemanha, e continuando a expandir. Inscreva-se em www. amazon.com/fctours.

*Três Grandes Ideias*

Marketplace, Prime, e Amazon Web Services são três ideias excelentes. Somos afortunados por tê-las e estamos determinados a melhorá-las e alimentá-las — torná-las ainda mais eficientes para os clientes. Tenha certeza de que trabalharemos duro para encontrar uma quarta. Já temos algumas candidatas em análise e como prometemos há cerca de vinte anos, continuaremos a fazer apostas ousadas. Com as oportunidades se abrindo à nossa frente para atender melhor aos clientes por meio da invenção, garantimos que não pararemos de tentar.

Ainda é o Dia 1.

# Grandes Vencedores Pagam por Muitos Experimentos

## 2015

Este ano, a Amazon tornou-se a empresa mais rápida em atingir US$100 bilhões em vendas anuais. Também este ano, a Amazon Web Services está atingindo US$10 bilhões em vendas anuais — em um ritmo ainda mais acelerado do que a Amazon atingiu esse marco.

O que está havendo lá? Ambas foram planejadas como pequenas sementes e ambas cresceram organicamente sem aquisições significativas e se tornaram empresas fortes e importantes rapidamente. Superficialmente, as duas não poderiam ser mais diferentes. Uma atende clientes e a outra, empresas. Uma é famosa pelas caixas marrons e a outra pelas APIs. É só coincidência que duas ofertas tão distintas cresçam tão depressa sob o mesmo teto? A sorte desempenha um papel importante em todos os empreendimentos e garanto que tivemos um suprimento abundante. Mas, além disso, há uma ligação entre as duas empresas. Um olhar atendo mostra que as duas não são tão diferentes. Elas partilham de uma cultura organizacional diferenciada que se preocupa e age de acordo com um pequeno número de princípios. Estou falando da obsessão pelo cliente, em vez de pelo concorrente, o apetite por inventar e desbravar, a disposição de falhar, a paciência de pensar no longo prazo e o orgulho profissional pela excelência operacional. Por essas lentes, a AWS e o varejo da Amazon são muito parecidos.

Uma palavra sobre culturas corporativas: para o melhor ou para o pior, elas são duráveis, estáveis e difíceis de mudar. Elas podem ser fonte de vantagem ou desvantagem. Você pode escrever sua cultura, mas quando o faz, está descobrindo-a e revelando-a — não criando-a. Ela é construída lentamente ao longo do tempo por pessoas e eventos — pelas histórias de sucessos e fracassos passados que se tornam parte integrante da tradição da companhia. Se for uma cultura de disciplina, ela se adaptará a certas pessoas como uma luva. O motivo pelo qual culturas são tão estáveis ao longo do tempo é porque as pessoas se autosselecionam. Alguém energizado pelo zelo competitivo pode selecionar e ficar satisfeito em uma cultura, enquanto alguém de mentalidade pioneira e inventiva pode escolher outra. Felizmente, o mundo está repleto de culturas corporativas de alto desempenho e distintas. Não alegamos que nossa abordagem é a certa — só que ela é nossa — e ao longo das duas últimas décadas, reunimos um grande grupo de pessoas que pensam como nós. Pessoas que consideram nossa abordagem energizante e significativa.

O fracasso é um aspecto em que acredito que somos especialmente diferenciados. Acho que somos o melhor lugar no mundo para falhar (temos muita prática!), e fracasso e invenção são inseparáveis. Para inventar você tem que experimentar, e se você souber de antemão que vai funcionar, não é um experimento. A maioria das grandes organizações adota a ideia da invenção, mas não está disposta a enfrentar a série de experimentos falhos necessários para chegar lá. Retornos muito elevados geralmente são resultados de contrariar a sabedoria convencional, e a sabedoria convencional geralmente está certa. Considerando a chance de acertar dez vezes em cada cem, é preciso aceitar a aposta cada vez. Mas você ainda vai errar nove vezes em dez. Todos sabemos que se você tentar marcar um home run, errará muitas vezes, mas também marcará alguns pontos. A diferença entre o beisebol e os negócios, porém, é que o beisebol tem uma distribuição de resultados truncada. Quando você rebate, não importa o quanto se conecte com a bola, o máximo de corridas que você pode conseguir são quatro. Nos negócios, vez ou outra, quando você pisa em uma base, pode marcar mil corridas. Essa distribuição de cauda longa de retornos mostra porque é tão importante ser ousado. Grandes vencedores pagam por muitos experimentos.

A AWS, o Marketplace e o Prime são exemplos de apostas ousadas da Amazon que funcionaram e somos afortunados por ter esses três grandes pilares. Eles nos transformaram em uma grande empresa e há certas coisas que apenas grandes empresas podem fazer. Com um gesto de respeito aos nossos vizinhos de Seattle, mesmo que você seja um ótimo empresário, não construirá um avião 787 na garagem de sua startup — pelo menos, não um em que você gostaria de voar. Bem usada, nossa escala nos possibilita criar serviços para os clientes que não conseguiríamos de outra forma. Contudo, se não formos vigilantes e ponderados, o tamanho nos retardará e diminuirá nossa inventividade.

Quando me encontro com as equipes da Amazon, sempre fico surpreso com a paixão, inteligência e criatividade que encontro. Nossas equipes fizeram muito no ano passado, e eu gostaria de partilhar alguns dos destaques de nossos esforços para alimentar e globalizar nossas três grandes ofertas — Prime, Marketplace e AWS. E enquanto foco essas três, garanto que também continuamos a trabalhar duro para encontrar uma quarta.

## Prime

Queremos que o Prime tenha tanto valor que você seria irresponsável se não se tornasse um membro.

Passamos a seleção de entrega em dois dias do Prime de um milhão de itens para mais de 30 milhões, adicionamos o Sunday Delivery (entrega aos domingos) e lançamos o Free Same-Day Delivery (Entrega grátis no Mesmo Dia) para centenas de milhares de produtos para clientes em mais de 35 cidades ao redor do mundo. Adicionamos música, armazenamento de fotografias, a Kindle Owners' Lending Library e streaming de filmes e TV.

O Prime Now oferece entrega em uma hora aos assinantes para o subconjunto importante de uma seleção e foi lançado apenas 111 dias após ter sido idealizado. Na época, uma pequena equipe criou um customer-facing app [app para facilitar a comunicação entre empresa e cliente], encontrou um local para um armazém na cidade, definiu que 25 mil itens vender, estocou-os, recrutou novos funcionários, testou, iterou e desenhou novo software para uso interno — um sistema de gestão de armazéns e um app voltado para o motorista — e o lançou a tempo para a época de festas. Hoje, apenas 15 meses depois do primeiro lançamento na cidade, o Prime Now atende a membros em mais de 30 cidades em todo o mundo.

O Prime Video oferece conteúdo exclusivo de alguns dos contadores de história mais apaixonados do mundo. Queremos que criadores brilhantes como Jill Soloway, Jason Schwartzman e Spike Lee corram riscos e ultrapassem fronteiras. Nossas séries originais já receberam mais de 120 indicações e ganharam cerca de 60 prêmios, incluindo o Globo de Ouro e o Emmy. Muitas delas são histórias que talvez nunca seriam contadas no modelo de programação linear tradicional. Em fase de finalização e lançados em breve estão novas séries e filmes de criadores como Jeremy Clarkson, David E. Kelley, Woody Allen e Kenneth Lonergan.

*O Homem do Castelo Alto*, baseado no romance de Philip K. Dick, explora uma história alternativa em que os Estados Unidos perde a Segunda Guerra Mundial. Ele foi lançado no Prime Video em 20 de novembro e em quatro semanas se tornou a série mais vista — recebendo aclamações da crítica, como "A Amazon apresenta o melhor drama da temporada com *O Homem do Castelo Alto*", e "*O Homem do Castelo Alto* realiza muito, onde a maioria dos dramas de TV atuais nem mesmo tenta".

Essas séries são ótimas para os clientes, e elas alimentam o volante do Prime — os membros do Prime que assistem ao Prime Video têm maior probabilidade de passar de um teste gratuito para uma assinatura paga e mais probabilidade de renovar a assinatura anual.

Finalmente, o nosso primeiro Prime Day superou todas as expectativas — mais novos membros experimentaram o Prime naquele dia do que em qualquer outro em nossa história. Os pedidos a nível mundial cresceram 266% em relação ao mesmo dia no ano anterior e os vendedores cujos produtos estão qualificados para o Prime pelo FBA viram um recorde de vendas — com aumento de cerca de 300%.

O Prime se tornou um híbrido físico-digital do tipo tudo-que-se-pode-comer que os assinantes adoram. As assinaturas cresceram 51% no ano passado — incluindo um crescimento de 47% nos Estados Unidos e ainda maior internacionalmente — e hoje há dezenas de milhões de assinantes em todo o mundo. Há uma boa chance de que você já seja um deles, mas se não for — seja responsável — assine o Prime.

## Marketplace

Tentamos duas fortes rebatidas e erramos — com Auctions e zShops — antes de lançarmos o Marketplace há mais de 15 anos. Aprendemos com nossos erros e continuamos obstinados com nossa visão e hoje perto de 50% das unidades vendidas na Amazon são comercializadas por vendedores externos. O Marketplace é ótimo para os clientes porque adiciona uma seleção única e é ótimo para os lojistas — há mais de 70 mil empreendedores com vendas superiores a US$100 mil por ano vendendo na Amazon e eles geraram mais de 600 mil novos empregos. Com o FBA, esse volante gira mais depressa porque o estoque dos lojistas se qualifica para o Prime — que se torna mais valioso para os assinantes e vendedores vendem mais.

Este ano, criamos um programa chamado Seller Fulfilled Prime. Convidamos vendedores capazes de atender elevados padrões de velocidade de entrega e consistência no atendimento a fazerem parte do programa Prime e enviar seus pedidos diretamente na velocidade Prime. Esses lojistas já viram um grande aumento nas vendas e o programa levou à adição de milhares de itens disponíveis aos clientes Prime com entrega grátis em dois dias ou entrega no dia seguinte nos Estados Unidos, Reino Unido e na Alemanha.

Também criamos o programa Amazon Lending [Empréstimos Amazon] para ajudar lojistas a crescer. Desde o lançamento, oferecemos financiamento agregado de mais de US$1,5 bilhão para micro, pequenas e médias empresas nos Estados Unidos, Reino Unido e Japão por meio de empréstimos de curto prazo com um saldo incrível de cerca de US$400 milhões. Stephen Aarstol, surfista e dono da Tower Paddle Boards, é um dos beneficiários. Seu negócio se tornou um dos de crescimento mais rápido em San Diego, em parte com uma pequena ajuda da Amazon Lending. O acesso click-to-cash a capital ajuda essas pequenas empresas a crescer, beneficia clientes com maior seleção e favorece a Amazon, visto que nossa receita cresce juntamente com as vendas dos lojistas. Esperamos expandir a Amazon Lending e trabalhamos para fazer parcerias com bancos para que eles possam usar sua experiência para assumir e gerenciar a maior parte do risco de crédito.

Além de alimentar nossas grandes ofertas, trabalhamos para globalizá-las. Nosso Marketplace cria oportunidades para lojistas em qualquer lugar alcançar compradores em todo o mundo. No passado, muitos vendedores limitavam sua base de clientes ao país de origem devido aos desafios práticos das vendas internacionais. A fim de globalizar o Marketplace e expandir oportunidades aos lojistas, construímos ferramentas de venda que empoderaram empresários em 172 países para atender clientes em 189 países no ano passado. Hoje, essas vendas internacionais representam praticamente 1/4 de todas as unidades vendidas por terceiros na Amazon. Para tornar isso possível, traduzimos centenas de milhões de listas de produtos e oferecemos serviços de conversão para 44 moedas. Até vendedores pequenos e de nichos podem recorrer à nossa base de clientes e rede de logística globais. O resultado final é muito diferente de vendedores cuidando da distribuição internacional de um produto por vez. Bernie Thompson, CEO da Plugable Technologies, disse: "O paradigma realmente muda quando você é capaz de envia mercadorias a granel para um depósito na Europa ou no Japão e as têm distribuídas em um ou dois dias."

A Índia é outro exemplo de como globalizamos ofertas como o Marketplace por meio da obsessão com o cliente e a paixão pela invenção. No ano passado, introduzimos um programa chamado Amazon Chai Cart em que disponibilizamos três pequenos carros para navegar nos bairros comerciais da cidade, servir chá, água e limonada para donos de pequenas empresas e ensiná-los como vender online. Em quatro meses, a equipe percorreu 15.280 km em 31 cidades, serviram 37.200 copos de chá e contataram mais de 10 mil vendedores. Por meio desse programa e outras conversas com vendedores, descobrimos que havia muito interesse em vender online, mas que os lojistas acreditavam que o processo era demorado, tedioso e complexo. Assim, inventamos o Amazon Tatkal, que permite a pequenos negociantes se conectar em menos de 60 minutos. A Amazon Tatkal é um estúdio sobre rodas especialmente projetado que oferece um pacote de serviços de lançamento incluindo registro, imagem e catalogação, assim como mecanismo básico de treinamento de vendedores. Desde o lançamento em 17 de fevereiro, atingimos vendedores em 25 cidades.

Também estamos globalizando o Fulfillment by Amazon, adaptando o serviço às necessidades de clientes locais. Na Índia, lançamos um programa chamado Seller Flex para combinar as capacidades logísticas da Amazon com a seleção dos vendedores a nível de vizinhança local. Os vendedores reservam parte de seu estoque para armazenar itens a serem vendido na Amazon e nós o configuramos como um centro de distribuição em nossa rede que pode receber e atender os pedidos dos clientes. Nossa equipe oferece orientação sobre layout de armazéns, TI e infraestrutura operacional e treina o vendedor para procedimentos operacionais padrão para serem seguidos onsite. Já lançamos 25 locais operacionais do Seller Flex em 10 cidades.

## Amazon Web Services

Há mais de 10 anos, a AWS começou nos Estados Unidos com seu primeiro serviço relevante, um serviço de armazenamento simples. Hoje, a AWS oferece mais de 70 serviços para computação, armazenamento, bancos de dados, análises, serviços móveis, Internet das Coisas e aplicações para empresas. Também oferecemos 33 zonas de disponibilidade em 12 regiões geográficas em todo o mundo, com mais 5 regiões e 11 zonas de disponibilidade no Canadá, China, Índia, Estados Unidos e Reino Unido que estarão disponíveis no ano que vem. A AWS começou com desenvolvedores e startups e hoje é usada por mais de um milhão de clientes de organizações de todos os tamanhos em praticamente todos os setores — empresas como Pinterest, Airbnb, GE, Enel, Capital One, Intuit, Johnson & Johnson, Philips, Hess, Adobe, McDonald's e Time Inc.

A AWS é maior do que a Amazon.com era quando tinha dez anos, crescendo a um ritmo mais acelerado e — mais notável, em minha opinião — o ritmo de inovação continua a aumentar — anunciamos 722 novos recursos e serviços significativos em 2015, um aumento de 40% em relação a 2014.

Quando começamos, muitos caracterizaram a AWS como uma aposta ousada — e incomum. "O que isso tem a ver com venda de livros?" Poderíamos ter ficado em terreno conhecido. Felizmente, não o fizemos. Ou fizemos? Talvez a abordagem de ambos tivessem mais em comum do que se imagina. A AWS é obcecada pelo cliente, inventiva e experimental, orientada ao longo prazo e se importa profundamente com a excelência operacional.

Depois de dez anos e muitas iterações, essa abordagem permitiu que a AWS se expandisse depressa e se tornasse o serviço em nuvem mais abrangente e adotado do mundo. Quanto ao nosso negócio de varejo, a AWS é formada por muitas equipes pequenas com proprietários single-threaded, possibilitando inovação rápida. A equipe disponibiliza novas funcionalidades quase todos os dias em 70 serviços e elas simplesmente "aparecem" para os clientes — não se trata de um upgrade.

Muitas empresas se descrevem como focadas no cliente, mas poucos o demonstram. A maioria das grandes empresas de tecnologia está focada no concorrente. Elas veem o que os demais estão fazendo e trabalham para acompanhá-los rapidamente. Em comparação, de 90 a 95% do que construímos na AWS é orientado pelo que os clientes nos dizem que querem. Um bom exemplo é nosso novo mecanismo de banco de dados, o Amazon Aurora. Os clientes estavam frustrados pela natureza proprietária, pelos altos custos e termos de licenciamento dos provedores de bancos de dados tradicionais de classe comercial. E, embora muitas empresas tenham migrado para mecanismos mais abertos como o MySQL e Postgres, elas muitas vezes sentem dificuldades em obter o desempenho necessário. Os clientes nos perguntaram se poderíamos eliminar esse trade-off inconveniente e por isso construímos o Aurora. Ele tem durabilidade e disponibilidade de classe comercial, é compatível com MySQL, apresenta desempenho até cinco vezes melhor que uma implementação típica MySQL, mas custa 1/10 do preço de mecanismos de banco de dados tradicionais de classe comercial. Isso atraiu os clientes e o Aurora é o serviço de crescimento mais rápido da história da AWS. Uma história semelhante poderia ser contada sobre o Redshift, nosso serviço de armazéns de dados que é o segundo de crescimento mais rápido na história da AWS — empresas de grande e pequeno porte estão passando seus armazéns de dados para o Redshift.

Nossa abordagem a preços também é orientada por nossa cultura centrada no cliente — reduzimos os preços 51 vezes, em muitos casos antes de haver qualquer pressão da concorrência para tanto. Além da diminuição dos preços, continuamos a lançar novos serviços com custos menores como o Aurora, Redshift, QuickSight (nosso serviço de Inteligência de Negócios), EC2 Container Service (nosso novo serviço de gestão de contêineres) e Lambda (nossa plataforma pioneira de computação sem servidor), ao mesmo tempo em que ampliamos a oferta de nossos produtos em uma série de opções de alto custo-benefício para rodar praticamente qualquer tipo de aplicação ou caso de uso de TI imaginável. Até disponibilizamos e melhoramos continuamente serviços como o Trusted Advisor, que alerta os clientes quando podem economizar — resultando em centenas de milhões poupados para eles. Tenho certeza de que somos o único provedor de TI que diz aos clientes como parar de gastar dinheiro conosco.

Quer você seja uma startup fundada ontem ou uma empresa em atividade há 140 anos, a nuvem proporciona tudo isso com oportunidades incríveis para reinventar nosso negócio, adicionar novas experiências para os clientes, redistribuir capital para impulsionar o crescimento, aumentar segurança e tudo muito mais depressa que antes. A MLB Advanced Media é um exemplo de um cliente da AWS que está constantemente reinventando a experiência do cliente. A tecnologia de rastreamento Statcast da MLB é um recurso novo para fãs de beisebol que mede a posição de cada jogador, dos baserunners e da bola enquanto eles se movem durante o jogo no campo, oferecendo acesso a quem assiste em qualquer tela a dados empíricos que respondem perguntas antigas como "O que poderia ter acontecido se...", ao mesmo tempo em que suscita novas questões. Transformando o beisebol em ciência aeroespacial, o Statcast usa um sistema de radar de mísseis para medir o movimento de cada bola arremessada mais que 2 mil vezes por segundo, acompanha e coleta dados em tempo real por meio do Amazon Kinesis (nosso serviço de processamento de dados de streaming em tempo real), armazena os dados no Amazon S3 e então realiza a análise no Amazon EC2. O pacote de serviços gerará cerca de 7 TB de dados estatísticos brutos por jogo e até 17 PB por temporada, esclarecendo pérolas de sabedoria antigas, mas nunca verificadas, do beisebol como "never slide into first" [nunca deslize na primeira base].

Há cerca de sete anos, a Netflix anunciou que passaria todas suas aplicações para a nuvem. A Netflix escolheu a AWS porque oferecia a maior escala e o conjunto mais amplo de serviços e recursos. Recentemente, a empresa concluiu a migração para a nuvem e histórias como as dela estão se tornando cada vez mais comuns quando empresas como Infor, Intuit e Time Inc. têm planos de mover todas as suas aplicações para a AWS.

A AWS hoje já é boa o suficiente para atrair mais de um milhão de clientes e o serviço só está melhorando. Enquanto a equipe continua com seu rápido ritmo de inovação, ofereceremos cada vez mais capacidades para os construtores trabalharem sem limitações, ficará mais fácil coletar, armazenas e analisar dados, continuaremos a adicionar mais localidades e a ver crescimento em dispositivos para aplicativos móveis e "conectados". Com o tempo, é provável que a maioria das empresas decida não administrar seus bancos de dados e optem pela nuvem.

## Máquina de Invenções

Queremos ser uma grande companhia que também seja uma máquina de invenções. Queremos combinar as extraordinárias capacidades de atendimento ao cliente possibilitadas pelo tamanho com velocidade de movimento, agilidade e uma mentalidade de aceitação de riscos normalmente associada a startups empreendedoras.

Conseguiremos? Sou otimista. Já temos um bom começo e acho que nossa cultura nos coloca em posição de atingir essa meta. Mas não será fácil. Há algumas armadilhas sutis em que até grandes organizações com ótimo desempenho podem cair e como instituição teremos que aprender a evitá-las. Uma dificuldade comum para grandes empresas — que prejudica a velocidade e a inventividade — é a tomada de decisões de "tamanho único".

Algumas decisões são importantes e irreversíveis, ou quase irreversíveis — portas de mão única — e elas devem ser tomadas com método, cautela, devagar, muita deliberação e consultas. Se você passar por elas e não gostar do que vir do outro lado, não poderá voltar por onde veio. Nós as chamamos de decisões do Tipo 1. Contudo, a maioria das decisões não é assim — elas são portas de duas mãos mutáveis e reversíveis. Se você tomar uma decisão inadequada Tipo 2, não terá que viver com as consequências por muito tempo. Você pode reabrir a porta e voltar atrás. As decisões do tipo 2 podem e devem ser feitas rapidamente por indivíduos sensatos ou pequenos grupos.

À medida que as organizações crescem, na maioria das vezes parece haver uma tendência de usar um *processo* de tomada de decisão de peso do Tipo 1, incluindo muitas decisões de Tipo 2. O resultado é lentidão, aversão impensada a riscos, falha em experimentar suficientemente e consequente redução de inventividade.* Todos teremos que descobrir como lutar contra essa tendência.

E o pensamento "tamanho único" será apenas uma das armadilhas. Trabalharemos com afinco para evitá-las — e qualquer outro defeito comuns a grandes empresas que possamos identificar.

## Sustentabilidade e Invenção Social

Nosso crescimento foi rápido. Há 20 anos, eu levava caixas para o correio no meu Chevy Blazer e sonhava com uma empilhadeira. Em números absolutos (em comparação a porcentagens), os últimos anos foram especialmente significativos. Crescemos de 30 mil empregados em 2010 para mais de 230 mil. Somos um pouco como pais que olham em volta um dia e se dão conta de que os filhos cresceram — você pisca e acontece.

Algo que é empolgante sobre nossa escala atual é que podemos colocar nossa cultura inventiva para trabalhar para mover o ponteiro em questões sociais e de sustentabilidade.

Há dois anos, definimos uma meta de longo prazo para usar 100% de energia renovável em toda a estrutura global AWS. Desde então, anunciamos quatro parques solares e eólicos que gerarão 1,6 milhão de MW/hora a cada ano de energia renovável adicional para a rede elétrica que abastece os centros de processamento de dados da AWS. A Amazon Wind Farm Fowler Ridge já está online. Alcançamos um uso de

---

\* A situação oposta é menos interessante e, sem dúvida, há um viés de sobrevivência. As companhias que costumam usar o processo de tomada de decisões leve Tipo 2 para tomar decisões do Tipo 1 desaparecem antes de crescer.

25% de energia sustentável na AWS no ano passado, estamos a caminho de atingir 40% este ano e trabalhando em metas que cobrirão todas as instalações da Amazon no mundo, incluindo os centros logísticos.

Continuaremos a expandir nossos esforços em áreas como embalagem, onde a cultura de invenção levou a um grande vencedor — o programa Frustration-Free Packaging. Há sete anos, lançamos a iniciativa com 19 produtos. Hoje, há mais de 400 mil em todo o mundo. Em 2015, o programa eliminou dezenas de milhões em excesso de peso de material de embalagem. O Frustration-Free Packaging é sucesso entre os clientes porque as embalagens são mais fáceis de abrir. É bom para o planeta porque gera menos resíduos. E é bom para os acionistas porque, com embalagens menores enviamos menos "ar" e economizamos em custos de transporte.

Também continuamos a ser pioneiros em novos programas para os empregados — como o Career Choice, Leave Share e Ramp Back. O Career Choice pré-paga 95% do valor dos cursos que ensinam habilidades em alta demanda, independentemente de serem relevantes para uma carreira na Amazon. Pagamos por certificações em enfermagem, cursos de mecânica de aeronaves etc. Construímos salas de aula com paredes de vidro nos centros logísticos a fim de encorajar os empregados a participar do programa e facilitá-lo. Notamos o impacto pelas histórias como a de Sharie Warmack, mãe solo de oito filhos que trabalhava em um dos centros logísticos de Phoenix. O Career Choice pagou para Sharie obter a licença para dirigir um 18 wheeler [caminhão de 18 rodas]. Ela se esforçou, passou nos testes e agora é motorista de longas distâncias da Schneider Trucking — e está adorando. No ano que vem, lançaremos um programa para ensinar a empresas interessadas os benefícios do Career Choice e como implementá-lo.

Leave Share e Ramp Back são programas que oferecem flexibilidade às famílias em crescimento. O Leave Share permite aos empregados partilhar a licença remunerada da Amazon com o cônjuge ou parceiro se o empregador deste não oferecer licença remunerada. O Ramp Back oferece às novas mães mais controle sobre o ritmo de retorno ao trabalho. Assim como nosso plano de assistência médica, esses benefícios são igualitários — eles são os mesmos para os empregados dos centros logísticos e de atendimento ao cliente e para nossos executivos seniores.

Energia renovável, Frustration-Free Packaging, Career Choice, Leave Share e Ramp Back são exemplos de uma cultura que incorpora a invenção e o pensamento de longo prazo. É muito energizante pensar que nossa escala proporciona oportunidades de criar impacto nessas áreas.

Garanto a vocês que é uma grande alegria trabalhar todos os dias com uma equipe de pessoas tão inteligentes, imaginativas e entusiasmadas.

Ainda é o Dia 1.

# Combatendo o Dia 2

# 2016

"**J**EFF, COMO SERÁ o Dia 2?"

Ouvi essa pergunta em nossa mais recente reunião geral. Faz décadas que venho lembrando às pessoas que é o Dia 1. Trabalho em um edifício da Amazon que se chama Dia 1 e quando mudei de prédio, levei o nome comigo. Penso bastante nesse assunto.

"O Dia 2 é a estagnação, seguido pela irrelevância, pelo declínio excruciante e doloroso, pela morte. E é por *isso* que é *sempre* o Dia 1."

Naturalmente, esse tipo de declínio acontece em extrema câmera lenta. Uma empresa consagrada prepara o dia 2 durante décadas, mas o resultado final certamente chegará.

Estou interessado na pergunta, "Como combater o Dia 2?" Que técnicas e táticas usar? Como conservar a vitalidade do Dia 1, mesmo dentro de uma grande organização?

Essa pergunta não tem uma resposta simples. Ela envolve muitos elementos, vários caminhos e muitas armadilhas. Não sei a resposta inteira, mas sei algumas partes. Aqui vai um pacote inicial de elementos essenciais para defender o Dia 1: obsessão pelo cliente, visão cética dos proxies, o desejo de adotar tendências externas e tomada de decisões em alta velocidade.

## Verdadeira Obsessão pelo Cliente

Há vários elementos nos quais centrar uma empresa. Ela pode ser focada na concorrência, no produto, na tecnologia, no modelo de negócios etc. Mas em minha opinião, o foco obsessivo no cliente é, de longe, o fator que confere maior proteção à vitalidade do Dia 1.

Por quê? Há muitas vantagens na abordagem centrada no cliente, mas essa é a principal: os clientes *sempre* estão maravilhosa e lindamente insatisfeitos, mesmo quando alegam estar satisfeitos e que a empresa é ótima. Mesmo sem saber, os clientes querem algo melhor e seu desejo em agradá-los o motivará a inventar em seu benefício. Os clientes nunca pediram que a Amazon criasse o programa de assinatura Prime, mas eles certamente o queriam e eu poderia lhe dar inúmeros exemplos parecidos.

Ficar no Dia 1 exige que você experimente com paciência, aceite fracassos, plante sementes, proteja as mudas e redobre os esforços ao ver o cliente satisfeito. Uma cultura obcecada com o cliente cria as melhores condições para que tudo isso aconteça.

## Resista a Proxies

À medida que as empresas crescem e ficam mais complexas, ocorre uma tendência a gerenciar com base em proxies. Eles aparecem em muitas formas e tamanhos e é muito perigoso, sutil e muito Dia 2.

Um exemplo comum é o processo como proxy. Bons processos servem para que você atenda aos clientes. Porém se você não ficar atento, o processo pode roubar a cena. Isso acontece facilmente em grandes empresas. O processo se torna o proxy para o resultado que você quer. Você para de observar os resultados e só se certifica de que está executando bem o processo. Ai. Não é raro ouvir um jovem líder defender um mau resultado com algo como, "Bem, nós seguimos o processo". Um líder mais experiente usará isso como oportunidade para investigar e melhorar o processo. O processo não é o elemento principal. Sempre vale a pena perguntar: o processo nos pertence ou pertencemos ao processo? Na empresa Dia 2, você descobrirá que é a segunda opção.

Outro exemplo: pesquisas de mercado e com os clientes podem se tornar proxies para clientes — algo especialmente perigoso quando se está inventando e projetando produtos. "Cinquenta e cinco por cento de testadores beta alegam estar satisfeitos com esse recurso, em comparação a 47% no primeiro levantamento." Esse resultado é difícil de interpretar e pode ser involuntariamente enganoso.

Bons inventores e designers entendem *profundamente* o cliente. Eles gastam muita energia desenvolvendo essa intuição. Eles estudam e compreendem muitas histórias e não apenas as médias que você encontrará nas pesquisas. Eles *vivem* com o design.

Não sou contra testes beta ou pesquisas. Porém, você, o dono do produto ou serviço, deve entender o cliente, ter a visão e adorar a oferta. Então, o teste beta e a pesquisa podem ajudar a encontrar pontos cegos. Uma fantástica experiência do cliente começa com o coração, a intuição, a curiosidade, a brincadeira, a coragem, a preferência. Você não vai encontrar isso em uma pesquisa.

## Adote Tendências Externas

O mundo exterior o empurrará para o Dia 2 se você não puder ou não quiser adotar tendências poderosas com rapidez. Se combatê-las, provavelmente combaterá o futuro. Adote-as e avançará até ele.

*Combatendo o Dia 2* 153

Não é difícil identificar essas tendências (fala-se e escreve-se muito sobre elas), mas grandes empresas terão muitas dificuldades em adotá--las. Estamos em meio a uma agora mesmo: aprendizado de máquina e inteligência artificial.

Nas últimas décadas, os computadores automatizaram extensamente tarefas que os programadores descreviam com regras e algoritmos claros. As técnicas modernas de aprendizado de máquina hoje nos permitem fazer o mesmo com tarefas em que descrever as regras precisas é muito mais difícil.

Na Amazon, temos nos dedicado à aplicação prática do aprendizado de máquina há vários anos. Parte desse trabalho é altamente visível: as entregas com drones autônomos Prime Air; a loja de conveniência Amazon Go que usa visão de máquina para eliminar filas nos caixas; e a Alexa,* nossa assistente de IA baseada em nuvem. (Ainda temos dificuldades em manter Echo no estoque, apesar de nossos melhores esforços. Um problema de alta qualidade, mas um problema. Estamos trabalhando nisso.)

Porém, muito do que fazemos com o aprendizado de máquina ocorre sob a superfície. Os algoritmos de aprendizado de máquina são aplicados em previsão de demanda, classificação de busca de produtos, recomendações de produtos e negócios, inserção de merchandising, detecção de fraudes, traduções etc. Embora menos visível, grande parte do impacto do aprendizado de máquina melhorará discreta e significativamente operações essenciais.

Na AWS, ficamos empolgados em baixar os custos e barreiras ao aprendizado de máquina e IA para que organizações de todos os tamanhos possam valer-se dessas técnicas avançadas.

Usando nossas versões predefinidas de estruturas populares de aprendizado profundo em execução em instâncias de computação P2 (otimizadas para essa carga de trabalho), os clientes já estão desenvolvendo sistemas potentes que vão desde detecção precoce de doenças ao

---

* Para se divertir, tente perguntar, "Alexa, qual é o fatorial de 60?"

aumento de rendimento de colheitas. E também disponibilizamos serviços de nível mais elevado de forma conveniente. O Amazon Lex (que está dentro da Alexa), o Amazon Polly e o Amazon Recognition removem o trabalho pesado da compreensão da linguagem natural, geração de fala e análise de imagem. Eles podem ser acessados com simples APIs — não há necessidade de conhecimento de aprendizado de máquina. Fique atento. Há muito mais pela frente.

## Tomada de Decisões em Alta Velocidade

Empresas Dia 2 tomam decisões de alta *qualidade*, mas o fazem *lentamente*. Para conservar a energia e dinamismo do Dia 1, é preciso encontrar um meio de tomar decisões de alta qualidade e *alta velocidade*. Fácil para startups e muito desafiador para grandes organizações. A equipe sênior da Amazon está determinada a continuar a tomar decisões rapidamente. A velocidade é importante nos negócios — além disso, um ambiente de tomada de decisão em alta velocidade também é mais divertido. Não conhecemos todas as respostas, mas aqui vão algumas considerações.

Primeiro, nunca use um processo de tomada de decisões do tipo "tamanho único". Muitas decisões são reversíveis, com portas de duas mãos. Essas decisões podem usar um processo simples. Nesse caso, que importância tem estar errado? Escrevi sobre o assunto mais detalhadamente na carta do ano passado.

Segundo, a maioria das decisões provavelmente deveria ser tomada com cerca de 70% das informações que você gostaria de ter. Se esperar por 90%, na maioria dos casos será muito lento. Além disso, é preciso ser rápido em reconhecer e corrigir decisões equivocadas. Se você tiver habilidade em corrigir rumos, estar errado será menos custoso do que imagina, enquanto ser lento certamente sairá muito caro.

Terceiro, use a frase "discordar e comprometer-se". Esta frase poupará muito tempo. Se você estiver convencido sobre um determinado rumo mesmo que não haja consenso, diga, "Olhe, sei que discordamos,

Combatendo o Dia 2

mas pode me acompanhar nesta aposta? Discordar e se comprometer?" Ao chegar a esse ponto, ninguém saberá a resposta certa e você provavelmente obterá um rápido "sim".

Esse não é um caminho de mão única. Se você é o chefe, faça o mesmo. Eu discordo e me comprometo o tempo todo. Recentemente, demos o sinal verde a um determinado original da Amazon Studios. Dei minha opinião à equipe: discutível se era interessante o suficiente, de produção complicada, os termos do contrato não eram bons, e tínhamos inúmeras outras oportunidades. Eles tinham uma opinião totalmente diferente e queriam ir em frente. Respondi, "Discordo e me comprometo e espero que se torne a coisa mais vista que já fizemos". Pense em quanto esse ciclo de decisão seria mais lento se a equipe tivesse realmente que me *convencer* em vez de simplesmente obter meu compromisso.

Observe o que este exemplo não é: eu dizendo a mim mesmo "Bem, esses sujeitos estão errados e enganados, mas não vale a pena discutir". É uma diferença válida de pontos de vista, uma expressão sincera de minha opinião e um rápido e sincero comprometimento com a posição deles. E considerando que essa equipe já conquistou 11 Emmys, 6 Globos de Ouro e 3 Oscars, tenho a sorte de eles me deixarem entrar na sala!!

Quarto, reconheça antecipadamente questões de verdadeiro *desacordo* e ajuste-os *imediatamente*. Às vezes, as equipes têm objetivos diferentes e opiniões fundamentalmente diversas. Elas não estão alinhadas. Não há discussões ou reuniões capazes de resolver esse desalinhamento profundo. Sem escala, o mecanismo padrão de resolução de disputas para esse cenário leva à exaustão. Quem tiver mais energia tomará a decisão.

Vi muitos exemplos de desalinhamento genuíno na Amazon ao longo dos anos. Quando decidimos convidar vendedores terceirizados para concorrer diretamente conosco em nossas próprias páginas de detalhes de produto — a comoção foi grande. Muitos apoiadores da Amazon inteligentes e bem-intencionados simplesmente não estavam alinhados com essa direção. A grande decisão gerou centenas de decisões menores, muitas das quais precisaram ser escaladas à equipe sênior.

"Você me venceu pelo cansaço" é um processo de tomada de decisões terrível. Ele é lento e exaustivo. Prefira uma rápida escalação — é melhor.

Então, você se decidiu pela qualidade da decisão, ou também está atento à velocidade? Os ventos das tendências do mundo estão a seu favor? Você está sendo vítima de proxies ou eles o atendem? E, o mais importante, você está agradando aos clientes? Podemos ter o alcance e as capacidades de uma grande empresa e o espírito e o coração de uma pequena. Mas isso depende de nossa escolha.

Um enorme obrigado a cada cliente por nos permitir atendê-lo, aos nossos acionistas pelo apoio e aos colaboradores em todo o mundo pelo trabalho duro, engenhosidade e paixão.

Continua sendo o Dia 1.

# Criando uma Cultura de Padrões Elevados

## 2017

Ó ÍNDICE DE Satisfação do Cliente Norte-americano recentemente anunciou os resultados de seu levantamento anual e pelo oitavo ano seguido os clientes classificaram a Amazon em primeiro lugar. No Reino Unido há um índice semelhante, o Índice de Satisfação do Cliente do RU. Pela quinta vez seguida, a Amazon RU se classificou em primeiro lugar. A Amazon também acaba de ser nomeada a empresa nº 1 da lista das Principais Empresas da LinkedIn de 2018, que classifica os locais de trabalho mais procurados por profissionais nos Estados Unidos. E há apenas algumas semanas, a Harris Poll liberou seu Quociente de Reputação anual, que pesquisa mais de 25 mil clientes em uma ampla série de quesitos de ambiente de trabalho a responsabilidade social a produtos e serviços, e pelo terceiro ano seguido a Amazon ocupou o primeiro lugar.

Felicitações e agradecimentos aos hoje mais de 560 mil funcionários que vêm trabalhar todos os dias com uma obsessão incansável pelo cliente, com engenhosidade e comprometimento com a excelência operacional. E em nome dos aficionados pela Amazon em todo o mundo, quero estender um grande muito obrigado aos clientes. Suas respostas a essas pesquisas são incrivelmente estimulantes para nós.

Um aspecto que adoro nos clientes é seu incrível descontentamento. Suas expectativas nunca são estáticas — elas aumentam. Faz parte da natureza humana. Não evoluímos a partir de nossos ancestrais caçadores sendo satisfeitos. As pessoas têm um apetite voraz por melhores caminhos e o "uau" de ontem rapidamente se torna o "comum" de hoje. Vejo esse ciclo de melhoria acontecendo em um ritmo mais rápido do que nunca. Talvez seja porque os clientes têm acesso fácil a mais informações que nunca — em apenas poucos segundos e com alguns toques no telefone, eles leem avaliações, comparam preços de vários lojistas, descobrem se um produto está em estoque e com que rapidez será entregue ou estará disponível para retirada etc. Esses são exemplos do varejo, mas acho que o mesmo fenômeno de empoderamento do cliente ocorre em tudo que fazemos na Amazon e na maioria dos demais setores. Não se pode repousar sobre os louros neste mundo. Os clientes não deixam.

Como se adiantar às crescentes expectativas dos clientes? Não existe um jeito simples — é a combinação de vários fatores. Contudo, os elevados padrões (amplamente distribuídos e em todos níveis de detalhe) certamente são uma grande parte disso. Tivemos alguns sucessos ao longo dos anos em nossa busca para atender às elevadas expectativas dos clientes. Também enfrentamos fracassos que nos custaram bilhões de dólares. Com essas experiências como pano de fundo, gostaria de lhes contar os fatos essenciais do que aprendemos (até hoje) sobre padrões elevados dentro de uma organização.

## Intrínseco ou Ensinável?

Primeiro, há uma questão básica: padrões elevados são intrínsecos ou ensináveis? Se você me aceitar em seu time de basquete, poderá me ensinar muitas coisas, mas não a ser mais alto. Precisamos, antes de tudo, selecionar pessoas de "padrão elevado"? Nesse caso, esta carta falaria principalmente de práticas de contratação, mas não concordo. Acho que padrões elevados podem ser aprendidos. Na verdade, as pessoas são ótimas em aprendê-los por meio da simples exposição. Padrões elevados são contagiosos. Leve uma nova pessoa para uma equipe de alto padrão e ela se adaptará rapidamente. O oposto também se aplica. Se padrões inferiores prevalecem, eles também se disseminam rapidamente. E embora a exposição funcione bem para ensinar padrões elevados, o ritmo desse aprendizado pode ser acelerado com a articulação de alguns princípios essenciais que espero partilhar nesta carta.

## Universal ou de Domínio Específico?

Outra questão importante é se padrões elevados são universais ou de domínio específico. Em outras palavras, se você tem padrões elevados em uma área, automaticamente tem padrões elevados nas demais? Acredito que padrões elevados são de domínio específico e que temos que aprender padrões elevados separadamente em cada área de interesse. Quando iniciei a Amazon, tinha padrões elevados em invenção, atendimento ao cliente e (felizmente) em contratação. Mas não no processo operacional: como fazer com que problemas resolvidos continuassem resolvidos, como eliminar defeitos na raiz, como inspecionar processos etc. Tive que aprender e desenvolver padrões altos em todos esses aspectos (meus colegas foram meus professores).

Entender esse ponto é importante porque mantém sua humildade. Você pode ser uma pessoa de padrões elevados em geral e ainda ter pontos cegos debilitantes. Talvez haja áreas de atuação inteiras onde você pode nem saber que seus padrões são baixos ou inexistentes e certamente não são de classe mundial. É essencial estar aberto a todas as possibilidades.

## Reconhecimento e Alcance

De que você precisa para atingir altos padrões em uma área específica de domínio? Primeiro, ser capaz de reconhecer o que é ideal nesse domínio. Segundo, alimentar expectativas realistas sobre a dificuldade (quanto trabalho será necessário) para atingir esse resultado — o alcance.

Vou lhe dar dois exemplos. Um é fictício, mas explica o ponto com clareza, e o outro é real e ocorre na Amazon o tempo todo.

## Parada de Mão Perfeita

Uma amiga recentemente decidiu aprender a fazer uma parada de mão perfeita [plantar bananeira]. Sem se apoiar na parede, não só por alguns segundos, padrão Instagram. Ela decidiu iniciar sua jornada participando de um workshop em seu estúdio de ioga. Depois ela praticou por algum tempo, mas não conseguiu os resultados esperados. Então, contratou um instrutor de parada de mão. Sim, sei o que está pensando, mas isso realmente existe. Na primeira aula, o instrutor lhe deu conselhos ótimos: "A maioria das pessoas acha que se trabalhar duro dominará a prática em cerca de duas semanas. Na verdade, são precisos seis meses de prática diária. Se você achar que pode fazer isso em duas semanas, vai acabar desistindo." Expectativas irreais sobre o objetivo — muitas vezes ocultas e não discutidas — acabam com os altos padrões. Para atingir altos padrões pessoais ou como parte de uma equipe, é preciso formar e proativamente comunicar expectativas realistas sobre a dificuldade da empreitada — algo que esse instrutor entendia bem.

## Narrativas de Seis Páginas

Não fazemos apresentações de PowerPoint (ou qualquer outra com slides) na Amazon. Em vez disso, escrevemos memorandos de seis páginas com narrativa estruturada. Nós o lemos no início de cada reunião em silêncio em uma espécie de "sala de estudo". Não é de surpreender que a qualidade desses memorandos varia muito. Alguns têm a clareza de um coro de anjos. São brilhantes, criteriosos e preparam a reunião para uma discussão de alto nível. Às vezes, eles vêm do outro extremo do espectro.

No exemplo da parada de mão, é fácil reconhecer os padrões elevados. Não é difícil mostrar em detalhes os requerimentos para uma parada de mão bem executada e cabe a você segui-los ou não. O exemplo da escrita é diferente. É muito difícil definir a diferença entre um memorando excelente e um médio, assim como detalhar as exigências que formam um ótimo memorando. Mesmo assim, acho que quase sempre os leitores reagem a bons memorandos de maneira semelhante. Eles sabem quando os veem. O padrão está ali e é real, mesmo que não seja facilmente descritível.

Veja o que descobri. Muitas vezes, quando um memorando não é excelente, isso não se dá devido à incapacidade do redator de reconhecer o alto padrão, mas sim a uma expectativa errada sobre o escopo: ele se engana ao acreditar que um memorando de seis páginas de alto padrão pode ser escrito em um ou dois dias ou mesmo algumas horas, quando na verdade é necessária uma semana ou mais! Eles estão tentando aperfeiçoar uma parada de mão em apenas duas semanas e não os estamos orientando satisfatoriamente. Bons memorandos são escritos e reescritos, partilhados com colegas que aprimoram o trabalho, deixados de lado por alguns dias e, então, editados novamente com a cabeça fresca. Eles simplesmente não podem ser concluídos em um ou dois dias. O ponto principal aqui é que você pode melhorar resultados simplesmente ensinando sobre extensão — que um ótimo memorando provavelmente levará uma semana ou mais para ser escrito.

## Habilidade

Além de reconhecer o padrão e alimentar expectativas realistas sobre a extensão, onde entra a habilidade? Certamente para obter um memorando excelente você terá que ser um redator habilidoso. Esse é outro elemento necessário? A meu ver, nem tanto, pelo menos não para o indivíduo em um contexto de equipes. O treinador de futebol não precisa saber atirar a bola e o diretor de cinema não precisa saber atuar. Mas eles precisam reconhecer os altos padrões para essas atividades e ensinar expectativas realistas sobre escopo. Mesmo no exemplo do memorando de seis páginas, trata-se de um trabalho em equipe. Um dos integrantes da equipe precisa ter essa habilidade, mas não precisa ser você. (Como observação adicional, por tradição na Amazon, os nomes dos autores nunca aparecem nos memorandos — o memorando é de toda a equipe.)

## Benefícios dos Padrões Elevados

Vale a pena construir uma cultura de padrões elevados e os benefícios são muitos. É natural e óbvio que você crie produtos e serviços melhores para os clientes — isso já é razão suficiente! Talvez um pouco menos óbvio: as pessoas são atraídas por padrões elevados — eles ajudam no recrutamento e retenção. Mais sutil: uma cultura de altos padrões protege todo o trabalho "invisível", mas crucial, que ocorre em todas as empresas. Estou falando do trabalho que ninguém vê. Fazer bem esse trabalho é sua própria recompensa — é parte do que significa ser um profissional.

E, finalmente, padrões elevados são divertidos! Depois de praticá-los, não há como se contentar com menos.

Então, eis como vemos os quatro elementos de padrão elevado: eles são ensináveis, são de domínio específico, é preciso reconhecê-los e você deve orientar explicitamente um escopo realista. Para nós, eles funcionam nos detalhes em todos os níveis; tudo, de redigir memorandos a iniciativas de negócios totalmente novas e inéditas. Esperamos que eles também ajudem você.

## Insista nos Padrões mais Elevados

Líderes têm padrões implacavelmente elevados — muitas pessoas acham que eles são exageradamente altos.

— *dos Princípios de Liderança da Amazon*

## Marcos Recentes

Os padrões elevados que nossos líderes se empenham em alcançar têm sido positivos para nós. E, embora eu não saiba plantar bananeira, tenho muito orgulho em partilhar alguns dos marcos que atingimos no ano passado, cada qual resultado de muitos anos de esforço coletivo. Nenhum deles passa despercebido.

*Prime:* treze anos após o lançamento, ultrapassamos 100 milhões de assinaturas pagas no mundo. Em 2017, a Amazon enviou mais de 5 bilhões de itens com o Prime ao mundo todo e mais membros novos se associaram ao programa do que no ano anterior — no mundo e nos Estados Unidos. Assinantes nos Estados Unidos hoje recebem em dois dias entregas gratuitas ilimitadas de mais de 100 milhões de itens diferentes. Expandimos o Prime para o México, Singapura, Holanda e Luxemburgo e lançamos o Business Prime Shipping nos Estados Unidos e na Alemanha. Continuamos a acelerar a entrega Prime, com o Prime Free Same-Day e o Prime Free One-Day em mais de 8 mil cidades e vilas. O Prime Now está disponível em mais de 50 cidades em 9 países. O Prime Day 2017 foi nosso maior evento de compras global já realizado (até ser ultrapassado pela Cyber Monday), com mais novos membros se associando ao Prime que em qualquer outro dia em nossa história.

*AWS:* é empolgante ver a Amazon Web Services, uma empresa com uma taxa de retorno recorrente de US$20 bilhões, acelerar seu crescimento já saudável. A AWS também acelerou o ritmo de inovação — especialmente em áreas novas como aprendizado de máquina e inteligência artificial, Internet das Coisas e computação sem servidor. Em 2017, a AWS anunciou mais de 1.400 serviços e produtos significativos, incluindo o Amazon SageMaker, que muda radicalmente a acessibilidade e a facilidade de uso para desenvolvedores habituais para construir modelos de aprendizado de máquina sofisticados. Dezenas de milhares de clientes também estão usando uma ampla variedade de serviços de aprendizado de máquina da AWS, sendo que usuários ativos cresceram mais que 250% no ano passado, impulsionados pela adoção do Amazon SageMaker. E em novembro, realizamos nossa sexta conferência re:Invent, com mais de 40 mil participantes e mais de 60 mil participantes por streaming.

*Marketplace:* em 2017, pela primeira vez em nossa história, mais da metade das unidades vendidas na Amazon em todo o mundo vieram de vendedores terceirizados, incluindo pequenas e médias empresas (SMBs). Mais que 300 mil SMBs sediadas nos Estados Unidos começaram a vender na Amazon em 2017, e a Fulfillment by Amazon enviou bilhões de itens de SMBs para todo o mundo. Os clientes compraram mais que 40 milhões de itens de SMBs no mundo durante o Prime Day 2017, aumentando suas vendas em mais de 60% em relação ao Prime Day 2016. Nosso programa Global Selling (que possibilita a SMBs vender produtos em outros países) cresceu mais de 50% em 2017 e o e-commerce das SMBs hoje representa mais que 25% do total das vendas de terceiros.

*Alexa:* a adoção da Alexa pelo cliente continua, com dispositivos controlados por ela entre os itens mais vendidos em toda a Amazon. Vemos grande aceitação por parte de outras empresas e por desenvolvedores que querem criar suas próprias experiências com a Alexa. Hoje há mais que 30 mil habilidades para a Alexa vindas de desenvolvedores externos e os clientes controlam mais que 4 mil dispositivos domésticos inteligentes de 1.200 marcas exclusivas através da Alexa. Os fundamentos da Alexa também continuam a ficar cada dia mais inteligentes. Desenvolvemos e implementamos uma técnica de on-device fingerprinting, que evita que seu dispositivo desperte ao ouvir um comercial da Alexa na TV. (Essa tecnologia garantiu que nosso comercial da Alexa para o Super Bowl não despertasse milhões de dispositivos.) O reconhecimento de voz far-field (já muito bom) melhorou 15% no ano passado; e nos Estados Unidos, no Reino Unido e na Alemanha, aprimoramos a compreensão da língua falada da Alexa em mais de 25% nos últimos 12 meses por meio do aperfeiçoamento nos componentes de aprendizado de máquina da Alexa e do uso de técnicas de aprendizado semissupervisionado. (As técnicas de aprendizado semissupervisionado reduzem a quantidade de dados rotulados necessários para atingir a melhoria de precisão em 40 vezes!) Finalmente, reduzimos extraordinariamente o tempo necessário para ensinar novos idiomas à Alexa usando técnicas de tradução de máquina e de transferência de aprendizado, o que nos possibilita atender aos clientes em mais países (como Índia e Japão).

*Dispositivos Amazon:* 2017 foi o melhor de todos os anos para vendas de hardware. Os clientes compraram dezenas de milhões de dispositivos Echo, e o Echo Dot e o Fire TV Stick com a Alexa foram os produtos mais vendidos em toda a Amazon — em todas as categorias e fabricantes. Os clientes compraram duas vezes mais Fire TV Sticks e Kids Edition Fire Tablets nesse período de festas em comparação ao ano passado. 2017 foi marcado pelo lançamento de nosso Echo totalmente novo com design aperfeiçoado, melhor som e preço mais baixo; o Echo Plus com um hub doméstico inteligente embutido; e o Echo Spot, compacto e lindo com tela circular. Lançamos nossa nova geração de Fire TV, com 4k Ultra HD e HDR; o Fire TV 10 Tablet, com display 1080p Full HD. E comemoramos o décimo aniversário do Kindle lançando uma versão totalmente nova, o Kindle Oasis, nosso leitor mais avançado de todos. Ele é à prova d'água — leve-o para a banheira — com tela maior de 7 polegadas de alta resolução de 300 ppi com dispositivo de áudio embutido para você também poder ouvir seus livros com o Audible.

*Prime Video:* o Prime Video continua a motivar assinaturas e retenção de clientes. No ano passado, melhoramos ainda mais o serviço para os clientes adicionando Prime Originals novos e premiados — como *The Marvelous Mrs. Maisel*, vencedor de dois prêmios do Critics' Choice Awards e dois Globos de Ouro, e o indicado ao Oscar, *Doentes de Amor*. Ampliamos nossa programação no mundo, lançando novas temporadas de *Bosch* e *Sneaky Pete* dos Estados Unidos, *The Grand Tour* do Reino Unido e *You Are Wanted* da Alemanha, ao mesmo tempo em que adicionamos novos programas *Sentosha* do Japão, e *Breathe* e o premiado *Inside Edge* da Índia. Também este ano, ampliamos as ofertas no Prime Channels, adicionando CBS All Access nos Estados Unidos e lançando canais no Reino Unido e na Alemanha. Estreamos o NFL Thursday Night Football no Prime Video, com mais de 18 milhões de espectadores em mais de 11 jogos. Em 2017, o Prime Video Direct garantiu direitos de assinatura de vídeo para mais de 3 mil filmes e pagou mais de US$18 milhões em royalties para produtores independentes e outros titulares de direitos. Pensando no futuro, também estamos empolgados com nossas novas séries Prime Originals, que incluem *Jack Ryan*, de Tom Clancy, com John Krasinski; *King Lear*, com Anthony Hopkins e Emma Thompson; *The Romanoffs*, com produção executiva de Matt Weiner; *Carnival Row*, com Orlando Bloom e Cara Delevingne; *Good Omens*, com Jon Hamm; e *Homecoming*, com produção executiva de Sam Esmail, estrelando Julia Roberts em sua primeira série para a televisão. Adquirimos os direitos globais para televisão de uma produção multitemporada de *O Senhor dos Anéis*, assim como *Cortés*, uma minissérie baseada na saga épica de Hernán Cortés, do produtor executivo Steven Spielberg, estrelando Javier Bardem, e esperamos ansiosamente para começar a trabalhar nesses programas no ano que vem.

*Amazon Music:* a Amazon Music continua a crescer rapidamente e hoje tem dezenas de milhões de assinantes pagos. A Amazon Music Ilimited, nossa oferta on-demand sem anúncios, expandiu-se para mais que 30 novos países em 2017, e o número de assinantes mais que dobrou nos últimos seis meses.

*Moda:* a Amazon tornou-se destino de milhões de clientes para compra de roupas. Em 2017, lançamos nosso primeiro benefício Prime voltado para moda, o Prime Wardrobe [Guarda-roupa Prime] — um novo serviço que leva os provadores diretamente às casas dos membros do Prime para que possam experimentar os mais recentes estilos antes de comprar. Introduzimos Nike e UGG na Amazon, assim como novas coleções de celebridades de Drew Barrymore e Dwayne Wade, tal qual dezenas de novas marcas próprias, como Goodthreads e Core10. Também continuamos a possibilitar que milhares de designers e artistas ofereçam suas peças e estampas exclusivas por meio da Merch by Amazon. Terminamos 2017 com o lançamento de nossa experiência de shopping interativo com Calvin Klein, incluindo lojas pop-up, customização de produtos on-site e provadores com música, iluminação e mais controlados pela Alexa etc.

*Whole Foods:* quando compramos a Whole Foods Market no ano passado, anunciamos nosso compromisso de disponibilizar alimentos naturais e orgânicos de alta qualidade para todos, então imediatamente baixamos os preços de uma seleção de produtos básicos de alta procura, incluindo abacates, ovos vermelhos orgânicos e salmão de viveiro criado com técnicas de piscicultura responsável. Em seguida, realizamos uma segunda redução nos preços em novembro, e a promoção exclusiva para membros Prime bateu todos os recordes de vendas de perus da Whole Foods para a comemoração do Dia de Ação de Graças. Em fevereiro, lançamos a entrega grátis em duas horas para pedidos acima de US$35 para membros Prime em cidades selecionadas, seguida por mais cidades em março e abril, e planejamos continuar a expansão nos Estados Unidos durante o ano. Também expandimos os benefícios do Amazon Prime Rewards Visa Card, permitindo aos assinantes receberem reembolso de 5% quando compram na Whole Foods Market. Além disso, os clientes podem comprar produtos com a marca Whole Foods como 365 Everyday Value on Amazon, comprar Echo e outros dispositivos da Amazon em mais de cem lojas da Whole Foods e retirar ou retornar pacotes da Amazon em Amazon Lockers [serviços com quiosques de autoatendimento] em centenas de lojas Whole Foods. Também começamos o trabalho técnico necessário para reconhecer membros Prime no ponto de venda e nos preparamos para oferecer mais benefício do Prime aos clientes do Whole Foods quando ele estiver concluído.

*Amazon Go:* a Amazon Go, um novo tipo de loja sem passar pelo caixa, foi aberto ao público em janeiro em Seattle. Desde a abertura, ficamos entusiasmados com as várias menções dos clientes à experiência de compra "mágica". O que possibilita essa magia é a combinação customizada de visão por computador, fusão de sensores e aprendizado profundo, que se unem para criar a compra Just Walk Out [Apenas Saia]. Com o JWO, os clientes pegam seu café da manhã, almoço, jantar, lanche e artigos de mercearia preferidos de uma forma mais conveniente que nunca. Alguns dos itens que mais vendem não representam surpresa — bebidas com cafeína e água são muito populares — mas nossos clientes também adoram o sanduíche Chicken Banh Mi, biscoitos com gotas de chocolate, frutas cortadas, jujubas e nossos Amazon Meal Kits [kits de refeições Amazon].

*Treasure Truck [Caminhão do Tesouro]:* o Treasure Truck passou de um único caminhão em Seattle para uma frota de 35 veículos em 25 cidades dos EUA e 12 no RU. Nossos caminhões que espalham bolhas e música entregaram centenas de milhares de pedidos, de suculentas bistecas aos mais recentes lançamentos da Nintendo. Durante o ano, o Treasure Truck fez parcerias com comunidades locais para elevar o ânimo e ajudar os necessitados, incluindo a doação e entrega de centenas de cadeirinhas para carro, milhares de brinquedos, dezenas de milhares de meias e muitos outros itens essenciais para membros carentes da comunidade, dos desalojados pelo furacão Harvey a moradores em situação de rua a crianças precisando de um mimo de Natal.

*Índia:* a Amazon.in é o mercado de crescimento mais rápido na Índia e o site mais visitado em computadores e dispositivos móveis, segundo a comScore e Similar Web. O app de compras da Amazon.in foi também o mais baixado na Índia em 2017, segundo o App Annie. O Prime adicionou mais assinantes na Índia no primeiro ano do que qualquer outra região geográfica anterior na história da Amazon. A seleção Prime na Índia hoje inclui mais de 40 milhões de produtos locais de terceiros, e o Prime Video está investindo em conteúdo de vídeo original indiano com força, incluindo dois recentes lançamentos e mais de uma dezena de novos programas em produção.

*Sustentabilidade:* Comprometemo-nos a minimizar a emissão de carbono com a otimização de nossa rede de transportes, melhorando as embalagens dos produtos e aperfeiçoando a eficiência energética em nossas operações e temos a meta de longo prazo de alimentar nossa infraestrutura global usando 100% de energia renovável. Recentemente, lançamos a Amazon Wind Farm Texas, nosso maior parque eólico, que gera mais que 1 milhão MW/h de energia limpa anualmente a partir de mais de 100 turbinas. Planejamos hospedar sistemas de energia solar em 50 centros logísticos até 2020 e lançamos 24 projetos de energia eólica e solar nos Estados Unidos com mais 29 projetos adicionais para o futuro. Juntos, os projetos de energia renovável da Amazon produzem energia limpa suficiente para abastecer 330 mil casas por ano. Em 2017, comemoramos o décimo aniversário do Frustration-Free Packaging, a primeira de uma série de iniciativas de embalagens sustentáveis que eliminaram mais que 244 mil toneladas de material de embalagem nos últimos 10 anos. Além disso, só em 2017 nossos programas reduziram significativamente os resíduos de embalagens, eliminando o equivalente a 305 milhões de caixas de transporte. E no mundo, a Amazon está negociando com nossos provedores de serviço para lançar a primeira frota de última-milha de baixa poluição. Hoje, uma parte de nossa frota de entrega já consiste em vans e carros elétricos e a gás natural, que reduzem os poluentes, e temos mais que 40 scooters elétricas e bicicletas e-cargo que completam as entregas urbanas locais.

*Empoderamento de pequenas empresas:* milhões de pequenas e médias empresas em todo o mundo vendem seus produtos pela Amazon para alcançar novos clientes em todos os lugares. SMBs vendendo na Amazon vêm de todos os estados nos EUA e de mais de 130 países no mundo. Mais de 140 mil SMBs ultrapassaram US$100 mil em vendas na Amazon em 2017, e mais de mil autores independentes ultrapassaram US$100 mil em direitos autorais em 2017 por meio do Kindle Direct Publishing.

*Investimento e criação de empregos:* desde 2011, investimos mais que US$150 bilhões no mundo todo em nossas redes logísticas, capacidades de transporte e infraestrutura tecnológica, incluindo os centros de processamento de dados da AWS. A Amazon criou mais que 1,7 milhão de empregos diretos e indiretos no mundo. Só em 2017, criamos diretamente mais que 130 mil empregos na Amazon, sem incluir aquisições, levando nossa base global de funcionários para mais de 560 mil. Nossos novos empregos abrangem uma ampla gama de profissões, de cientistas de inteligência artificial a especialistas em embalagens e a funcionários de centros logísticos. Além das contratações diretas, calculamos que a Amazon Marketplace criou mais 900 mil empregos em todo o mundo e os investimentos da Amazon criaram mais 260 mil empregos em áreas como construção, logística etc.

*Career Choice:* O Amazon Career Choice é um programa para o empregado do qual temos muito orgulho. Para colaboradores com mais de um ano na empresa, pré-pagamos 95% dos cursos, taxas e livros (até US$12 mil) para certificados e diplomas em ocupações em alta demanda como mecânica de aeronaves, desenho auxiliado por computador, tecnologias de máquinas-ferramentas, tecnologia médica de laboratório e enfermagem. Financiamos educação em áreas de alta demanda e independentemente de essas habilidades serem relevantes para uma carreira na Amazon. Em todo o mundo, mais 16 mil colaboradores (incluindo mais que 12 mil nos Estados Unidos) se associaram ao Career Choice desde o lançamento do programa em 2012. O Career Choice está ativo em 10 países e se expandindo na África do Sul, Costa Rica e Eslováquia no final deste ano. Motorista de caminhões comerciais, assistência médica e tecnologia da informação são os campos de estudo mais populares do programa. Construímos 39 salas de aula para o Career Choice até agora e as instalamos atrás de paredes de vidro em áreas de grande tráfego no interior de nossos centros logísticos para que os funcionários se inspirem vendo os colegas buscar novas habilidades.

O mérito desses marcos é merecido por muitos. Na Amazon são 560 mil empregados. Também são 2 milhões de vendedores, centenas de milhares de autores, milhões de desenvolvedores da AWS e centenas de milhões de clientes divinamente descontentes em todo o mundo que nos motivam para melhorar todos os dias.

## O Caminho à Frente

Este ano marca o vigésimo aniversário de nossa primeira carta aos acionistas e nossa abordagem e nossos valores essenciais não mudaram. Continuamos aspirando a ser a empresa mais centrada no cliente do mundo, e reconhecemos que este não é um desafio fácil ou pequeno. Sabemos que há muito a melhorar e encontramos uma energia incrível nos muitos desafios e oportunidades que nos esperam.

Um imenso obrigado a cada cliente por nos permitir servi-los, aos nossos acionistas por seu apoio e aos colaboradores em todos os lugares por sua engenhosidade, sua paixão e seus padrões elevados.

Continua sendo o Dia 1.

# Intuição, Curiosidade
# e o Poder de Vagar

# 2018

ALGO ESTRANHO E notável ocorreu nos últimos vinte anos. Dê uma olhada nestes números:

1999 3%

2000 3%

2001 6%

2002 17%

2003 22%

2004 25%

2005 28%

2006 28%

2007 29%

2008 30%

2009 31%

2010 34%

2011 38%

2012 42%

2013 46%

2014 49%

2015 51%

2016 54%

2017 56%

2018 58%

As porcentagens representam a parcela do volume bruto de mercadorias vendidas na Amazon por vendedores terceirizados — principalmente pequenas e médias empresas — em comparação às vendas do varejo da própria Amazon [vendas diretas]. As vendas terceirizadas cresceram de 3% do total a 58%. Sendo curto e grosso:

Vendedores terceirizados estão dando um banho nas nossas vendas diretas. Seriamente.

E esse também é um padrão elevado, porque nossos negócios diretos aumentaram extraordinariamente nesse período, de US$1,6 bilhão em 1999 para US$117 bilhões no ano passado. A taxa de crescimento anual composta para nossos negócios diretos nesse período é de 25%. Mas no mesmo período, vendas de empresas terceirizadas cresceram de US$0,1 bilhão para US$160 bilhões — uma taxa de crescimento anual composta de 52%. A fim de oferecer um referencial externo, as vendas brutas do eBay nesse período cresceram a uma taxa composta de 20%, de US$2,8 bilhões para US$95 bilhões.

Por que vendedores independentes venderam muito mais na Amazon do que no eBay? E por que vendedores independentes cresceram muito mais depressa que a organização de vendas diretas altamente estruturada da Amazon? Não existe uma resposta, mas conhecemos uma parte muito importante dela:

Ajudamos vendedores independentes a concorrer com nossos negócios diretos investindo e oferecendo-lhe as melhores ferramentas de vendas que pudemos idealizar e construir. Há muitas dessas ferramentas, incluindo as que ajudam os vendedores a gerir estoques, pagamentos de processos, rastrear envios, criar relatórios e vender no estrangeiro — e estamos inventando mais todos os anos. Mas os programas de assinaturas Fulfillment by Amazon e Prime são muito importantes. Combinados, esses dois programas melhoraram significativamente a experiência do cliente ao comprar de vendedores independentes. Com seu sucesso agora consagrado, hoje é difícil para a maioria das pessoas avaliar o quanto essas ofertas foram radicais na época em que as lançamos. Investimos nos dois programas com elevado risco financeiro e depois de muito debate interno. Tivemos que continuar a investir significativamente ao longo do tempo à medida que experimentamos diferentes ideias e iterações. Não pudemos prever com certeza o rumo que eles tomariam e se teriam sucesso, mas eles foram impelidos para frente com intuição e coração, e alimentados com otimismo.

## Intuição, Curiosidade e o Poder de Vagar

Desde os primeiros dias da Amazon, sabíamos que queríamos criar uma cultura de construtores — pessoas curiosas, exploradoras. Elas gostam de inventar. Mesmo quando são experts, são "jovens" com a mente de um iniciante. Elas veem como fazemos as coisas simplesmente como as fazemos hoje. A mentalidade do construtor nos ajuda a abordar oportu-

*Intuição, Curiosidade e o Poder de Vagar* 175

nidades grandes de difícil solução com uma convicção humilde de que o sucesso é gerado pela iteração: inventar, lançar, reinventar, relançar, recomeçar, apagar, repetir e assim por diante. Elas sabem que o caminho do sucesso está longe de ser uma linha reta.

Às vezes (na verdade, muitas) nos negócios, você sabe para onde está indo e é eficiente. Elabore um plano e execute-o. Em comparação, vagar nos negócios não é eficiente — mas também não é aleatório. É uma atitude orientada — por palpites, pressentimentos, intuição, curiosidade e impulsionada por uma profunda convicção de que o prêmio para os clientes é grande o suficiente e justifica causar um pouco de confusão e rodeios para chegar lá. Vagar é um contraponto essencial à eficiência. É preciso empregar os dois. As descobertas superdimensionadas — as "não lineares" — têm grande probabilidade de exigir que se vague.

Os milhões de clientes da AWS variam de startups a grandes empresas, órgãos governamentais a empresas sem fins lucrativos, cada uma procurando criar soluções melhores para os usuários finais. Passamos muito tempo pensando sobre o que elas querem e o que as pessoas dentro delas — desenvolvedores, gestores de desenvolvimento e de operações, CIOs, CDOs, diretores de segurança da informação etc. — querem.

Muito do que construímos na AWS se baseia em que os clientes dizem. É essencial perguntar o que querem, ouvir as respostas com atenção e elaborar um plano para oferecê-las com ponderação e rapidez (velocidade é importante nos negócios!). Nenhum negócio progride sem esse tipo de obsessão pelo cliente. Mas não é suficiente. Os maiores motivadores são as coisas que os clientes não sabem pedir. Precisamos inventar pensando neles. Temos que recorrer à nossa imaginação sobre o que é possível.

A AWS, como um todo, é um exemplo. Ninguém pediu pela AWS. Acontece que o mundo estava pronto e ávido por um serviço como a AWS, mas não sabia disso. Tivemos um palpite, seguimos nossa curiosidade, assumimos os riscos financeiros necessários e começamos a construção — com retrabalho, experimentação e inúmeras iterações à medida que avançávamos.

Dentro da AWS, esse mesmo padrão também foi recorrente. Por exemplo, inventamos o DynamoDB, um banco de dados altamente escalável, de baixa latência e valor essencial hoje usado por milhares de clientes da AWS. E ao ouvir os clientes com atenção, compreendemos que as empresas se sentiam limitadas por suas opções de bancos de dados comerciais e estavam insatisfeitas com seus provedores há décadas — essas ofertas são caras, privadas, com termos de licenciamento com cláusulas de fidelidade sujeitos a penalidades legais. Passamos vários anos construindo nosso mecanismo de banco de dados, o Amazon Aurora, um serviço totalmente compatível com MySQL e PostgreSQL com durabilidade e disponibilidade igual ou melhor aos de mecanismos comerciais, mas a 1/10 do preço. Não nos surpreendemos quando ele funcionou.

Mas também somos otimistas quanto a bancos de dados especializados para cargas de trabalho especializadas. Ao longo dos últimos vinte a trinta anos, as empresas executavam a maioria de suas cargas de trabalho usando bancos de dados relacionais. A ampla familiaridade com esse tipo de bancos de dados entre os desenvolvedores a tornou a tecnologia preferida mesmo quando não era a ideal. Apesar de não ser a melhor, o tamanho do conjunto de dados costumava ser pequeno o suficiente e as latências de consulta longas o bastante para que ela funcionasse. Hoje, porém, muitas aplicações armazenam grandes quantidades de dados — terabytes e petabytes. E os requerimentos para apps mudaram. Aplicações modernas impulsionam a necessidade para baixas latências, processamento em tempo real e capacidade de processar milhões de pedidos por segundo. Não são apenas key-value store como DynamoDB, mas também bancos de dados in-memory como o Amazon ElastiCache, bancos de dados temporais como o Amazon Timestream e soluções para livros-razão como o Amazon Quantum Ledger Database — a ferramenta ideal para a tarefa certa poupa dinheiro e leva seu produto ao mercado mais depressa.

Também estamos nos esforçando para ajudar empresas a explorar o aprendizado de máquina. Estivemos trabalhando nisso há algum tempo e, como em outros avanços importantes, nossas tentativas iniciais de externalizar algumas das primeiras ferramentas de aprendizado de máquina internas fracassaram. Levamos anos vagando — experimentando, iterando e aperfeiçoando, assim como obtendo insights valiosos dos clientes — para encontrarmos o SageMaker, que foi lançado apenas há 18 meses. O SageMaker remove o trabalho pesado, a complexidade e as suposições de cada etapa do processo do aprendizado de máquina — democratizando a IA. Hoje, milhares de clientes estão construindo modelos de aprendizado de máquina com base na AWS com o SageMaker. Continuamos a melhorar o serviço, também adicionando novas capacidades de aprendizado por reforço. O aprendizado por reforço tem uma curva de aprendizagem acentuada e muitas partes móveis, o que o colocou fora do alcance de todos, exceto das organizações com muitos recursos técnicos e financeiros, até agora. Nada disso seria possível sem uma cultura de curiosidade e uma disposição de tentar elementos totalmente novos para os nossos clientes. E eles respondem ao nosso vagar e ouvir centrado no cliente — a AWS é hoje uma empresa com receita anual recorrente de US$30 bilhões e crescendo depressa.

## Imaginando o Impossível

Hoje, a Amazon continua sendo um participante pequeno no varejo global. Representamos uma porcentagem de um dígito no mercado e há varejistas muito maiores nos países em que atuamos. E isso porque praticamente 90% do varejo continua off-line, em lojas físicas. Durante muitos anos, consideramos como atenderíamos clientes em lojas físicas, mas sentimos que antes deveríamos inventar algo que cativasse os clientes nesse ambiente. Com a Amazon Go tivemos uma visão clara. Livrar-se da pior coisa nas lojas físicas: as filas nos caixas. Ninguém gosta de esperar na fila. Em vez disso, imaginamos uma loja em que se pode entrar, pegar o que quer e sair.

Foi difícil chegar lá. Tecnicamente difícil. Foram necessários os esforços de centenas de cientistas e engenheiros de computação inteligentes e dedicados em todo o mundo. Tivemos que desenhar e construir nossas próprias câmeras e prateleiras e inventar novos algoritmos de visão computacional, incluindo a habilidade de unir imagens de centenas de câmeras de colaboração. E tivemos que fazê-lo de modo que a tecnologia funcionasse tão bem que simplesmente ficasse invisível em segundo plano. A recompensa tem sido a reação dos clientes, que descreveram a experiência de comprar na Amazon Go como "mágica". Hoje temos dez lojas em Chicago, São Francisco e Seattle e estamos empolgados com o futuro.

## O Fracasso Também Precisa de Escala

À medida que uma empresa cresce, tudo precisa escalar, incluindo a quantidade de experimentos fracassados. Se o número de fracassos não está aumentando, você não está inventando em um ritmo que realmente o faça avançar. A Amazon experimentará na escala adequada para uma empresa de nosso tamanho se ocasionalmente enfrentarmos fracassos de bilhões de dólares. Naturalmente, não realizaremos esses experimentos com arrogância. Trabalharemos duro para que se tornem boas apostas, mas nem todas as boas apostas geram bons resultados. Esse tipo de tomada de risco de larga escala faz parte dos serviços que nós, como grande empresa, podemos oferecer aos clientes e à sociedade. A boa notícia para os acionistas é que uma única grande vitória é suficiente para compensar os muitos prejuízos.

O desenvolvimento do Fire phone e do Echo ocorreram na mesma época. Enquanto o Fire phone foi um fracasso, nós usamos (e também os desenvolvedores) as lições e aceleramos nossos esforços para construir o Echo e a Alexa. A visão para o Echo e a Alexa foi inspirada pelo computador de *Jornada nas Estrelas*. A ideia também se originou em outras duas arenas nas quais vínhamos construindo e vagando há anos: aprendizado de máquina e a nuvem. Desde o início da Amazon, o aprendizado de máquina foi parte essencial de nossas recomendações de produto e a AWS nos colocou na dianteira das capacidades da nuvem. Depois de muitos anos de desenvolvimento, o Echo foi lançado em 2014, alimentado pela Alexa, que vive na nuvem AWS.

Os clientes não pediram o Echo. Ele foi decididamente resultado de nossas "perambulações". As pesquisas de mercado não ajudam. Se você tivesse procurado os clientes em 2013 e perguntado, "Você gostaria de um cilindro preto sempre conectado na sua cozinha, do tamanho de uma lata de batatas Pringles com quem pode falar e fazer perguntas, que também acende luzes e toca música?" Garanto que eles o teriam fitado intrigados e dito, "Não, obrigado".

Desde o Echo de primeira geração, os clientes compraram mais de 100 milhões de dispositivos ativados pela Alexa. No ano passado, melhoramos a capacidade da Alexa de entender pedidos e responder questões em mais de 20%, ao mesmo tempo em que adicionamos bilhões de fatos para torná-la mais informada que nunca. Desenvolvedores dobraram a quantidade de habilidades da Alexa para mais de 80 mil e os clientes falaram com a Alexa dezenas de milhões de vezes mais em 2018, em comparação a 2017. O número de dispositivos com a Alexa integrada mais que dobrou em 2018. Hoje há mais de 150 produtos diferentes disponíveis com a Alexa integrada, de fones de ouvido e PCs a carros e dispositivos domésticos inteligentes. Muitos mais virão no futuro!

Mais um detalhe antes de concluir. Eu disse na primeira carta aos acionistas há mais de vinte anos que nosso foco está em contratar e reter empregados talentosos e versáteis que possam pensar como proprietários. Atingir essa meta exige investir nos empregados e, como com tantas outras coisas na Amazon, usamos não só análises, mas também intuição e coração para encontrar o caminho para avançar.

No ano passado, elevamos nosso salário-mínimo para US$15/h de todos os funcionários de período integral, meio período, temporários e sazonais em todos os Estados Unidos. Esse aumento beneficiou mais que 250 mil empregados da Amazon, assim como mais de 100 mil empregados sazonais que trabalharam em instalações da Amazon no país nas últimas festas. Acreditamos que isso beneficiará os negócios, já que estamos investindo na equipe. Mas não foi isso que motivou nossa decisão. Sempre oferecemos salários competitivos. Mas decidimos que era hora de liderar — oferecer salários que fossem mais que competitivos. Nós o fizemos porque parecia a coisa certa a fazer.

Hoje desafio os principais concorrentes do varejo (vocês sabem quem são!) a equiparar nossos benefícios aos empregados e nosso salário-mínimo de US$15. Faça isso! Melhor ainda, atinja US$16 e nos devolva a bola. É um tipo de concorrência que beneficiará a todos.

Muitos outros programas que introduzimos para os empregados vieram tanto do coração quanto da cabeça. Mencionei antes o programa Career Choice, que paga até 95% do custo e taxas para obter certificados ou diplomas em campos de estudo qualificados, levando nossos colaboradores a carreiras em alta demanda, mesmo que elas os tirem da Amazon. Mais de 16 mil empregados utilizaram o programa, que continua a crescer. Da mesma forma, nosso programa Career Skills treina empregados que trabalham por hora em habilidades essenciais como redação de currículos, comunicação eficiente e noções básicas de computação. Em outubro do ano passado, dando continuidade a esses compromissos, assinamos o President's Pledge to America's Workers e anunciamos que requalificaremos 50 mil empregados nos Estados Unidos com nossos variados programas inovadores de treinamento.

Nossos investimentos não se limitam aos empregados atuais ou ao presente. Para treinar a força de trabalho de amanhã, comprometemos US$50 milhões, incluindo apoiar a educação STEM e CS em todo o país para alunos do ensino fundamental, médio e universitário com foco especial em atrair mais meninas e minorias para essas profissões por meio de nosso programa recentemente anunciado Amazon Future Engineer. Também continuamos a aproveitar o incrível talento de nossos veteranos. Estamos prestes a cumprir nossa promessa de contratar 25 mil veteranos e esposas de militares até 2021. E por meio do programa

*Intuição, Curiosidade e o Poder de Vagar*

Amazon Technical Veterans Apprenticeship oferecemos treinamento no local de trabalho a veteranos em áreas como computação em nuvem.

Um grande obrigado aos nossos clientes por nos permitir servi-los ao mesmo tempo em que nos desafiam a melhorar sempre, aos nossos acionistas pelo apoio contínuo e a todos os nossos empregados em todo o mundo pelo trabalho duro e espírito de pioneirismo. Equipes em toda a Amazon estão ouvindo os clientes e vagando em seu favor!

Continua sendo o Dia 1.

# Escalar para o Bem

# 2019

Aos nossos acionistas:

Uma coisa que aprendemos da crise de COVID-19 é como a Amazon se tornou importante para os clientes. Queremos que saibam que encaramos essa responsabilidade com seriedade e estamos orgulhosos do trabalho de nossas equipes para ajudar os clientes nesses tempos difíceis.

Pessoas mais do que dedicadas estão trabalhando sem cessar para que os suprimentos necessários sejam entregues diretamente na porta das pessoas que precisam deles. A demanda que vemos para produtos essenciais tem sido e continua alta. Contudo, ao contrário de um previsível aumento em época de festas, esse pico ocorreu sem aviso prévio, criando grandes desafios para nossas redes de fornecimento e entrega. Rapidamente priorizamos o estoque e entrega de produtos domésticos básicos, suprimentos médicos e outros produtos essenciais.

Nossas lojas do Whole Foods Market permaneceram abertas, fornecendo alimentos frescos e outros produtos essenciais para os clientes. Estamos nos mobilizando para ajudar os mais vulneráveis ao vírus, separando a primeira hora de compras no Whole Foods para idosos todos os dias. Temporariamente, fechamos as lojas Amazon Books, Amazon 4-star e Amazon Pop Up porque não vendem produtos essenciais e oferecemos aos funcionários dessas lojas a oportunidade de continuar a trabalhar em outros setores da Amazon.

Fundamentalmente, enquanto fornecemos esses serviços essenciais, focamos a segurança de nossos empregados e empreiteiros em todo o mundo — estamos profundamente agradecidos por seu trabalho heroico e comprometidos com sua saúde e bem-estar. Após consultas com médicos e autoridades de saúde, procedemos a mais de 150 mudanças significativas nos processos em nossa rede de operações e nas lojas Whole Foods Market para ajudar às equipes a continuarem saudáveis, e inspecionamos as medidas que pusemos em prática todos os dias. Distribuímos máscaras e implementamos medições de temperatura nas instalações do mundo todo a fim de proteger os empregados e equipes de apoio. Regularmente higienizamos maçanetas de portas, corrimões de escadas, armários, botões de elevadores e touch screens, e lenços com desinfetante e álcool gel para as mãos são padrão em nossa rede.

Também introduzimos amplas medidas de distanciamento social para proteger nossos colaboradores. Eliminamos reuniões stand-up durante os turnos, passamos a partilhar informações em quadros de avisos, criamos uma escala para os intervalos e espalhamos as cadeiras nas salas de descanso. Embora seja desafiador treinar novos contratados com as novas exigências de distanciamento, continuamos a garantir que todos os novos empregados recebam seis horas de treinamento de segurança. Mudamos os protocolos de treinamento para que não haja funcionários reunidos em um mesmo local e ajustamos nossos processos de contratação a fim de permitir o distanciamento social.

O próximo passo para proteger nossos empregados deverá ser a testagem regular de todos eles, incluindo os assintomáticos. Uma testagem em escala global, em todos os setores, ajudará a manter as pessoas em segurança e fazer a economia se movimentar. Para que isso funcione, nós, como sociedade, precisaríamos de uma capacidade de testagem muito maior do que está disponível no momento. Se todas as pessoas pudessem ser testadas com regularidade, faria uma grande diferença no combate ao vírus. Os que testassem positivo seriam colocados em quarentena e medicados e todos que testassem negativo voltariam às atividades econômicas com confiança.

Começamos a construir uma capacidade de testagem incremental. Uma equipe — de cientistas de pesquisa e gerentes de programas a especialistas em compras e engenheiros de software — passou de suas atividades diárias normais para uma equipe dedicada para trabalhar nessa iniciativa. Começamos a reunir o equipamento necessário para construir nosso primeiro laboratório e esperamos começar a testar pequenas quantidades de funcionários de linha de frente em breve. Não sabemos até onde chegaremos em um espaço de tempo relevante, mas acho que vale a pena tentar e estamos prontos para partilhar o que aprendermos.

Enquanto exploramos soluções de longo prazo, também nos comprometemos a apoiar os empregados agora. Aumentamos nosso salário-mínimo até o final de abril em US$2 por hora nos Estados Unidos e Canadá, £2 por hora no Reino Unido e €2 por hora em muitos países europeus. E pagamos aos funcionários o dobro por hora extra trabalhada — um mínimo de US$34 por hora — um aumento de 75%. Esses aumentos de salário custarão mais que US$500 milhões até o final de abril e provavelmente mais que isso no futuro. Embora reconheçamos que é caro, acreditamos que é a coisa certa a fazer nessas circunstâncias. Também criamos o Amazon Relief Fund [Fundo de Ajuda Amazon] — com a quantia inicial de US$25 milhões — para ajudar nossos parceiros de serviço de entrega independentes e seus motoristas, participantes do Amazon Flex e empregados temporários em dificuldades financeiras.

Em março, abrimos 100 mil novas vagas em nossa rede de logística e entrega. No início desta semana, depois de preenchê-las com sucesso, anunciamos a criação de mais 75 mil empregos para atender à demanda dos clientes. Essas novas contratações ajudam os clientes que dependem de nós para atender suas necessidades essenciais. Sabemos que

*Escalar para o Bem*

185

muitas pessoas no mundo estão enfrentando dificuldades financeiras por perda ou afastamento dos empregos. Ficamos satisfeitos em tê-las em nossas equipes até as coisas voltarem ao normal e o antigo empregador possa recontratá-las ou surjam novos empregos. Recebemos Joe Duffy, que se uniu a nós depois de perder o emprego de mecânico no aeroporto de Newark e soube de uma vaga por meio de um amigo que é analista de operações na Amazon. A professora de jardim de infância de Dallas, Darby Griffin, foi contratada depois que a escola fechou em 9 de março e agora ajuda a gerir novos estoques. Estamos felizes em ter Darby conosco até que ela possa voltar às salas de aula.

A Amazon está agindo com agressividade para proteger os clientes de pessoas inescrupulosas que tentam se aproveitar da crise. Tiramos mais que meio milhão de ofertas das lojas devido a preços extorsivos por causa da COVID e suspendemos mais de 6 mil contas de vendedores em todo o mundo por violar nossa política de preço justo. A Amazon apresentou informações sobre vendedores suspeitos de praticar preços extorsivos devido à COVID-19 à procuradoria-geral de 42 estados. A fim de acelerar nossa resposta à incidência de preços abusivos, criamos um canal de comunicação especial para que procuradores estaduais possam rápida e facilmente escalar queixas dos consumidores para nós.

A Amazon Web Services também desempenha um papel importante nessa crise. A capacidade de as organizações acessarem potência de processamento escalável, confiável e altamente seguro — seja para o trabalho de assistência médica vital, ajudar alunos a continuar aprendendo ou manter um número sem precedentes de empregados online e produtivos de casa — é crítica nessa situação. Redes hospitalares, empresas farmacêuticas e laboratórios de pesquisa estão usando a AWS para cuidar de pacientes, explorar tratamentos e reduzir os impactos da COVID-19 de muitas outras formas. Instituições acadêmicas em todo o mundo estão passando de aulas presenciais para virtuais e estão utilizando a AWS para ajudar a garantir continuidade de aprendizado. E governos estão alavancando a AWS como plataforma segura para construir novas capacidades em seus esforços de pôr fim à pandemia.

Estamos colaborando com a Organização Mundial de Saúde, fornecendo tecnologias avançadas em nuvem e experiência técnica para rastrear o vírus, compreender o surto e melhor conter sua disseminação. A OMS está alavancando nossa nuvem para criar data lakes de grande escala, agregar dados epidemiológicos por país, traduzir rapidamente vídeos de treinamento para diferentes idiomas e ajudar colaboradores de assistência global a cuidar melhor dos pacientes. Em separado, disponibilizamos um data lake público AWS sobre a COVID-19 como um repositório centralizado para informações atualizadas e organizadas relacionadas à disseminação e características do vírus e as doenças a ele associadas de modo que especialistas possam acessar e analisar os dados mais recentes em sua batalha contra a doença.

Também lançamos a Iniciativa de Desenvolvimento e Diagnóstico AWS, um programa para apoiar clientes que estão trabalhando levando soluções de diagnóstico mais preciso ao mercado para a COVID-19. Melhor diagnóstico ajuda a acelerar o tratamento e a contenção dessa pandemia. Destinamos US$20 milhões para acelerar esse trabalho e ajudar nossos clientes a aproveitar a nuvem para enfrentar esse desafio. Embora o programa tenha sido criado em resposta à COVID-19, também estamos pensando no futuro e financiaremos projetos de pesquisa de diagnósticos com potencial de conter futuros surtos de doenças infecciosas.

Clientes em todo o mundo alavancaram a nuvem para escalar serviços e encontrar respostas à COVID-19. Nós os associamos à Coalizão de Resposta Rápida à COVID-19 da cidade de Nova York a fim de desenvolver um agente conversacional que possibilite a idosos nova-iorquinos em situação de risco receber informações exatas e oportunas sobre necessidades médicas e outras importantes. Em resposta a um pedido do Distrito Escolar Unificado de Los Angeles para fazer a transição de 100 mil alunos para o aprendizado virtual, a AWS ajudou a estabelecer um call center para responder a questões de TI, fornecer suporte remoto e possibilitar aos funcionários atenderem chamadas. Estamos fornecendo serviços em nuvem para o CDC a fim de ajudar milhares de médicos e profissionais de saúde pública a reunir dados relacionados à COVID-19 e informar respostas dos esforços. No RU, a AWS proporciona infraestrutura em nuvem para um projeto que analisa taxas de ocupação hospitalar, capacidade de pronto-socorro e tempo de espera de pacientes para ajudar o Serviço Nacional de Saúde do país a decidir o melhor local para alocar recursos. No Canadá, a OTN — uma das maiores redes de atendimento virtual do mundo — está escalando seu serviço de vídeo alimentado pela AWS a fim de acomodar um pico de 4.000% na demanda para auxiliar cidadãos na continuação da pandemia. No Brasil, a AWS fornecerá ao governo do estado de São Paulo infraestrutura de computação em nuvem para garantir aulas online a um milhão de alunos nas escolas públicas em todo o estado.

Seguindo a orientação do CDC, nossa equipe de saúde da Alexa construiu uma experiência que permite aos clientes dos EUA checar seu nível de risco para contrair a COVID-19 em casa. Os clientes podem perguntar, "Alexa, o que faço se achar que tenho COVID-19?" ou, "Alexa, o que faço se achar que tenho o coronavírus?" a Alexa então faz uma série de perguntas sobre os sintomas da pessoa e possível exposição. Com base nas respostas, a Alexa oferece orientação baseada no CDC. Criamos um serviço semelhante no Japão, com base na orientação do ministério da Saúde, Trabalho e Previdência Social japonês.

Estamos facilitando a tarefa dos clientes para usar a Amazon.com ou a Alexa para doar diretamente para instituições beneficentes nas linhas de frente da crise da COVID-19, incluindo Feeding America, a Cruz Vermelha Americana e Save the Children. Usuários do Echo têm a opção de dizer, "Alexa, faça uma doação para o Feeding America COVID-19 Response Fund". Em Seattle, fizemos parceria com empresas de catering para distribuir 73 mil refeições a 2.700 residentes idosos e vulneráveis de Seattle e King County durante o surto e doamos 8.200 notebooks para ajudar os alunos de escolas públicas de Seattle a ter acesso ao dispositivo enquanto as aulas são realizadas virtualmente.

## Além da COVID

Embora esses sejam tempos incrivelmente difíceis, eles são um lembrete importante de que as ações de que tomamos como empresa fazem grande diferença na vida das pessoas. Os clientes contam com nossa presença e nós somos afortunados em ajudar. Com nossa escala e habilidade de inovar rapidamente, a Amazon exerce um impacto positivo e é uma força organizadora para o progresso.

No ano passado, cofundamos o Climate Pledge [Compromisso Climático] com Christiana Figueres, ex-chefe do clima das NUs e fundadora da Global Optimism e nos tornamos os primeiros signatários do compromisso. Segundo ele, a Amazon se compromete a atingir as metas do Acordo de Paris dez anos antes — e emitir zero carbono até 2040. A Amazon enfrenta desafios significativos para alcançar essa meta porque não só distribuímos informações — temos uma extensa infraestrutura e entregamos mais de 10 bilhões de itens em todo o mundo por ano. E acreditamos que se a Amazon puder ser uma empresa carbono neutro dez anos antes, todas podem — e queremos trabalhar ao lado de outras companhias para tornar isso realidade.

Para tanto, estamos convocando outras empresas para assinar o Climate Pledge. Signatários concordam em medir e informar emissões de gases de efeito estufa com regularidade, implementar estratégias de emissão de baixo carbono alinhadas com o Acordo de Paris e atingir emissões neutras de carbono anuais até 2040. (Anunciaremos novos signatários em breve.)

Planejamos atender ao compromisso, em parte comprando 100 mil vans elétricas de entrega da Rivian — um fabricante de veículos elétricos de Michigan. A Amazon planeja ter 10 mil vans elétricas da Rivian nas ruas até 2022, e todos os 100 mil veículos em atividade até 2030. Isso é bom para o meio ambiente, mas a promessa é ainda maior. Esse tipo de investimento mostra ao mercado que deve inventar e desenvolver novas tecnologias, que empresas grandes e globais precisam passar a uma economia de baixo carbono.

Também nos comprometemos a produzir 80% de energia renovável até 2024 e 100% até 2030. (Na verdade, a equipe está se esforçando para atingir a meta total até 2025 e dispõe de um plano desafiador, mas viável.) Em termos globais, a Amazon tem 86 projetos de energia eólica e solar com capacidade de gerar mais que 2.300 MW e entregar mais que 6,3 milhões de MWh de energia por ano — suficientes para abastecer mais que 580 mil lares norte-americanos.

Fizemos imenso progresso reduzindo os resíduos de embalagens. Há mais de uma década, criamos o programa Frustration-Free Packaging a fim de estimular os fabricantes a embalar seus produtos em embalagens fáceis de abrir e totalmente recicláveis prontas para serem enviadas aos clientes sem necessidade de caixas de transporte adicionais. Desde 2008, esse programa economizou mais que 810 mil toneladas de material de embalagem e eliminou o uso de 1,4 bilhão de caixas de transporte.

Estamos fazendo esses investimentos significativos a fim de chegar a emissão de carbono zero mesmo que as compras online já sejam inerentemente mais eficientes nesse sentido do que ir a uma loja física. Os cientistas de sustentabilidade da Amazon passaram mais que três anos desenvolvendo modelos, ferramentas e métricas para medir nossa pegada de carbono. Suas análises detalhadas concluíram que comprar online consistentemente gera menos carbono do que dirigir até uma loja, visto que a viagem de uma única van de entregas equivale a cerca de cem viagens de carro, em média. Nossos cientistas desenvolveram um modelo para comparar a intensidade de carbono ao comprar no Whole Food Market online versus dirigir até a mesma loja física mais próxima. O estudo descobriu que, calculando a média de todas as cestas de compras, as entregas de produtos online geram 43% menos carbono por item comparados às compras nas lojas. Cestas de compras menores geram redução ainda maior nas emissões de carbono.

A AWS também é inerentemente mais eficiente que centros de processamento de dados in-house. Isso se deve principalmente a dois fatores — maior utilização e o fato de nossos servidores e instalações atingirem maior eficiência do que a maioria das empresas que operam os próprios centros de processamento de dados. Centros comuns em uma empresa operam com cerca de 18% da capacidade do servidor. Eles precisam do excesso da capacidade para lidar com picos de uso maior. A AWS se beneficia de padrões de uso de multilocação e opera a taxas de utilização do servidor muito mais altas. Além disso, a AWS tem sido bem-sucedida em aumentar a eficiência energética de suas instalações e equipamentos, por exemplo, usando refrigeração evaporativa mais eficiente em certos data centers em vez do tradicional ar-condicionado. Um estudo da 451 Research constatou que a infraestrutura da AWS tem 3,6 vezes mais eficiência energética que os data centers de empresas médias norte-americanas pesquisadas. Além do uso de energia renovável, esses fatores possibilitam à AWS realizar as mesmas tarefas que data centers tradicionais com uma pegada de carbono 88% menor. E não pense que não conseguiremos esses últimos 12 pontos — tornaremos a AWS livre de emissão de carbono por meio de mais investimentos em projetos de energia renovável.

## Alavancando Escala para o Bem

Na última década, nenhuma empresa criou mais empregos que a Amazon. Ela emprega diretamente 840 mil pessoas em todo o mundo, incluindo mais que 590 mil nos Estados Unidos, 115 mil na Europa e 95 mil na Ásia. No total, a Amazon sustenta direta e indiretamente dois milhões de empregos nos Estados Unidos, incluindo os mais de 680 mil empregos criados pelos seus investimentos em áreas como construção, logística e serviços especializados, e mais outros 830 mil criados por pequenas e médias empresas que vendem na Amazon. Em termos mundiais, sustentamos cerca de 4 milhões de empregos. Temos orgulho de que muitos desses são cargos iniciais que dão a primeira oportunidade às pessoas de participar da força de trabalho.

E os empregos da Amazon oferecem um salário-mínimo líder no setor de US$15 e benefícios abrangentes. Mais que 40 milhões de norte-americanos — muitos ganhando o salário-mínimo federal de US$7,25 por hora — ganham menos que o colaborador da Amazon menos bem pago. Quando aumentamos nosso salário-mínimo inicial para US$15 por hora em 2018, o impacto foi imediato e significativo nas centenas de milhares de pessoas trabalhando em nossos centros logísticos. Queremos que outros grandes empregadores se unam a nós aumentando seu salário-mínimo e continuamos a lutar por um salário-mínimo federal de US$15.

Queremos melhorar a vida dos trabalhadores além da remuneração. A Amazon oferece a todos os empregados de período integral seguro-saúde, plano de aposentadoria, vinte semanas de licença maternidade remunerada e outros benefícios. Esses são os mesmos benefícios que a maioria dos executivos seniores recebe. E com a rápida mudança em nossa economia, vemos mais claramente do que nunca a necessidade de os trabalhadores desenvolverem continuamente suas habilidades para acompanhar a tecnologia. Por esse motivo, gastamos US$700 milhões para proporcionar a mais 100 mil colaboradores acesso a programas de treinamento nos locais de trabalho em campos de alta demanda como assistência médica, computação em nuvem e aprendizado de máquina. Desde 2012, oferecemos o Career Choice, um programa de ensino pré-pago para funcionários dos centros logísticos que querem ingressar em profissões com grande demanda. A Amazon paga até 95% das aulas e taxas para obter certificados ou diplomas em campos de estudo qualificados, aumentando as oportunidades de emprego em cargos de alta demanda. Desde seu lançamento, mais de 25 mil funcionários receberam treinamento em ocupações de alta demanda.

Para garantir que futuras gerações tenham as habilidades necessárias para prosperar em uma economia orientada pela tecnologia, começamos um programa no ano passado chamado Amazon Future Engineer, projetado para ensinar e treinar jovens desfavorecidos de baixa renda para buscarem uma carreira na ciência da computação. Temos uma meta ambiciosa: ajudar centenas de milhares de estudantes todos os anos a aprender ciência da computação e programação. O Amazon Future Engineer atualmente financia aulas de Introdução à Ciência da Computação e AP Computer Science em mais de 2 mil escolas em comunidades carentes em todo o país. Todos os anos, o Amazon Future Engineer também oferece 100 bolsas de estudo universitário de quatro anos no valor de US$40 mil para alunos de ciência da computação de famílias de baixa renda. Esse bolsista também tem direito a estágios pagos e garantidos na Amazon depois do primeiro ano de faculdade. Nosso programa no RU financia 120 estágios em engenharia e ajuda alunos de famílias desfavorecidas a buscar uma carreira em tecnologia.

Por hora, meu tempo e pensamento continuam focados na CO-VID-19 e em como a Amazon pode ajudar enquanto estamos em meio à pandemia. Sou extremamente grato aos meus colegas da equipe Amazon por todo o esforço e engenhosidade que estão mostrando enquanto passamos por essa fase. Contem conosco para procurar insights e lições além da crise imediata e como aplicá-los à medida que avançamos.

Reflita nessa frase de Theodor Seuss Geisel: "Quando acontece algo ruim, você tem três opções. Você pode deixar que ele o defina, que o destrua ou que o fortaleça."

Estou muito otimista sobre qual delas essa civilização escolherá.

Mesmo nessas circunstâncias, continua sendo o Dia 1.

*Parte 2*

# VIDA & TRABALHO

# Meu Presente na Vida

RECEBEMOS DIFERENTES PRESENTES na vida e um dos meus melhores são meus pais.

Minha maior admiração vai para as pessoas — todos conhecemos algumas; eu conheço — que tiveram pais terríveis, mas de uma forma incrível quebraram o ciclo, saíram dele e se deram bem. Não vivi essa situação. Sempre fui amado. Meus pais me amaram incondicionalmente e, a propósito, foi bem difícil para eles. Minha mãe não fala muito a respeito, mas ela me teve aos 17 anos. Ela era aluna do ensino médio em Albuquerque, Novo México. Você poderia lhe perguntar, mas tenho certeza de que não era legal estar grávida em uma escola em Albuquerque, Novo México, em 1964. Na verdade, meu avô, outra figura extremamente importante em minha vida, defendeu-a porque a escola queria expulsá-la. Não era permitido frequentar o ensino médio grávida e meu avô disse, "Vocês não podem expulsá-la. É uma escola pública. Ela precisa estudar". Eles negociaram e o diretor finalmente disse, "Certo, ela pode ficar e terminar o curso, mas não poderá fazer atividades extracurriculares e não pode ter um armário". E meu avô, muito sensato, respondeu, "Aceitamos esse acordo", e assim ela terminou o ensino médio.

Minha mãe me teve e depois casou-se com meu pai. Ele é meu verdadeiro pai, não meu pai biológico. Seu nome é Mike. Ele é um imigrante cubano e chegou aos Estados Unidos por meio da Operação Pedro Pan e, na verdade, foi colocado por uma missão católica em Wilmington, Delaware e depois conseguiu uma bolsa de estudo para ir à faculdade em Albuquerque, onde conheceu minha mãe. Então, a minha história tem um quê de conto de fadas. Meu avô, possivelmente porque meus pais eram tão jovens, me levava ao seu fantástico rancho todos os verões. Dos 4 aos 16 anos, eu praticamente passei todos os verões trabalhando com ele no rancho. Ele era um homem muito engenhoso, fazia todo o trabalho veterinário e até produzia as próprias agulhas: batia o arame com um maçarico oxiacetilênico, fazia um buraco nele, afiava-o e fabricava a agulha com que suturava o gado. Parte dele até sobreviveu. Ele era um homem notável e parte importante de nossas vidas. Meu avô era como um segundo pai para mim.

# Um Momento Crucial em Princeton

Eu nasci em Albuquerque, mas saí de lá com três ou quatro anos, mudei para o Texas e acabei frequentando o ensino médio em Miami, Flórida. Eu me formei em uma grande escola pública, Miami Palmetto Senior High, em 1982 (Dá-lhe Panthers!). Havia 50 adolescentes na minha formatura. Eu adorava a escola. Me diverti muito. Perdi permissão de frequentar a biblioteca porque ria muito alto. Tive essa risada a vida toda. Houve um período em minha vida em que meus irmãos não assistiam a filmes comigo porque achavam constrangedor. Não sei de onde vem essa risada. É que eu rio com facilidade e frequência. Pergunte à minha mãe ou qualquer pessoa que me conheça bem e eles dirão, "Se o Jeff estiver infeliz, espere cinco minutos, pois ele não consegue ficar triste". Acho que tenho elevados níveis de serotonina ou algo parecido.

Eu queria ser físico teórico e então fui para Princeton. Eu era um ótimo aluno, com notas máximas em quase tudo. Eu estava no programa "honors track" de física [para alunos talentosos com envolvimento em pesquisa teórica e experimental do departamento] que começa com cem alunos e, quando se chega à mecânica quântica, tem cerca de trinta. Então, eu estava no curso de mecânica quântica, provavelmente no primeiro ano e também tinha aulas de ciência da computação e engenharia elétrica, de que eu também gostava. Mas não conseguia resolver uma equação diferencial especialmente difícil. Estudava com meu colega de quarto, Joe, que era muito bom em matemática. Nós dois trabalhamos nesse problema durante três horas sem resultado e finalmente nos olhamos por cima da mesa e no mesmo instante dissemos, "Yosanta" — o cara mais inteligente de Princeton. Fomos ao quarto de Yosanta. Ele é do Sri Lanka e no "facebook", que na verdade era um livro de papel na época, seu nome ocupava três linhas porque acho que naquele país, quando você faz algo bom para o rei, recebe algumas sílabas a mais no nome. Pois então, ele tinha um sobrenome muito comprido e era um sujeito muito humilde e bacana. Nós lhe mostramos o problema e, depois de olhar para ele alguns momentos, disse, "Cosseno". Eu perguntei, "O que você quer dizer?" e Yosanta falou, "Essa é a resposta". E eu, "Essa é a resposta?" "Sim, deixa eu te mostrar". Ele nos fez sentar. Encheu três páginas de cálculos detalhados de álgebra. Tudo demonstrado e a resposta foi cosseno, e eu disse, "Escute, Yosanta, você fez tudo isso de cabeça?" Ele respondeu, "Não, isso seria impossível. Há três anos resolvi uma equação parecida e pude mapear esse problema em cima daquele outro, e então ficou imediatamente óbvio que a resposta era cosseno". Esse foi um momento importante para mim porque exatamente ali eu compreendi que nunca seria um grande físico teórico e então comecei a fazer uma autoanálise profunda. Na maioria das ocupações, se você estiver no $90^o$ percentil ou acima, poderá contribuir. Na física teórica você precisa ser uma das cinquenta melhores pessoas do mundo ou realmente não vai ser de muita utilidade. Isso ficou muito claro. Eu vi a lista de opções na parede e mudei rapidamente para o curso de engenharia elétrica e ciência da computação.

# "Somos o que Escolhemos Ser"

## Discurso para os formandos de Princeton de 2010

Quando criança, passava o verão no rancho dos meus avós, no Texas. Ajudei a consertar moinhos, vacinar o gado e realizar outras tarefas. Também assistíamos a novelas à tarde, principalmente *Days of Our Lives*. Meus avós pertenciam ao Caravan Club, um grupo de donos de trailers Airstream que viajavam juntos pelos Estados Unidos e Canadá. E, um verão ou outro, participávamos da caravana. Acoplávamos o trailer ao carro de meu avô e lá íamos em fila com trezentos outros aventureiros da Airstream. Eu amava e adorava meus avós, e realmente esperava ansiosamente por essas viagens. Em uma delas, quando eu tinha uns 10 anos, eu estava estendido no banco de trás do carro. Meu avô dirigia e minha avó estava no banco do passageiro. Ela fumava durante toda a viagem e eu detestava o cheiro.

Nessa idade, eu usava qualquer oportunidade para fazer cálculos e contas fáceis de aritmética — eu calculava o consumo de gasolina ou descobria dados estatísticos sem importância sobre coisas como gastos na mercearia. Eu tinha ouvido uma campanha publicitária sobre cigarros. Não lembro os detalhes, mas basicamente o anúncio dizia que cada tragada de um cigarro tira um determinado número de minutos de sua vida: acho que eram dois minutos por tragada. Seja como for, decidi fazer as contas para minha avó. Eu calculei a quantidade de cigarros por dia, a quantidade de tragadas por cigarro etc. Quando fiquei satisfeito com o número descoberto, estiquei a cabeça para a frente do carro, bati no ombro de minha avó e proclamei com orgulho: "A dois minutos por tragada, você perdeu 9 anos de sua vida!"

Lembro bem o que aconteceu e não foi o que imaginei. Eu esperava ser cumprimentado por minha esperteza e habilidade aritmética: "Jeff, você é tão inteligente. Você teve que fazer cálculos complicados, descobrir quantos minutos há no ano e fazer algumas divisões." Não foi o que aconteceu. Em vez disso, minha avó irrompeu em lágrimas. Sentado no banco de trás, eu não sabia o que fazer. Enquanto minha avó chorava, meu avô, que estava dirigindo em silêncio, foi para o acostamento da estrada. Ele saiu do carro, deu a volta, abriu minha porta e esperou que eu saísse. Eu estava encrencado? Meu avô era um homem muito inteligente e quieto. Ele nunca tinha dito uma palavra áspera para mim e talvez aquela seria a primeira vez. Ou talvez ele me mandasse voltar para o carro e pedir desculpas à minha avó. Eu não tinha experiência nesse terreno com meus avós e não tinha como avaliar as possíveis consequências. Paramos ao lado do trailer. Meu avô me olhou e, depois de um breve silêncio, disse com gentileza e calma, "Jeff um dia você vai entender que é mais difícil ser bom que esperto".

Hoje quero falar com vocês sobre a diferença entre dons e escolhas. A inteligência é um dom; a bondade é uma escolha. Dons são fáceis — afinal, eles são dados. As escolhas podem ser difíceis. Você pode ser seduzido por dons se não for cauteloso e, se o fizer, provavelmente o fará em detrimento de suas escolhas.

Este é um grupo com muitos dons. Tenho certeza de que um deles é ter recebido inteligência e um cérebro capaz. Sei que esse é o caso porque entrar na universidade é difícil e se não houvesse alguns sinais de que vocês são inteligentes, o reitor não os teria deixado entrar.

A inteligência será útil porque vocês percorrerão um mundo de maravilhas. Nós, humanos, lentos como somos, nos surpreenderemos. Inventaremos meios de gerar energia limpa em grande quantidade. Átomo por átomo, montaremos máquinas minúsculas que entrarão nas paredes das células e as repararão. Neste mês tivemos a fantástica e inevitável notícia de que sintetizamos a vida. No futuro, não só a sintetizaremos, mas a projetaremos de acordo com outras especificações. Acredito que você até nos verá entender o cérebro humano. Júlio Verne, Mark Twain, Galileu, Newton — todos os curiosos de outras épocas gostariam de estar vivos nos dias de hoje. Como civilização, teremos muitos dons, assim como vocês, como indivíduos, sentados à minha frente, têm muitos dons individuais.

Como vocês usarão esses dons? E vocês terão orgulho deles ou de suas escolhas?

Tive a ideia de lançar a Amazon há dezesseis anos. Constatei que o uso da web crescia 2.300% ao ano. Eu nunca tinha visto ou ouvido nada que crescesse tão depressa e fiquei muito empolgado com a ideia de criar uma livraria online com milhões de títulos — algo simplesmente impossível no mundo físico. Eu tinha acabado de completar 30 anos, estava casado há um ano. Disse a minha mulher, MacKenzie, que eu queria largar o emprego e fazer essa coisa louca que provavelmente não daria certo, pois a maioria das startups não dá certo, e eu não sabia o que poderia ocorrer depois disso. MacKenzie (também formada em Princeton e sentada aqui na segunda fileira) me disse que eu deveria tentar. Quando garoto, fui inventor de garagem. Inventei um mecanismo automático para fechar o portão com pneus cheios de cimento, um forno solar feito com um guarda-chuva e papel-alumínio que não funcionou muito bem e alarmes com assadeiras para assustar meus irmãos. Sempre quis ser inventor e ela queria que eu seguisse minha paixão.

Eu trabalhava em uma financeira na cidade de Nova York com um bando de pessoas inteligentes e tinha um chefe brilhante que admirava. Eu o procurei e disse que queria fundar uma empresa de venda de livros pela internet. Ele me levou para um longo passeio no Central Park, ouviu-me com atenção e, finalmente, disse: "Parece uma boa ideia, mas seria ainda melhor para alguém que já não tivesse um bom emprego." Esse raciocínio fazia sentido e ele me convenceu a pensar no assunto por dois dias antes de tomar uma decisão. Visto sob esse ângulo, realmente era uma escolha difícil, mas, por fim, decidi que deveria tentar. Não pensei que me arrependeria de tentar e fracassar. E desconfio que sempre seria perseguido pela decisão de não tentar. Depois de muita reflexão, tomei o caminho menos seguro, segui minha paixão e tenho orgulho dessa escolha.

Amanhã, de um modo muito real, a sua vida — a vida que criarão do zero para si mesmos — começará.

Como vocês usarão seus dons? Que escolhas farão?

Será a inércia seu guia, ou seguirão sua paixão?

Seguirão o dogma ou serão originais?

Escolherão uma vida fácil ou de trabalho e aventuras?

Recuarão diante das críticas ou seguirão suas convicções?

Blefarão quando estiverem errados ou se desculparão?

Protegerão o coração das rejeições ou agirão quando se apaixonarem?

Ficarão em segurança ou escolherão o caminho da aventura?

Na dificuldade, desistirão ou persistirão?

Serão pessimistas ou criadores?

Serão espertos às custas dos outros ou serão gentis?

Arriscarei fazer uma previsão. Quando tiverem 80 anos e, em um tranquilo momento de reflexão, contando a si mesmos a versão mais pessoal da história de suas vidas, a narrativa mais sólida e significativa será a das várias escolhas que fizeram. No fim, nós somos nossas escolhas. Crie uma ótima história para si mesmo. Obrigado e boa sorte!

# Engenhosidade

MEU IRMÃO E eu tivemos uma infância muito feliz. Passamos muito tempo com nossos avós. Com os avós, aprendemos coisas diferentes daquelas que aprenderíamos com nossos pais. É outro tipo de relacionamento. Passei todos os verões dos 4 aos 16 anos no rancho de meu avô. Ele era incrivelmente autossuficiente. Se você está no meio do nada, em uma área rural, não pega o telefone e chama alguém quando algo quebra. Você mesmo conserta. Quando criança, eu o vi resolver todos esses problemas sozinho.

Certa vez, meu avô comprou um trator D6 Caterpillar usado por US$5 mil. Foi uma grande pechincha; deveria ter custado muito mais, porém foi barato por estar completamente quebrado. O câmbio estava em pedaços. O sistema hidráulico não funcionava. Então, passamos praticamente todo o verão consertando-o. Engrenagens gigantes vinham da Caterpillar pelo correio. Nem conseguíamos movê-las. A primeira coisa que meu avô fez foi construir um guindaste para erguê-las. Isso é autossuficiência e engenhosidade.

Ele era uma pessoa cuidadosa, conservadora, calma e introvertida, avessa a atos impensados. Certo dia, estava sozinho no portão principal do rancho e tinha esquecido de colocar o carro em ponto morto. Quando chegou ao portão, notou que o carro começou a se mover devagar.

Ele pensou: "Isso é fantástico. Eu só tenho tempo de destravar o ferrolho, abrir o portão e o carro vai passar direto, e vai ser ótimo." Estava prestes a abrir o portão quando o carro o atingiu e prendeu seu polegar entre o portão e o mourão da cerca, arrancando a carne do dedo, que ficou ali, presa por um fio.

Ele ficou tão zangado consigo, que arrancou o pedaço de carne e o jogou no mato, voltou para o carro e dirigiu até o pronto-socorro em Dilley, Texas, a 25km de distância. Quando chegou lá, disseram, "Isso é ótimo. Podemos reimplantar o polegar. Onde está?" Ele respondeu, "Ah, eu o joguei no mato". Eles voltaram com as enfermeiras e tudo o mais. Procuraram durante horas pelo pedaço de carne e nunca o encontraram. Provavelmente tinha sido comido por algum animal. O levaram de volta ao pronto-socorro e disseram, "Olhe, vamos ter que fazer um enxerto de pele aí. Suturamos o polegar ao seu estômago e o deixamos lá durante seis semanas. Essa é a melhor solução. Ou podemos simplesmente cortar um pedaço de pele das nádegas e suturá-la no lugar. Não vai ficar tão bom, mas, pelo menos, seu polegar não vai ficar costurado ao estômago por seis semanas". E respondeu, "Prefiro a segunda opção. Use a pele das nádegas para o enxerto". Foi o que fizeram. Foi um sucesso e seu polegar funcionou muito bem. Mas o engraçado nessa história é que eu tenho lembranças incrivelmente intensas — todos temos — dele e decididamente suas manhãs eram verdadeiros rituais. Ele acordava, comia cereal no café da manhã, lia o jornal e fazia a barba demoradamente — por uns 15 minutos — com um barbeador elétrico. Quando terminava, passava-o rapidamente sobre o polegar, pois nasciam pelos das nádegas nele. O que, na verdade, não o incomodava nem um pouco.

O mais importante quando fazemos as coisas avançarem é que nos deparamos com problemas, falhas e coisas que não funcionam. É preciso recuar e tentar de novo. Sempre que se tem um contratempo, voltamos e tentamos de novo. Você está usando sua engenhosidade; empregando a sua autossuficiência; tentando inventar o seu jeito de sair da caixa. Temos toneladas de exemplos na Amazon em que tivemos que

*Engenhosidade*

fazer isso. Falhamos tantas vezes — acho que este é um ótimo lugar para se falhar. Somos bons nisso. Tivemos muita prática.

Vou lhe dar um exemplo: muitos anos atrás quisemos um negócio de vendas terceirizadas porque sabíamos que aumentaríamos a seleção da loja. Lançamos a Amazon Auctions. Não apareceu ninguém. Depois abrimos essa coisa chamada zShops, que eram leilões com preço fixo, e novamente não deu certo. Cada um desses fracassos durou cerca de um ano e meio. Finalmente, tivemos a ideia de colocar a seleção de terceiros nas mesmas páginas de detalhes de produtos de nosso estoque. Nós a chamamos de Marketplace e ela começou a funcionar de imediato. Essa engenhosidade de tentar coisas novas, fazer descobertas — o que os clientes realmente querem? — sempre dá resultado. Dá resultado até mesmo na sua vida cotidiana. Como ajudar seus filhos? Qual é a coisa certa?

Mesmo quando nossos filhos estavam com 4 anos, nós os deixávamos usar facas afiadas e, quando tinham 7 ou 8, deixávamos que usassem algumas ferramentas elétricas. Minha mulher, grande responsável por isso, dizia com muita propriedade: "Prefiro ter um filho com nove dedos do que um filho incapaz", o que é uma atitude ótima em relação à vida.

# Por que Deixei o
# Setor Financeiro para
# Vender Livros

Depois de me formar em Princeton, fui para Nova York e acabei trabalhando em uma empresa de hedge fund, a D. E. Shaw and Co., dirigida por David Shaw. Havia apenas trinta funcionários na empresa quando comecei e cerca de trezentos quando saí. David é uma das pessoas mais brilhantes que conheci. Aprendi muito com ele e usei muitos de seus princípios e ideias em setores como RH e recrutamento e para definir que tipo de pessoas contratar quando comecei a Amazon.

Em 1994, pouquíssimas pessoas tinham ouvido falar da internet. Na época, ela era usada principalmente por cientistas e físicos. Nós a usamos um pouco na D. E. Shaw para algumas tarefas, mas não muito, e eu descobri que a web — a World Wide Web — estava crescendo cerca de 2.300% ao ano. Algo que cresça tão rápido, mesmo que hoje o seu uso seja mínimo, atingiria grandes proporções. Concluí que eu deveria pensar em uma ideia de negócios baseada na internet, deixar que ela se desenvolvesse ao seu redor e continuar a trabalhar para aprimorá-la. Assim, fiz uma lista de produtos que eu poderia vender online. Comecei a classificá-los e escolhi livros porque eles têm um aspecto muito

Por que Deixei o Setor Financeiro para Vender Livros 207

incomum: há mais itens na categoria dos livros do que em qualquer outra. Há 3 milhões de livros diferentes impressos em catálogo no mundo a qualquer momento. As maiores livrarias têm apenas 150 mil títulos. Então a ideia básica da Amazon foi construir uma seleção universal de livros impressos em catálogo. Foi o que eu fiz: contratei uma pequena equipe e construímos o software. Mudei para Seattle porque o maior depósito de livros do mundo na época ficava em uma cidade próxima chamada Roseberg, Oregon, e também por ser o centro de recrutamento disponível da Microsoft.

Quando contei ao meu chefe, David Shaw, que faria essa coisa, acompanhei-o em um longo passeio no Central Park e ele disse, finalmente, depois de muito ouvir, "Sabe, Jeff, essa é uma ótima ideia. Acho que você pensou em algo muito bom, mas seria melhor para alguém que ainda não tem um bom emprego". Isso realmente me pareceu muito sensato, e ele me convenceu a pensar no assunto por dois dias antes de tomar a decisão final. Foi uma dessas decisões que fiz com o coração, não com a cabeça, por não querer perder uma grande oportunidade. Quando eu chegar aos 80, quero minimizar os arrependimentos que tive na vida, e a maioria dos arrependimentos são atos de omissão, coisas que não tentamos, caminhos que não percorremos. São essas coisas que nos atormentam.

No início, eu mesmo tinha que levar os livros ao correio. Não faço mais isso, mas o fiz durante anos. No primeiro mês, estava de joelhos fazendo pacotes no chão de cimento. Eu disse à pessoa ao meu lado, "Sabe, precisamos de almofadas para os joelhos, porque esse chão está me matando", e ele disse, "O que nós precisamos são mesas de empacotamento" — a ideia mais brilhante que eu tinha ouvido na vida. No dia seguinte, comprei as mesas e dobramos nossa produtividade.

O nome *Amazon* vem do maior rio da Terra, uma referência à "maior seleção da Terra". O primeiro nome foi Cadabra. Quando dirigia para Seattle, quis começar à toda. Eu queria ter uma empresa montada e uma conta bancária aberta. Liguei para um amigo e ele me recomendou alguém que, na verdade, tinha sido seu advogado de divórcio. Mas ele abriu a empresa para mim, cuidou das contas bancárias e disse, "Preciso saber o nome da empresa para a documentação". Eu disse ao telefone, "Cadabra" — como em "abracadabra". E ele respondeu, "Cadáver?" E eu disse, "OK, esse não vai funcionar, mas continue com Cadabra enquanto eu penso em outra coisa". E assim, cerca de três meses depois, eu o troquei por Amazon.

Depois dos livros, começamos a vender música e vídeos. Então fiquei esperto e enviei e-mails a mil clientes escolhidos ao acaso e lhes perguntei o que eles gostariam que nós vendêssemos, além do que já vendíamos. E as respostas foram vagas e indefinidas. Eles responderam com o que quer que estivessem procurando no momento. Eu me lembro de que uma das respostas foi "Eu gostaria que você vendesse limpadores de para-brisa, porque é o que preciso agora". Pensei comigo mesmo, "Podemos vender qualquer coisa desse jeito". E então lançamos produtos eletrônicos, brinquedos e muitas outras categorias ao longo do tempo.

No auge da bolha da internet, nossas ações chegaram a algo perto de US$113, e, quando ela explodiu, em menos de um ano elas caíram para US$6. Minha carta aos acionistas de 2000, como vimos na Parte I, começa com uma palavra: "Ai".

Esse período foi muito interessante porque as ações não são a empresa, e a empresa não são as ações; assim, enquanto eu observava as ações caírem de US$113 para US$6, também observava todos as métricas internas de nosso negócio — quantidade de clientes, lucro por unidade, defeitos —, tudo que se possa imaginar (veja os detalhes na carta de 2000). Todos os aspectos do negócio estavam melhorando e acelerando. E assim, à medida que o preço das ações seguia o caminho errado, tudo dentro da empresa ia pelo caminho certo, e não precisamos recorrer ao mercado de capitais. Já tínhamos o dinheiro necessário, e só precisávamos continuar a progredir.

Nesse período, eu estive na televisão com Tom Brokaw. Ele reuniu meia dúzia de empreendedores da internet da época e nos entrevistou. Tom é hoje um bom amigo, mas naqueles dias ele se virou para mim

*Por que Deixei o Setor Financeiro para Vender Livros*

e disse, "Sr. Bezos, o senhor sabe soletrar 'lucro' [P-R-O-F-I-T]?" E eu disse, "Claro, P-R-O-P-H-E-T" [P-R-O-F-E-T-A], e ele irrompeu em uma gargalhada. As pessoas sempre nos acusaram de vender notas de um dólar por 90 centavos, e eu disse, "Olhe, qualquer um pode fazer isso e aumentar a receita". Não é isso que fazemos. Sempre tivemos margens brutas positivas. Esse é um negócio de custos fixos, e então eu pude notar pela métrica interna que, a um certo nível de volume, cobriríamos os custos fixos e a companhia seria lucrativa.

# Encontrando a Causa do Problema

Sou cliente da Amazon e, às vezes, tenho problemas com um pedido. Cuido desses problemas do mesmo jeito que trato a queixa de um cliente — como uma oportunidade de melhorar. Meu endereço de e-mail é conhecido, jeff@amazon.com. Mantenho esse endereço e leio meus e-mails, embora não todos, porque eles são muitos. Mas vejo grande parte deles e uso minha curiosidade para escolher alguns. Por exemplo, no caso de receber uma reclamação sobre um defeito. Cometemos um erro. Geralmente é esse o motivo pelo qual as pessoas nos escrevem — nem sempre, mas geralmente porque fizemos alguma besteira com seu pedido. Então, vejo um e-mail e por algum motivo algo parece estranho. Peço à equipe da Amazon para realizar um estudo de caso e encontrar a verdadeira causa ou causas do problema — e, assim, realmente resolvê-los. Encontrada a solução, ela não vai atender só àquele cliente, mas a todos os demais e esse processo é uma parte gigantesca do que fazemos. Portanto, se eu tenho problemas com um pedido ou uma má experiência como cliente, eu o trato exatamente pelo que ela é.

# Criando Riqueza

É ALGO QUE desperta a curiosidade das pessoas, mas nunca quis ter o título de "homem mais rico do mundo". Eu estava bem sendo o segundo mais rico. Eu preferiria ser conhecido como o inventor Jeff Bezos ou o empreendedor Jeff Bezos ou o pai Jeff Bezos. Essas coisas são muito mais importantes para mim e são indicadores de resultados. Se você observar o sucesso financeiro da Amazon e suas ações, eu tenho 16% da empresa. A Amazon vale cerca de US$1 trilhão.* Isso significa que ao longo de vinte anos construímos US$840 bilhões de riqueza para outras pessoas e isso é o que realmente fizemos do ponto de vista financeiro. Criamos uma riqueza de US$840 bilhões para outras pessoas e isso é ótimo. É assim que deve ser. Sabe, eu acredito muito na capacidade do capitalismo empresarial e dos livres mercados para resolver muitos dos problemas do mundo. Não todos, mas muitos.

---

* Em 13 de setembro de 2018. O valor da Amazon, enquanto escrevo (6 de julho de 2020), é de US$1,44 trilhões, dos quais possuo 11%.

# A Ideia do Prime

A MAIORIA DAS invenções da Amazon é feita desta maneira: alguém tem uma ideia, outras pessoas a aperfeiçoam, outras apresentam objeções pelas quais ela não vai funcionar e então nós as resolvemos. É um processo muito divertido. Estávamos imaginando como seria um programa de fidelidade e então um engenheiro de software júnior deu a ideia de que poderíamos oferecer às pessoas uma espécie de frete grátis e rápido do tipo tudo-o-que-você-pode-comer.

Quando a equipe financeira modelou a ideia, os resultados foram assustadores. O frete é caro, mas os clientes adoram frete grátis.

É preciso usar o coração e a intuição, assumir riscos, obedecer aos instintos. Todas as boas decisões precisam ser feitas dessa maneira. Em grupo. Com grande humildade porque, na verdade, errar não é tão ruim assim. Essa é uma outra questão. Cometemos erros, demos alguns tiros no pé como o Fire Phone e muitas outras coisas que simplesmente não funcionaram. Não vou enumerar todos os nossos experimentos fracassados, mas os grandes vencedores pagam os milhares de insucessos.

Então tentamos o Prime, e ele foi muito caro no início. Ele custou muito dinheiro porque o que acontece quando se oferece um cardápio grátis de tudo-o-que-se-pode-comer? Quem aparece primeiro para aproveitá-lo? Os comilões. É assustador. É como, ah meu Deus, eu disse mesmo todos os camarões que você puder comer? E foi isso que ocorreu, mas vimos as linhas de tendência. Nós vimos todos os tipos de clientes chegando, gostando do serviço e foi isso que levou ao sucesso do Prime.

# Pensando Três Anos na Frente

GOSTO DE REALIZAR tarefas triviais pela manhã. Eu levanto cedo. Eu durmo cedo. Gosto de ler o jornal. Gosto de tomar café. Gosto de tomar o café da manhã com meus filhos antes de eles irem para a escola. Então esses momentos descontraídos são muito importantes para mim. Por esse motivo, marco a primeira reunião do dia para as 10h. Gosto de realizar as reuniões de "QI elevado" antes do almoço. Tudo que for mentalmente desafiador será discutido às 10h, por que às 17h eu fico, tipo, não consigo mais pensar nisso hoje. Vamos tentar de novo amanhã, às 10h. Depois de oito horas de sono. Priorizo o sono, a menos que esteja viajando em diferentes fusos horários. Às vezes, é impossível dormir oito horas, mas sou muito focado nisso, e preciso delas. Eu penso melhor. Tenho mais energia. Fico de bom humor. E eu penso: como executivo sênior, para quê realmente você é pago? Você é pago para tomar algumas decisões de qualidade. Sua função não é tomar milhares de decisões todos os dias. Então, digamos que eu durma seis horas, ou vamos cometer loucuras e digamos que eu durma quatro horas. Eu consigo supostas quatro horas produtivas. Então, se antes eu tinha doze horas de trabalho produtivo durante qualquer dia, agora, de repente, tenho doze mais quatro — tenho dezesseis horas produtivas. Então tenho 33% mais tempo para tomar decisões. Se, por exemplo, eu tivesse que tomar 100 decisões, agora posso tomar mais 33. Vale mesmo a pena se a qualidade dessas decisões for menor porque você está cansado, mal humorado etc. e tal? Agora, é diferente se a empresa é uma startup. Quando a Amazon tinha cem funcionários, a história era outra, mas a Amazon não é uma startup e todos os nossos executivos seniores operam como eu. Eles trabalham olhando para o futuro. Eles vivem no futuro. Nenhuma das pessoas que se reportam a mim devem focar o trimestre atual. Quando tenho uma boa videoconferência trimestral com Wall Street, as pessoas me param e dizem, "Parabéns por seu trimestre", e eu digo, "Obrigado", mas realmente penso que esse trimestre foi preparado três anos antes. Nesse momento, estou trabalhando em um trimestre que vai se revelar em algum ponto de 2023, e é isso que você deve fazer. Você precisa pensar dois ou três anos à frente e, se o fizer, por que tomar centenas de decisões hoje? Se eu tomar, por exemplo, três boas decisões por dia, isso é suficiente, e elas devem ter a melhor qualidade que eu conseguir que tenham. Warren Buffet diz que para ele está bom se tomar três boas decisões por ano, e realmente acredito nisso.

# De Onde Veio a Ideia
# para a Amazon Web Services

Trabalhamos na Amazon Web Services (AWS) nos bastidores durante muito tempo, e finalmente a lançamos. A AWS se tornou uma grande empresa reinventando o modo como as companhias compram computação. Tradicionalmente, se você fosse uma empresa e precisasse de serviços de computação, poderia construir um centro de processamentos de dados com vários servidores e teria que fazer um upgrade dos sistemas operacionais desses servidores e manter tudo em operação etc. Nada disso agregava valor ao que o negócio faz. Era uma espécie de preço de admissão, o trabalho difícil não diferenciado.

Na Amazon, fazíamos exatamente isso: construíamos nossos centros de processamentos de dados. Nós os víamos como um tremendo desperdício de esforço de nossos engenheiros de aplicações e arquitetos de rede, os que operam os centros de processamento de dados, devido às inúmeras reuniões sobre todas essas tarefas sem valor agregado. Dissemos, "Olhe, o que podemos fazer é desenvolver um conjunto de interfaces de programação de aplicativos seguras [hardened] — APIs — que permitam a esses dois grupos, os engenheiros de aplicações e os arquitetos de rede, a realizar reuniões de roadmap em vez dessas

De Onde Veio a Ideia para a Amazon Web Services

reuniões detalhadas". Queríamos construir uma arquitetura orientada a serviços onde todos os nossos serviços ficassem disponíveis em APIs seguras [hardened] suficientemente bem documentados de modo que todos pudessem usá-las.

Assim que elaboramos esse plano para nós, ficou óbvio que todas as empresas no mundo quereriam algo assim. O que realmente nos surpreendeu foi que milhares de desenvolvedores afluíram para essas APIs sem muita promoção ou divulgação da Amazon. E então um milagre empresarial inédito aconteceu — a maior sorte do mundo dos negócios na história das empresas, até onde sei. Não enfrentamos concorrência durante sete anos. É incrível. Quando lancei a Amazon.com em 1995, a Barnes & Noble lançou a Barnesandnoble.com e entrou no mercado dois anos depois, em 1997. Dois anos depois é um prazo muito comum quando se inventa algo novo. Lançamos o Kindle; a Barnes & Noble lançou o Nook dois anos depois. Lançamos o Echo; a Google lançou o Google Home dois anos depois. Quando se é pioneiro, com sorte tem-se uma dianteira de dois anos. Ninguém consegue uma dianteira de sete anos, então isso foi inacreditável. Acho que as grandes empresas consagradas de software não viam a Amazon como uma empresa de software viável, portanto tivemos esse longo período para construir esse produto e serviço incrível, rico em recursos muito avançado, e a equipe não deixa ninguém passar à frente. Essa equipe, liderada por Andy Jassy, está inovando o produto com extrema rapidez e administrando tudo muito bem. Tenho muito orgulho deles.

# Alexa, IA e
# Aprendizado de Máquina

A LEXA É A agente na nuvem, rodando na internet. O Echo é um dispositivo com múltiplos microfones para reconhecimento de voz em campo distante. Da época em que começamos a trabalhar nela, em 2012, tínhamos a visão — no longo prazo — que ela se tornaria o computador de *Jornada nas Estrelas*. Peça-lhe qualquer coisa — peça-lhe para realizar tarefas, encontrar objetos — e será fácil conversar com ela de um jeito natural.

Trabalhar na Alexa e no Echo foi muito desafiador do ponto de vista técnico. Há milhares de pessoas trabalhando no Echo e na Alexa, com equipes em diversas localizações, incluindo Cambridge, Massachusetts; Berlim e Seattle.

O Echo apresentou várias questões a serem resolvidas. Um dos principais insights que tivemos ao começar a plantar as sementes do Echo foi o de um dispositivo always-on ligado a uma tomada para não precisar ser carregado. Ele pode ficar no quarto, na cozinha ou na sala e tocar música, responder perguntas e, até, ser o meio para controlar alguns sistemas de sua casa, como iluminação e temperatura. Apenas dizer "Alexa, aumente a temperatura em dois graus", ou "Alexa, apague todas as luzes" é um meio muito natural de interagir nesse tipo de ambiente. Antes do Echo e da Alexa, o meio principal com que as pessoas interagiam com o sistema automatizado de suas casas era ruim: um app no celular. Se você quer controlar as luzes, é muito inconveniente ter que achar o telefone, pegá-lo, abrir um determinado app e encontrar a tela certa para controlar as luzes.

A equipe de dispositivos fez um trabalho incrível e ainda há muito progresso a ser alcançado. Temos um plano de ação fantástico para o Echo e a Alexa. Dispomos de um enorme ecossistema terceirizado de outras empresas que construíram o que chamamos de *habilidades* para a Alexa e, portanto, está ampliando o que a Alexa pode fazer.

Nós — como humanidade, civilização, civilização tecnológica — ainda estamos longe de fazer algo tão mágico e surpreendente como o computador de *Jornada nas Estrelas*. Esse é um sonho antigo, algo como cenário de ficção científica. As coisas que estamos resolvendo com aprendizado de máquina hoje são extraordinárias e realmente nos encontramos em um momento crítico em que o progresso está acelerando. Acho que estamos ingressando em uma era de ouro do aprendizado de máquina e inteligência artificial. Mas ainda estamos longe de ter máquinas que façam as coisas como os humanos.

A inteligência similar à humana ainda é algo misterioso, mesmo para os pesquisadores de IA mais avançados. Se você pensar em como os humanos aprendem, somos incrivelmente eficientes para lidar com dados. Quando treinamos algo como a Alexa para reconhecer a linguagem humana natural, usamos milhões de pontos de dados. E precisamos coletar o que chamamos de uma base de dados ground-truth. Reunir esse banco de dados ground-truth que se torna o conjunto de treinamento de onde a Alexa extrai seu aprendizado é um esforço imenso e dispendioso.

Se hoje você estiver projetando e construindo um sistema de aprendizado de máquina para um veículo autônomo, precisará de milhões de quilômetros percorridos de dados para que esse carro aprenda a dirigir. Os humanos aprendem com incrível eficiência. Os humanos não precisam percorrer milhões de quilômetros para aprender a dirigir. Provavelmente estamos fazendo algo chamado "aprendizagem por transferência" no jargão do aprendizado de máquina.

Os humanos já aprenderam muitas habilidades diferentes e conseguimos transferi-las a novas habilidades de um jeito muito eficiente. O programa AlphaGo que recentemente derrotou o campeão mundial de Go jogou milhões de partidas de Go. O campeão humano jogou milhares de partidas de Go, não milhões. E eles estão praticamente no mesmo nível, o campeão humano e o programa de computador. Além disso, o humano está fazendo algo basicamente diferente — nós sabemos porque temos uma enorme eficiência energética.

Não lembro o número exato, mas o AlphaGo é um exemplo que usa milhares de watts de energia. Acho que são mais de mil servidores rodando em paralelo. E Lee Se-dol, o campeão humano, usa cerca de 50 watts. De alguma forma, ele faz esses cálculos incrivelmente complexos com uma inacreditável eficiência de energia — somos eficientes em energia e em dados. Assim, quando se trata de IA, nós, da comunidade de aprendizado de máquina temos muito a aprender.

Porém, isso é o que torna esse campo tão empolgante. Resolvemos problemas incrivelmente complexos e não apenas com a linguagem natural e visão de máquina, mas também, em alguns casos, até com a fusão dos dois.

Organizações de privacidade aceitam reclamações sobre invasão de privacidade relacionadas a dispositivos ou serviços e tentam recriá-las. Na verdade, é muito fácil para organizações de privacidade fazerem isso, e elas o fazem o tempo todo. Eles fazem engenharia reversa nos dispositivos para ver se as reclamações são verdadeiras. E esse é um comportamento muito bom e sou grato pelas organizações de privacidade que fazem isso. E elas revelaram erros honestos que as empresas cometem — às vezes, elas apenas não foram cautelosas o suficiente.

Nosso dispositivo não transmite nada para a nuvem até escutar a palavra de ativação "Alexa". E quando ele o escuta, o anel de led acende.

Quando está aceso, o dispositivo envia o que você diz para a nuvem. Ele tem que fazer isso porque precisamos de acesso a todos os dados na nuvem a fim de fazer tudo o que a Alexa é capaz — verificar condições do clima etc.

Hacking é um dos grandes problemas de nossa época que temos que resolver globalmente como sociedade e civilização. E algumas soluções se transformarão em leis. Algumas são estados-nações fazendo coisas que não gostaríamos que fizessem e não está claro como isso será controlado.

Com a maioria dos dispositivos e das tecnologias de que dispomos hoje, estados-nações podem facilmente ouvir qualquer conversa apontando um facho de laser para uma janela de sua casa ou podem colocar um malware em seu telefone e ligar todos os microfones. Um telefone comum avançado tem quatro microfones. Então, teremos que descobrir como sociedade que provavelmente é mais fácil controlar certas instituições como o FBI porque podemos nos unir e decidir quais normas instituir, que leis criar e como os tribunais devem colocá-las em prática. Mas quando se trata de cyberhacking de estados-nações etc., acho que é uma questão sem solução. Não sei o que faremos.

Não sei dizer se uma sociedade interconectada poderá ser segura algum dia. Vivemos com essas tecnologias há muito tempo. As pessoas querem levar o telefone com elas e acho que esse fenômeno está aqui para ficar. E esse telefone é totalmente controlado por software. Ele tem vários microfones dentro dele. Os microfones são controlados por software. O rádio no telefone pode transmitir os dados a qualquer lugar do mundo.

E assim, existe a capacidade técnica de tornar qualquer celular um dispositivo de escuta veladamente. Com a Alexa, a equipe tomou uma decisão muito interessante e notável. Espero que outras empresas possam imitá-la — incluir um botão de mudo que desliga os microfones no Echo. Quando se aperta o botão, a luz vermelha acende e é conectada ao microfone com eletrônicos analógicos. Portanto, é realmente impossível, quando a luz vermelha está acesa, que os microfones sejam ligados. Não se pode fazer isso remotamente por meio de hacking. Mas não é o caso dos telefones.

# Lojas Físicas e
# Whole Foods

Estivemos interessados em lojas físicas por anos, mas eu sempre disse que só tínhamos interesse em uma oferta diferenciada, nada de produtos me-too [da mesma categoria], porque esse espaço — lojas físicas — é muito bem atendido. Se tivéssemos uma oferta de produtos me-too, sei que não funcionaria. Nossa cultura é muito mais eficaz em inovar e inventar, de modo que precisamos ter algo diferente. E é isso que a Amazon Go é. Completamente diferente. A Amazon Bookstore, completamente diferente. E temos ideias de como unir o Prime e a Whole Foods para torná-la uma experiência muito diferenciada.

A Amazon compra várias empresas. Geralmente, elas são muito menores que a Whole Foods, mas compramos várias todos os anos. Quando conheço o empreendedor que fundou a companhia, sempre tento descobrir uma coisa antes de tudo: essa pessoa é um missionário ou um mercenário? Mercenários tentam lucrar com as ações. Missionários adoram seu produto ou serviço e adoram os clientes e tentam criar um ótimo atendimento. A propósito, o grande paradoxo aqui é que geralmente os missionários são os que ganham mais dinheiro e podemos saber rapidamente só em conversar com as pessoas. A Whole Foods é uma empresa missionária e John Mackey, o fundador, um missionário. Dessa forma, usaremos alguns de nossos recursos e experiência tecnológica para expandir a missão da Whole Foods. Eles têm uma grande missão que é levar alimentos orgânicos e nutritivos para todos e temos muito a acrescentar a essa proposta em termos de recursos, mas também em termos de excelência operacional e conhecimento tecnológico.

# A Compra do *Washington Post*

Eu NÃO ESTAVA procurando um jornal, tampouco tinha intenção de comprar um jornal. Nunca pensei nisso. Não foi um sonho de infância. Meu amigo Don Graham, que conheço há mais de vinte anos, enviou um intermediário para saber se eu estaria interessado em comprar o *Washington Post*. Eu disse que não, pois realmente não sabia nada sobre jornais.

Entretanto, Don, em várias conversas, convenceu-me de que isso não era importante porque o *Washington Post* já tinha muitos talentos internos que conheciam o ramo. Eles precisavam de alguém que conhecesse a internet. Esse foi o primeiro ponto. Foi mais ou menos assim que a história começou e então refleti demoradamente sobre o assunto. E meu processo de tomada de decisão foi definitivamente intuitivo e não analítico. A situação financeira do jornal na época, em 2013, era caótica. Era um negócio de custos fixos e tinha perdido grande parte da receita nos últimos seis anos, não por culpa de quem trabalhava lá ou da equipe de liderança. O jornal tinha sido muito bem administrado. O problema era secular, não cíclico. A internet estava destruindo todas as vantagens tradicionais que jornais locais usufruíam. É um problema profundo em jornais locais em todo o país e no mundo. Assim, eu tive que fazer uma reflexão profunda e me perguntar se isso era algo em que eu queria me

A *Compra do Washington Post* 225

envolver. Caso fosse fazê-lo, me dedicaria e trabalharia, e decidi que somente o compraria se realmente acreditasse que era uma instituição importante. Eu disse a mim mesmo, "Se essa fosse uma empresa de salgadinhos em um caos financeiro, a resposta seria não". Comecei a pensar no *Post* como uma instituição importante, o jornal da capital do país mais importante do mundo. O *Washington Post* desempenha um importante papel nessa democracia. Não tenho nenhuma dúvida sobre isso.

E então, depois de passar por esse portão, eu só tinha mais um a atravessar antes de dizer sim a Don. Eu queria ser realmente franco comigo mesmo, olhar no espelho e pensar na empresa e ter certeza de estar otimista de que o negócio poderia funcionar. Se fosse um caso perdido, não quereria me envolver nele. Analisei a situação do *Post* e fiquei muito otimista, mas ele precisava se tonar uma publicação nacional e global. Há um fator positivo que a internet oferece aos jornais. Ela destrói quase tudo, mas traz um presente, que é a distribuição global gratuita. Nos velhos tempos dos jornais de papel, seria necessário construir gráficas em todos os lugares. As operações de logística, para ter um jornal realmente global ou mesmo verdadeiramente nacional, exigiam investimentos pesados de capital. É por esse motivo que poucos jornais se tornaram nacionais ou globais. Hoje, porém, com a internet, temos o presente da distribuição gratuita. Tínhamos que tirar vantagem desse presente e essa foi a estratégia básica. Tínhamos que passar de um modelo de negócios onde ganhávamos muito dinheiro por leitor com um número relativamente pequeno de leitores para um de pouco dinheiro por leitor com um grande número de leitores, e essa foi a transição que fizemos. Estou feliz em informar que hoje o *Post* é lucrativo. A redação está crescendo. Marty Baron, editor-chefe, está mandando ver. Acho que ele é o melhor editor no ramo jornalístico. Temos Fred Ryan, editor, e Fred Hiatt, no editorial. Eles são um sucesso. Shailesh Prakash, nosso chefe de tecnologia, é um superastro. Então está funcionando. Tenho muito orgulho dessa equipe e sei que quando eu tiver 80 anos ou — eu sempre me projeto adiante para a idade de 80, mas à medida que fico mais velho, estou passando para 90 — quando eu tiver 90 anos, essa será uma das coisas das quais eu terei mais orgulho, de ter comprado o *Washington Post* e o ajudado em uma difícil transição.

Se, por exemplo, você é o presidente dos Estados Unidos ou governador de um estado, não aceite esse cargo imaginando que não será examinado a fundo. Você será examinado minuciosamente, e isso é saudável. O presidente deveria dizer, "Isso está certo. Isso é bom. Estou satisfeito por ser examinado". Isso demonstraria segurança e confiança. Mas é realmente perigoso demonizar a mídia. É perigoso chamar a mídia de marginal. É perigoso dizer que ela é inimiga do povo. Vivemos em uma sociedade em que não só as leis do país nos protegem — temos a liberdade de imprensa: está na Constituição — mas também há as normas sociais que nos protegem. E funciona porque acreditamos nas palavras naquele pedaço de papel e sempre se você ataca a Constituição, está destruindo-a um pouco pelas beiradas. Somos muito fortes neste país. A mídia vai ficar bem. Vamos superar isso. A propósito, Marty Baron sempre apresentará um ponto importante quando se reunir com a redação: "A administração pode estar em guerra conosco. Nós não estamos em guerra com a administração. Façam seu trabalho. Só isso." Eu o ouvi dizer isso várias vezes. Eu mesmo o digo quando me reúno com os jornalistas no *Washington Post*.

# Confiança

CONQUISTAMOS CONFIANÇA, DESENVOLVEMOS nossa reputação realizando bem coisas difíceis repetidas vezes. Por exemplo, o motivo pelo qual o exército norte-americano, em todas as pesquisas, desfruta de alta credibilidade e reputação é porque, repetidas vezes, década após década, fez bem coisas difíceis.

É simples assim. E também muito complicado. Não é fácil fazer bem coisas difíceis, mas é como se conquista confiança. E confiança, é claro, é uma palavra difícil, pois tem muitos significados. É integridade, mas também competência. É fazer o que você disse que faria — e entregar. E assim entregamos bilhões de pacotes todos os anos; dizemos que vamos fazer algo e cumprimos com a nossa palavra. E também é adotar posturas controversas. As pessoas gostam quando você diz, "Não, não vamos fazer isso desse jeito. Sei que querem que o façamos assim, mas não vai acontecer". E mesmo que discordem, eles podem dizer, "Nós respeitamos isso. Eles sabem quem são".

Também é útil ter clareza. Se está claro que faremos isso e faremos aquilo, as pessoas podem participar ou decidir ficar fora. Elas podem dizer, "Bem, se essa é a posição da Amazon ou a posição da Blue Origin ou da AWS sobre determinada coisa, então não quero fazer parte disso". E tudo bem. Vivemos em uma grande democracia com muitas opiniões e quero viver nesse mundo. Quero viver em um lugar em que as pessoas possam discordar. Também quero viver em um lugar em que as pessoas possam discordar e ainda trabalhar juntas. Não quero perder isso. As pessoas têm direito às suas opiniões, mas é função de um líder de equipe sênior dizer não.

Há grupos de empregados de empresas de tecnologia que, por exemplo, acham que elas não deveriam trabalhar com o Departamento de Defesa. Em minha opinião, se grandes empresas de tecnologia derem as costas ao Departamento de Defesa, o país ficará com problemas. Isso não pode acontecer. E então a liderança sênior da equipe deve dizer às pessoas, "Olhem, entendo essas questões emocionais. Tudo bem, e não temos que concordar em tudo, mas é assim que vamos agir. Vamos apoiar o Departamento de Defesa. Este país é importante. Ainda é".

Sei que as pessoas são muito emotivas sobre essa questão e têm opiniões diferentes, mas existe verdade no mundo. Somos os bons sujeitos. Eu realmente acredito nisso. E sei que é complicado. Mas a questão é: você quer uma defesa nacional forte ou não? Acho que sim. E portanto temos que apoiá-la.

Todos queremos estar do lado da civilização. Não só nos Estados Unidos. Que tipo de civilização você quer? Você quer liberdade? Você quer democracia? Esses são princípios importantes que superam outros tipos de questões. E é para isso que você deve voltar.

# Harmonia Trabalho-Vida

DOU AULAS DE liderança na Amazon para executivos seniores. Também profiro palestras para estagiários. Nesse âmbito ouço a pergunta sobre o equilíbrio trabalho-vida o tempo todo. Eu nem gosto da frase "equilíbrio trabalho-vida". Acho que é enganosa. Gosto da frase "harmonia trabalho-vida". Sei que se estou energizado e feliz no trabalho, sentindo-me parte de uma equipe e agregando valor, ou qualquer coisa que me motive, isso me faz melhor em casa. Isso me torna um marido, um pai melhor. Da mesma forma, se estou feliz em casa, isso me torna um funcionário melhor, um chefe melhor. Às vezes, pode parecer que não há horas suficientes na semana. Mas isso não é real. Normalmente é sobre se você tem energia. Seu trabalho está consumindo sua energia ou está gerando energia para você?

Todos conhecem pessoas que se inserem em um de dois campos. Você está em uma reunião e a pessoa entra na sala. Algumas pessoas chegam e adicionam energia à reunião. Outras pessoas entram na reunião e todo o ambiente parece se esvaziar. Essas pessoas esgotam a energia da reunião. E você deve decidir que tipo de pessoa vai ser. É a mesma coisa em casa.

É um volante, um círculo, não um equilíbrio. É por isso que a metáfora é tão perigosa, porque implica uma troca inflexível. Você pode estar sem emprego, ter todo o tempo do mundo para sua família, mas sentir-se realmente deprimido e desmoralizado por causa da situação e a sua família não vai querer ficar perto de você. Eles vão querer que você tire férias deles. O principal não é o número de horas. Suponho que se você ficasse louco trabalhando cem horas por semana ou algo parecido, talvez deva haver limites, mas eu nunca tive problemas e suponho que é porque ambos os lados de minha vida me dão energia. É o que recomendo para estagiários e executivos.

# Recrutando Talentos

## Você Quer Mercenários ou Missionários?

Pagamos salários muito competitivos na Amazon, mas não criamos o tipo de cultura de clube de campo em que você ganha massagens gratuitas ou quaisquer que sejam os benefícios do momento. Eu sempre fui um tanto cético em relação a esses benefícios porque me preocupo com a possibilidade de as pessoas ficarem na empresa pelos motivos errados. Eu quero que as pessoas fiquem pela missão. Você não quer mercenários em sua empresa. Você quer missionários.

Missionários se importam com a missão. Isso não é muito complicado. E você pode confundir as pessoas com massagens gratuitas. Como, "Ah, eu não gosto muita da missão da empresa, mas adoro as massagens grátis".

Como contratar ótimas pessoas e impedi-las de ir embora? Dando--lhes, antes de tudo, uma ótima missão — algo que tenha um propósito real, que tenha significado. As pessoas querem significado na vida. E essa é uma vantagem gigantesca do exército norte-americano porque seu pessoal tem uma verdadeira missão. Eles têm significado. E isso é extraordinário. E, portanto, é uma imensa vantagem de recrutamento.

Mas você pode afastar pessoas excelentes — por exemplo, tornando a tomada de decisões extremamente lenta. Por que ótimas pessoas ficariam em uma organização em que não conseguem realizar seu trabalho? Elas olham ao redor por um tempo e pensam, "Olhe, adoro a missão, mas não consigo concluir meu trabalho porque o ritmo da tomada de decisões é lento demais". Assim, grandes empresas como a Amazon devem se preocupar com isso.

# Decisões

Há meios de acelerar a tomada de decisões, e isso é muito importante. Se eu fosse ousado a ponto de aconselhar outros líderes seniores, diria que uma das coisas às quais devem estar atentos — eu o vejo na Amazon — são executivos juniores adotando o comportamento de executivos seniores em suas tomadas de decisão. E isso é normal. As pessoas sempre observam funcionários seniores e os imitam e, muitas vezes de modo subconsciente. O problema com esse comportamento é que ele pode não levar em conta o fato de que há diferentes tipos de decisões.

Há dois tipos de decisões. As decisões irreversíveis e altamente consequenciais; nós as chamamos de portas de mão única, ou decisões do Tipo 2. Elas precisam ser tomadas devagar e com cuidado. Muitas vezes eu me vejo na Amazon agindo como o diretor da desaceleração: "Uau, quero ver essa decisão analisada dezessete vezes mais porque é altamente consequencial e irreversível." O problema é que a maioria das decisões não é assim. Quase todas as decisões são portas de duas mãos.

Você pode tomar uma decisão e avançar. Ela se mostrou uma decisão equivocada; você pode recuar. Geralmente, em grandes organizações — não em startups — todas as decisões usam o processo descomunal que realmente é destinado somente a decisões irreversíveis e altamente consequenciais. E é um desastre. Quando há uma decisão a ser tomada, deve-se perguntar, "É uma porta de uma ou duas mãos?" Se for uma porta de duas mãos, tome a decisão com uma equipe pequena ou mesmo uma pessoa conscienciosa. Tome a decisão. Se estiver errada, paciência. Você a mudará. Mas se for uma porta de uma só mão, analise-a de cinco formas diferentes. Seja cauteloso, porque é aqui que a pressa leva a maus resultados.

Você não vai querer tomar decisões com portas de mão única rapidamente. Você vai querer obter consenso ou, pelo menos, dedicar muita reflexão e debate à questão.

Além de perguntar se a decisão é uma porta de uma ou duas mãos, é possível acelerar a tomada de decisões ensinando o princípio de discordar e se comprometer. Então, você dispõe de missionários empolgados, o que é imprescindível. Todos se importam e, se você não for cauteloso, o processo de decisão poderá se tornar uma guerra de desgaste. Quem tiver mais energia, vencerá; por fim, a outra parte, com opinião contrária, se renderá: "Ok, estou exausto. Faça como quiser."

Esse é o pior processo de decisão do mundo. Ele deixa todos desmoralizados e você obtém um resultado aleatório. Uma abordagem melhor é que o líder mais experiente leve a questão a um líder de cargo mais elevado na empresa. Decisões controversas precisam ser escaladas rapidamente. Funcionários juniores não devem discutir durante um ano e se esgotar. Você precisa ensiná-los.

Se a equipe estiver realmente diante de um impasse, escale, e faça-o depressa. E então você, como a pessoa em posição superior, escuta os diversos pontos de vista e diz, "Olhe, nenhum de nós sabe qual é a melhor decisão aqui, mas quero que façam uma aposta comigo. Quero que discordem e se comprometam. Vamos fazer isso desse jeito. Mas eu realmente quero que discordem e se comprometam".

E aqui está a parte importante: às vezes, esse desacordo acontece entre o superior e o subordinado. O subordinado quer fazer a coisa de um jeito e o chefe acha que deve ser feito de outro. E, muitas vezes, o chefe

*Decisões*

deve discordar e se comprometer. Eu discordo e me comprometo o tempo todo. Eu discuto um assunto por uma hora, um dia ou uma semana. E digo, "Sabe de uma coisa? Eu realmente discordo disso, mas você tem mais fatos verdadeiros que eu. Vamos fazer do seu jeito. E prometo que nunca direi, 'eu te avisei'."

Realmente é muito tranquilizador, pois é o reconhecimento de que o líder tem muito discernimento. Esse discernimento é supervalioso e é por isso que, às vezes, a sua opinião deve prevalecer em relação à do subordinado, mesmo que ele disponha de mais informações válidas. Mas é seu julgamento. E, às vezes, você diz, "Conheço essa pessoa, ou trabalhei com ela durante anos. Ela tem ótimo discernimento. Ela realmente discorda de mim e tem melhores informações que eu. Vou discordar e me comprometer".

# Concorrência

Jogos de soma zero são incrivelmente raros. Eventos esportivos são jogos de soma zero. Dois times entram em cena. Um vai vencer; outro vai perder. Eleições são jogos de soma zero. Um candidato vai vencer; outro, perder. Nos negócios, porém, vários concorrentes podem se sair bem. Isso é normal. O mais importante para se sair bem contra a concorrência — nos negócios e, também, acho, com adversários militares — é ser forte e ágil. E é escala. Então é ótimo estar no exército dos EUA porque você é grande. A escala é uma vantagem gigantesca porque lhe dá força. Você pode levar um golpe, mas também é bom se puder se desviar dele. E aí está a agilidade. E à medida que fica maior, você fica mais forte.

O fator mais importante para a agilidade é velocidade na tomada de decisão. O segundo, é estar disposto a experimentar. Você precisa estar disposto a assumir riscos, a fracassar e as pessoas não gostam de fracassos.

Sempre digo que há dois tipos de fracasso. Há o fracasso experimental — o tipo de fracasso com o qual deve ficar satisfeito. E há o fracasso operacional. Construímos centenas de centros logísticos na Amazon ao longo dos anos e sabemos como fazê-lo. Se construirmos mais um e ele for um desastre, será devido à má execução. Este não é um bom fracasso. Mas quando estamos desenvolvendo um novo produto ou serviço ou fazendo algum tipo de experiência, e isso não funciona, tudo bem. É um ótimo fracasso. E você precisa distinguir esses dois tipos de fracasso e realmente buscar a invenção e a inovação.

Para sustentá-lo, você precisa das pessoas certas; você precisa de pessoas inovadoras. Pessoas inovadoras deixarão a empresa se não puderem tomar decisões e correr riscos. Talvez você as recrute, mas elas não ficarão por muito tempo. Construtores gostam de construir. Muitas dessas coisas são realmente muito simples, apesar de ser difícil colocá-las em prática. E a outra coisa sobre concorrência é que você não quer jogar em um campo nivelado. É por isso que você precisa de inovação, principalmente em domínios como o espaço e a cibernética.

Um campo de jogo nivelado é ótimo para um jogo de futebol na segunda-feira à noite. Durante décadas, temos atuado em campos não nivelados em áreas como o espaço e a tecnologia. Fico nervoso em ver como isso muda rapidamente. Inovar é a única forma de ficar na dianteira e manter o campo não nivelado, que é o que você quer.

No domínio do espaço estamos enfrentando adversários que inovarão. Então é essa a verdadeira questão. Se você estiver enfrentando adversários que não são bons em inovar, você também não precisará ser.

Quando se trata da concorrência, ser um dos melhores não é suficiente. Você realmente quer ter que planejar para um futuro no qual tenha que lutar com alguém tão bom quanto você? Eu não quero.

# Escrutínio do Governo
# e Grandes Empresas

Todas as grandes instituições de qualquer tipo serão e devem ser examinadas, escrutinadas e inspecionadas. Governos devem ser inspecionados. Instituições governamentais, grandes instituições educacionais, grandes empresas sem fins lucrativos, grandes companhias — elas serão minuciosamente examinadas. Não é pessoal. É o que a sociedade quer que aconteça e lembro às pessoas na Amazon a não levar o escrutínio da empresa para o lado pessoal. Isso apenas causará desperdício de energia. Esse escrutínio é normal. Na verdade, é saudável e bom. Queremos viver em uma sociedade em que as pessoas se preocupam com as grandes instituições.

Acredito que somos tão inventivos que — quaisquer que sejam as regulações promulgadas ou como elas funcionem — elas não nos impedirão de atender aos clientes. Em todas as condições regulatórias que posso imaginar, os clientes ainda vão querer preços baixos, entrega rápida e uma ampla seleção. Esses são elementos fundamentais e é o que oferecemos. Eu também diria que é muito importante que políticos e outras pessoas entendam o valor gerado pelas grandes empresas e não demonizem ou difamem empresas em geral ou as grandes, em especial, pelo simples fato de que há coisas que só grandes empresas podem fazer. Vi isso em toda a jornada da Amazon. Eu sei o que a Amazon podia fazer quando tínhamos 10 pessoas, quando tínhamos mil e, depois, 10 mil, e sei o que podemos fazer hoje que somos mais que meio milhão.

Deixe-me dar-lhe um exemplo vivo. Adoro empreendedores de garagem e invisto muito em suas empresas. Conheço muitos deles. Mas ninguém construirá um Boeing 787 de fibra de carbono e com eficiência de combustível em sua garagem. É impossível. Você precisa da Boeing para isso. Se você gosta do seu smartphone, precisará da Apple ou da Samsung para fabricá-lo. Essas são coisas que o capitalismo empresarial atuante faz bem. E há fracassos de mercado de que ninguém cuida e se espera que a filantropia e o governo cuidem deles. Assim, precisamos de modelos diferentes para coisas diferentes. Mas, definitivamente, este mundo seria pior sem, por exemplo, a Boeing, a Apple ou a Samsung.

# O Compromisso com o Clima

Em setembro de 2019, a Amazon anunciou — e foi seu primeiro signatário — o Climate Pledge [Compromisso com o Clima], com o objetivo de cumprir as metas do acordo de Paris dez anos antes do proposto. As observações abaixo foram tiradas da entrevista coletiva no lançamento do programa. Elas incluem comentários de Dara O'Rourke, líder da equipe de ciência da sustentabilidade na Amazon.

O S SIGNATÁRIOS DO Climate Pledge concordam em, primeiro, medir e relatar suas emissões regularmente e, segundo, implementar estratégias para eliminar emissões de carbono alinhadas com o acordo de Paris, o que basicamente significa que essas são ações reais adotadas em suas empresas para promover mudanças nas atividades de negócios e eliminar o carbono.

E então, terceiro, com emissões restantes que não puderem ser eliminadas com mudanças reais, elas concordam em compensá-las de forma viável. E o que queremos dizer com compensações *viáveis*? Estamos falando de soluções baseadas na natureza.

O Climate Pledge realmente só pode ser efetivado em colaboração com outras grandes empresas, pois todos participamos das cadeias de suprimentos umas das outras. Precisamos trabalhar juntas a fim de atingir essas metas. É preciso que seja feito dessa maneira. A Amazon se comprometeu a usar sua escala e alcance para abrir caminho e se tornar um modelo. Contudo, esse é um desafio difícil por causa de nossa profunda e grande infraestrutura física. Não só passamos informações de um lado a outro. Nós também levamos pacotes de um lado a outro. Entregamos mais que 10 bilhões de itens por ano e isso é infraestrutura física na escala real. Então afirmamos — e planejamos fazê-lo com entusiasmo — que se nós podemos fazer isso, qualquer um pode. Será desafiador, mas sabemos que podemos e que precisamos fazê-lo.

Para tanto, todas as ações da Amazon devem ser fundamentadas por uma genuína integridade científica. Dara O'Rourke explicou a abordagem da empresa:

Equipes em toda a Amazon têm trabalhado desde 2016 para mapear e medir os impactos ambientais da Amazon como um todo. Elas têm criado a base de modelos científicos e sistemas de dados para construir sustentabilidade com a cara da empresa. Ou seja, ciência conectada à tecnologia conectada à obsessão com o cliente para abordar os desafios de sustentabilidade que todos enfrentamos.

Nos últimos anos, a essência desse trabalho tem sido coletar dados, construir modelos e ferramentas. Não apenas para as equipes rastrearem as emissões no meio ambiente — carbono —, mas para lhes permitir reduzir radicalmente o carbono na empresa e nas cadeias de suprimento.

A Amazon é uma empresa muito grande e complexa e isso nos obrigou a construir um dos sistemas de contagem de carbono mais sofisticados do mundo. Tivemos que criar um sistema que poderia obter dados granulares, mas na escala da Amazon para dar opções de inovação às equipes e observar a visão geral da empresa. A acionabilidade requer esse nível de resolução de dados mais fino. Nosso sistema é abrangente, cobrindo toda a empresa, e preciso o suficiente para atingir otimizações a nível de sistema.

Podemos tratar totalmente de produtos, processos e serviços individuais. Com o Echo, por exemplo, precisamos compreender o impacto da etapa de fabricação até os centros de processamento de dados que alimentam a Alexa e depois aos aviões, caminhões e os pacotes que entregam o Echo na casa do cliente.

Até agora, construímos cinco modelos com base em uma técnica acadêmica chamada avaliação de ciclo de vida ambiental. Quatro são modelos de processo em transporte, embalagem, eletricidade para os centros logísticos e de processamento de dados, e em dispositivos. Combinamos dados operacionais internos — dados físicos processados com dados financeiros — com dados externos científicos para unir tudo em nossa pegada de carbono.

Também usamos esses dados em nossa análise de risco climática. Fizemos parceria com a Amazon Web Services para hospedar mais que 55 conjuntos de dados fundamentais sobre tempo, clima e sustentabilidade, alavancando a infraestrutura da AWS, com ferramentas de ponta de aprendizado de máquina já usadas por ONGs, acadêmicos e governos em todo o mundo para realmente resolver os problemas climáticos.

Tomamos dados de atividades específicas dos negócios. Nós os conectamos a modelos de emissão. Os fazemos passar por uma camada de orquestração que une tudo em ferramentas de apoio de decisão — dashboards, métricas, mecanismos que equipes possam usar na empresa para eliminar emissões de carbono. Cada um desses modelos tem uma lógica detalhada e dados de pequena granularidade debaixo deles.

O modelo de transporte foca emissores críticos de carbono, neste caso, tipos de veículo, de combustível e rotas. Isso nos permite analisar nossas redes e logística existentes e também compreender tecnologias e veículos emergentes e combustíveis alternativos. Hoje podemos modelar veículos elétricos (EVs) que estão chegando, os drones que estão chegando, e a próxima inovação em transporte que chegará. Por fim, isso nos permite projetar sustentabilidade em nossas futuras tipologias, tecnologias e inovações para clientes.

Essas métricas proporcionam insights para equipes em toda a Amazon que, de outra forma, não teríamos, incluindo coisas que podem ser contraintuitivas. Envio no mesmo dia é, na verdade, nossa opção de envio com menor emissão de carbono. Isso ocorre porque levar estoque local aos clientes é quase sempre uma conquista de sustentabilidade.

Esses sistemas que construímos — os modelos, as métricas — agora fornecem visões detalhadas para equipes em toda a Amazon para ajudá-las a reduzir o carbono. Estamos passando de emissões totais para metas de redução de emissões e inovações para os clientes da Amazon e o planeta.

Queremos ser líderes e um exemplo. Estávamos em meio ao rebanho nessa questão e queremos ir para o primeiro plano. Queremos a liderança. Queremos dizer às outras empresas que se uma empresa com a complexidade, escala, alcance e estrutura física da Amazon pode fazer isso, elas também podem.

Hoje a Amazon utiliza 40% de energia renovável. Conseguimos isso construindo 15 parques eólicos e solares de larga escala. Instalamos painéis nos telhados de centros logísticos e de separação em todo o mundo.

Para onde estamos indo? Bem, nós nos comprometemos em atingir 80% de energia renovável até 2040. E até 2030, planejamos ser totalmente renováveis. A equipe está se esforçando para chegar a 100% em 2025 e tem um plano crível para atingir esse resultado.

Também temos muitas vans de entrega e todas utilizam combustíveis fósseis. Em setembro de 2019 entramos com um pedido de 100 mil vans de entrega elétricas a serem construídas pela empresa Rivian. Um compromisso como o Climate Pledge impulsionará a economia a construir produtos e serviços de que essas grandes empresas precisarão para atender a esses compromissos. É por isso que investimos US$440 milhões sna Rivian.

Em parceria com a Nature Conservancy, financiamos o Right Now Climate Fund [Fundo para o Clima Agora Mesmo]. Estamos contribuindo com US$100 milhões em reflorestamento. O reflorestamento é um ótimo exemplo de uma solução baseada na natureza para remover o carbono da atmosfera da Terra.

À medida que essa economia se desenvolve e as pessoas encararem com seriedade ser carbono-zero por meio de mudanças reais em suas atividades de negócios, o mercado será motivado a começar a inventar e desenvolver as novas tecnologias de que essas empresas precisarão para atender a esse compromisso. E este é outro motivo para trabalharmos juntos. Precisamos reunir um número de empresas para assumirem esse compromisso para realmente enviar um sinal intenso do mercado. A Amazon é grande, mas se conseguirmos que muitas empresas grandes concordem com o mesmo fato, enviaremos um sinal ainda mais forte para o mercado — principalmente se as cadeias de suprimentos estiverem interligadas. A colaboração se tornará a única forma de consegui-lo.

# O Fundo Dia Um de Bezos

O Fundo Dia Um de Bezos foi lançado em 2018 com um comprometimento de US$2 bilhões de focar a geração de impactos significativos e duradouros em duas áreas: financiamento de empresas sem fins lucrativos existentes que ajudam famílias em situação de rua e criação de uma rede de novas pré-escolas sem fins lucrativos de primeira linha em comunidades de baixa renda.

O Fundo Familiar Dia 1 oferece prêmios anuais de liderança para organizações e grupos cívicos que realizam trabalhos solidários e transformadores para proporcionar abrigo e alimento e atender necessidades imediatas de jovens famílias. A declaração de visão vem do inspirador Mary's Place, em Seattle: nenhuma criança dorme na rua.

O Fundo de Academia Dia 1 está construindo uma organização a fim de lançar e operar uma rede de pré-escolas montessorianas de alta qualidade e bolsas integrais em comunidades carentes. Teremos a oportunidade de aprender, inventar e melhorar. E usaremos os mesmos princípios que têm motivado a Amazon. O mais importante entre elas será a intensa obsessão pelo cliente. O grupo de clientes que essa equipe de missionários atenderá é simples: crianças em comunidades carentes em todo o país.

As observações abaixo foram feitas no Clube Econômico de Washington em 13 de setembro de 2018 em uma conversa com o presidente do clube, David Rubenstein.

O PROCESSO QUE usei para criar o Fundo Dia Um foi muito útil. Solicitei ideias por meio de um crowdsourcing e literalmente recebi cerca de 47 mil respostas, talvez um pouco mais. Algumas foram enviadas por e-mail. A maioria veio pelas redes sociais e li milhares delas. Meu escritório as reuniu e separou em grupos e alguns temas surgiram. Algo fascinante sobre o crowdsourcing é o resultado variado que se obtém. As pessoas estão interessadas em tentar ajudar o mundo de muitas maneiras diferentes — todas envolvendo o que se espera. Algumas estão interessadas em arte e ópera e acham que elas estão subfinanciadas. Muitas estão interessadas em medicina e determinadas doenças e acham que elas merecem mais financiamento para P&D. Todas estão certas. Muitas pessoas estão interessadas na falta de moradias, incluindo eu. Muitas estão bastante interessadas em educação em todos os níveis, englobando bolsas de estudo universitárias, mas também programas de aprendizagem profissional.

Estou muito interessado em educação primária e aqui a maçã não cai longe da árvore. Minha mãe, ao dirigir a Fundação Família Bezos, se especializou em educação primária. Eu sou produto de escolas montessorianas. Entrei para uma escola Montessori quando tinha 2 anos e a professora se queixava para minha mãe que eu focava uma tarefa e era difícil fazer com que eu mudasse de atividade; ela tinha que pegar minha cadeira para me mudar de lugar. E, a propósito, se você perguntar às pessoas que trabalham comigo, isso provavelmente ainda ocorre atualmente.

Nossas escolas serão gratuitas, inspiradas nas pré-escolas montessorianas. Seremos uma organização sem fins lucrativos. Contratei uma equipe executiva. Há uma equipe de liderança. Operaremos essas escolas e as colocaremos em vizinhanças de baixa renda. Sabemos que crianças que ficam para trás têm muita dificuldade em alcançar os demais e se você der uma chance a alguém quando está com 2, ou 4 anos,

O *Fundo Dia Um de Bezos* 247

terá menos probabilidade de ficar para trás quando chegar ao jardim de infância ou primeiro ano. Isso ainda pode ocorrer, mas você melhorou em muito suas chances. A maioria das pessoas se preocupa em garantir uma boa pré-escola para seus filhos e lhes proporcionar essa vantagem inicial. Essa vantagem é extremamente útil. Se você conseguila aos 2 ou 3 anos, gerará um efeito composto poderoso. Então, ocorre uma grande alavancagem. E é isso o que realmente significa. O dinheiro gasto ali gerará altos dividendos por décadas.

Haverá também uma maior quantidade de organizações filantrópicas. Contratarei uma equipe em tempo integral para identificar e financiar abrigos para famílias em situação de rua.

É o Dia 1. Tudo que sempre fiz começou pequeno. A Amazon começou com umas poucas pessoas. A Blue Origin começou com cinco pessoas e um orçamento muito limitado. Agora, a Blue Origin é uma empresa de mais de US$1 bilhão por ano. A Amazon literalmente começou com 10 pessoas; hoje tem mais de 750 mil. Para os outros é difícil lembrar, mas para mim parece que foi ontem. Eu mesmo levava os pacotes para o correio e desejava um dia poder comprar uma empilhadeira. Então, para mim, vi coisas pequenas ficarem grandes e isso é parte da mentalidade do Dia 1. Gosto de tratar as coisas como se fossem pequenas. Mesmo que a Amazon seja uma empresa grande, quero ter o coração e o espírito de uma pequena. O Fundo Dia Um vai ser assim. Vagaremos um pouco também. Temos algumas ideias específicas sobre o que queremos fazer, mas acredito no poder de vagar. Todas as minhas melhores decisões nos negócios e na vida foram tomadas com o coração, a intuição e a coragem, não com análises. Quando se pode tomar decisões baseadas em análises, faça-o, mas na vida as decisões mais importante sempre são feitas com instinto, intuição, preferências e coração e é isso que também faremos com o Fundo Dia Um. Isso faz parte da mentalidade do Dia 1. À medida que formos construindo essa rede de escolas sem fins lucrativos, aprenderemos coisas novas e descobriremos como melhorá-las.

O cliente será a criança. Isso é muito importante porque esse é o ingrediente secreto da Amazon. Vários princípios fundamentam a Amazon, mas o principal que de longe nos tem tornado bem-sucedidos é o foco obsessivo e compulsivo no cliente e não na concorrência. Converso muito com outros diretores e também fundadores e empresários e posso dizer que mesmo quando eles estão falando sobre os clientes, eles estão na realidade, focando os concorrentes. Manter-se focado no cliente e não na concorrência é uma imensa vantagem para qualquer empresa. Você precisa identificar quem é o seu cliente. No *Washington Post*, por exemplo, o cliente é quem compra anúncios de nós? Não. O cliente é o leitor, ponto final. E onde os anunciantes querem estar? Anunciantes querem estar onde há leitores, então realmente não é muito complicado. Quem são os clientes na escola? São os pais? São os professores? Não. São as crianças. Seremos obsessiva e compulsivamente focados nas crianças; seremos científicos quando pudermos ser e usaremos o coração e a intuição quando precisarmos.

Pretendo doar minha fortuna. Não sei quanto dela vou doar — também vou investir bastante na Blue Origin.

Eu começo com uma missão e se você tiver uma missão, há três meios de cumpri-la: você pode fazê-lo com o governo, por meio de uma organização sem fins lucrativos e por meio de uma empresa com fins lucrativos. Se você puder descobrir como fazê-lo com a estrutura de uma empresa com fins lucrativos, terá muitas vantagens por diversas razões. Uma, é a autossuficiência. Veja o iPhone. A última coisa de que precisamos é uma empresa sem fins lucrativos fabricando telefones. Acontece que existe um ecossistema competitivo saudável que gosta de construir essas coisas. Não há falha de mercado aqui. Se, como a Fundação Gates, você procurar vacina em temperatura ambiente, não há mercado para vacinas em temperatura ambiente. Qualquer pessoa que puder pagar uma vacina também poderá comprar uma geladeira e assim você precisa começar a resolver problemas que não tenham solução no mercado. Assim, você se volta para outras áreas, como o sistema judiciário e o exército etc. É praticamente impossível pensar em um modelo sem fins lucrativos.

Para onde irá o dinheiro? A verdadeira resposta para a pergunta é que doarei muito dinheiro para um modelo sem fins lucrativos como o Fundo Dia Um. Mas também investirei muito dinheiro em algo, Blue Origin, que qualquer investidor racional diria que é um péssimo investimento, mas eu acho superimportante. Eu quero que a Blue Origin seja uma empresa próspera e autossuficiente.

# O Propósito de Ir
# para o Espaço

Os comentários a seguir foram feitos em 9 de maio de 2019, em Washington, DC, no evento de inauguração do módulo lunar Blue Moon da Blue Origin.

A BLUE ORIGIN é o trabalho mais importante que estou fazendo. Tenho muita convicção em relação a ela por causa de um simples argumento: a Terra é o melhor planeta.

A importante pergunta que devemos considerar é: por que precisamos ir ao espaço? Minha resposta é diferente do argumento habitual do "Plano B": a Terra está sendo destruída e você quer ir para outro lugar. Isso não é motivador e não funciona para mim. Quando eu estava no ensino médio, escrevi, "A Terra é finita e se a economia e a população do mundo continuar a se expandir, o espaço será o único lugar para onde ir". Ainda acredito nisso.

É fácil responder a pergunta "Qual é o melhor planeta deste sistema solar" porque enviamos sondas espaciais a todos os outros. Algumas inspeções foram flybys [voos de observação], mas examinamos todos. A Terra é o melhor planeta — não é uma disputa acirrada. Isso é muito bom. Meus amigos que querem se mudar para Marte? Eu digo, "Por favor, primeiro vá morar no alto do Monte Everest por um ano e veja se gosta — porque é o jardim do paraíso comparado a Marte". Nem me faça falar em Vênus.

Olhe para a Terra. Ela é incrível. Jim Lovell, um de meus grandes heróis, enquanto dava a volta na Lua na missão Apollo 8, fez algo incrível. Ele esticou o polegar e se deu conta de que, à distância do braço, poderia cobrir toda a Terra. Tudo o que ele conhecia podia ser coberto com o polegar e ele disse algo surpreendente. Você conhece a velha frase, "Espero ir para o céu quando morrer". Ele disse, "Compreendi naquele momento que você vai para o céu quando nasce". A Terra é o céu.

O astrônomo Carl Sagan foi muito poético: "É naquele ponto azul que todos que você conhece, todos de quem já ouviu falar, todo ser humano que já existiu, viveram suas vidas. A Terra é um palco muito pequeno em uma imensa arena cósmica." Em toda a história da humanidade, a Terra tem parecido grande para nós e, de fato em um sentido bastante correto, ela tem sido grande. A humanidade foi pequena. Isso não mais é verdade. A Terra não é mais grande. A Humanidade é grande. A Terra parece grande para nós, mas é finita. Temos que nos dar conta de que há problemas imediatos, fatos em que temos que trabalhar e já o estamos fazendo. Eles são urgentes. Estou falando de pobreza, fome, falta de moradias, poluição, pesca predatória nos oceanos. A lista de problemas imediatos é muito longa e precisamos trabalhar neles com urgência, aqui e agora. Mas há os problemas de longo prazo: também precisamos trabalhar neles e eles necessitam de mais tempo para serem resolvidos. Não podemos esperar que esses problemas se tornem urgentes para tentar resolvê-los. Podemos fazer ambos. Podemos trabalhar nos problemas aqui e agora, e podemos começar a cuidar dos problemas de longo prazo.

Queremos ir para o espaço a fim de proteger este planeta. Por esse motivo a empresa tem o nome de Blue Origin — para o planeta azul, que é de onde somos. Mas não queremos enfrentar uma civilização de estase e essa é a real questão se simplesmente ficarmos neste planeta — esse é o problema de longo prazo.

Um problema muito importante de longo prazo é que a energia na Terra se esgotará. Isso é matemática simples. Isso vai acontecer. Como animais, os seres humanos usam 97 watts de energia — essa é a taxa metabólica dos animais — mas como membros do mundo desenvolvido, usamos 10 mil watts de energia. E nos beneficiamos disso. Vivemos em uma era de dinamismo e crescimento. Você tem uma vida melhor do que seus avós tiveram, e seus avós tiveram vidas melhores que os avós deles, e grande parte disso se deve à abundância de energia que fomos capazes de recolher e usar para nosso benefício. Há muitas coisas boas que acontecem quando usamos energia. Quando você vai ao hospital, usa muita energia. Equipamentos médicos, transporte, os tipos de entretenimento que apreciamos, os remédios que usamos — tudo isso exige grandes quantidades de energia. Não queremos parar de usar energia Mas nossos níveis de uso não são sustentáveis.

A taxa histórica de uso de energia global composta é de 3% ao ano. Isso não parece muito, mas ao longo dos anos ela se torna extrema. Três por cento compostos anualmente é o equivalente a dobrar o uso de energia humana a cada 25 anos. Se você tomar o uso de energia global hoje, pode alimentar tudo cobrindo Nevada com células solares. Agora, isso parece desafiador, mas também parece possível e, afinal, é praticamente tudo um deserto. Mas em cerca de 200 anos, a uma taxa histórica composta de 3%, precisaremos cobrir toda a superfície da Terra com células solares. Mas isso não vai acontecer. Essa é uma solução impraticável e temos certeza de que não funcionará. Então, o que podemos fazer?

Bem, uma coisa a ser feita é focar a eficiência e essa é uma boa ideia. Contudo, o problema é que isso já está previsto. Como temos aumentado o uso de energia em 3% ao ano durante séculos, sempre focamos a eficiência. Deixe-me dar alguns exemplos. Há 200 anos você tinha que trabalhar 8 horas a fim de poder pagar por 1 hora de luz artificial. Hoje você tem quer trabalho 1,5 segundo para poder comprar uma hora de luz artificial. Passamos da luz de velas para lâmpadas a óleo, de lâmpa-

O *Propósito de Ir para o Espaço*

das incandescentes a lâmpadas de LED e conquistamos imensos ganhos de eficiência. Outro exemplo é o transporte aéreo. Em meio século de aviação comercial, vimos a eficiência quadruplicar. Há meio século, eram necessários 109 galões de combustível para voar com uma pessoa para o outro lado do país. Hoje, em um moderno 787, precisamos apenas de 24. É uma melhoria incrível. Realmente extraordinária

E a computação? A eficiência computacional aumentou um trilhão de vezes. O Univac empregava 1 kW/segundo de energia para realizar 15 cálculos. Um processador moderno executa 17 trilhões de cálculos com 1kW/s de energia. Então, o que acontece quando ficamos muito eficientes? Usamos mais esses aparelhos. A luz artificial ficou muito barata, então a usamos muito. A computação ficou muito barata, então até temos o SnapChat.

Temos uma demanda crescente de energia. E mesmo diante do aumento de eficiência, usaremos cada vez mais energia. A taxa de crescimento composta de 3% já pressupõe grandes aumentos de eficiência no futuro. O que acontecerá quando a demanda ilimitada se deparar com recursos finitos? A resposta é incrivelmente simples: racionamento. Esse é o caminho que teremos que percorrer e ele faria, pela primeira vez, com que nossos netos e seus netos tenham uma vida pior que a atual. Esse é um mau caminho.

Mas há um ponto positivo: se sairmos para o sistema solar, encontraremos, para todos os fins práticos, recursos ilimitados. Então, teremos que escolher: queremos estase ou racionamento? Ou queremos dinamismo e crescimento? Poderíamos ter um trilhão de seres humanos no sistema solar, o que significa que teremos mil Mozarts e mil Einsteins. Essa seria uma civilização incrível.

Como seria esse futuro? Onde viveriam 1 trilhão de pessoas? Gerard O'Neill, professor de física na Universidade de Princeton, analisou essa questão com atenção e fez uma pergunta precisa que ninguém tinha feito antes: "A superfície planetária seria o melhor lugar para os humanos se expandirem no sistema solar?" Ele e seus alunos puseram-se a procurar a resposta a essa pergunta e chegaram a uma conclusão surpreendente e contraintuitiva: não. Por que não? Bem, eles se depararam com uma série de problemas. Um é que as outras superfícies planetárias não são tão grandes. Estamos falando no dobro, na melhor das hipóteses, o que não é muito. E elas estão muito distantes. Viagens de ida e volta a Marte estão na ordem de anos e oportunidades de lançamento para esse planeta ocorrem somente a cada 26 meses, o que é um problema de logística considerável. E, finalmente, a grande distância o impedirá de se comunicar em tempo real com a Terra. Você ficará limitado pelo atraso da velocidade da luz.

Mais fundamentalmente, essas outras superfícies planetárias não têm e não podem ter a gravidade normal da Terra. Você vai ficar preso ao campo gravitacional disponível. No caso de Marte, isso é 1/3 G. Assim, em vez disso, O'Neill e seus alunos tiveram a ideia de mundos manufaturados, rotacionados a fim de criar uma gravidade artificial com força centrífuga. Essas são estruturas muito grandes, de milhas de comprimento, e cada uma abriga um milhão de pessoas ou mais.

Uma colônia espacial seria muito diferente de uma Estação Espacial Internacional. Em seu interior haverá transporte de alta velocidade, áreas agrícolas, cidades. Nem todas as estações têm a mesma gravidade. Você poderá ter uma colônia recreacional que manteve zero G para que você possa voar com suas próprias asas. Algumas serão parques nacionais. Essas seriam lugares muitos agradáveis para se viver. Algumas das colônias de O'Neill podem optar por replicar cidades da Terra. Elas podem tomar cidades históricas e reproduzi-las de alguma forma. Haveria novos tipos de arquitetura. O clima é ideal. Aqui temos Maui em seu melhor dia o ano todo — sem chuva, tempestades ou terremotos.

Como será a arquitetura quando ela não tiver mais o objetivo principal de propiciar abrigo? Vamos descobrir. Mas essas colônias serão maravilhosas — as pessoas desejarão morar lá — e próximas à Terra para que você possa voltar, o que é importante porque as pessoas quererão voltar à Terra. Elas não quererão deixar a Terra para sempre. E também será muito fácil realizar viagens entre as colônias de O'Neill.

O *Propósito de Ir para o Espaço*

Viajar para visitar amigos, familiares, uma área recreacional — exigiria pouquíssimas quantidades de energia para transporte rápido. Seriam viagens de 1 dia.

Certa vez, o Professor O'Neill apareceu na televisão com o famoso autor de ficção científica, Isaac Asimov. O apresentador fez uma ótima pergunta a Asimov: "Alguém da área de ficção científica já previu (colônias de O'Neill) e, em caso negativo, por que não?" Asimov tinha uma boa resposta: "De fato, ninguém o fez, porque todos temos sido chauvinistas de planeta. Todos acreditamos que as pessoas deveriam viver na superfície de um planeta, de um mundo. Em meus livros falo de colônias na Lua. E também centenas de outros escritores de ficção científica. O mais perto que cheguei de um mundo fabricado no espaço livre foi sugerir que saíssemos para o cinturão de asteroides e deixá-los ocos e transformá-los em grandes naves. Nunca me ocorreu trazer o material dos asteroides para a terra onde as condições são mais agradáveis e construir os mundos ali."

Chauvinistas planetários! Onde a construção dessa visão, dessas colônias de O'Neill nos levará? O que isso significaria para a Terra? A Terra acabará se tornando uma zona residencial e industrial leve. Será um lugar maravilhoso para se viver e visitar. Será também um lugar maravilhoso para ir à faculdade e instalar algumas indústrias leves. Contudo, a indústria pesada e todas as indústrias poluentes — todas as coisas que prejudicam nosso planeta — serão feitas fora da Terra.

Dessa forma, preservaremos essa preciosidade única que é nosso planeta que é totalmente insubstituível. Não há plano B. Precisamos salvar a nossa Terra e não deveríamos desistir de um futuro de dinamismos e crescimento para os netos de nossos netos. Podemos fazer os dois.

Quem vai realizar esse trabalho? Não eu. Essa é uma visão importante que levará muito tempo para ser concretizada. As crianças que estudam hoje e seus filhos o farão. Elas construirão indústrias inteiras com milhares de futuras empresas abrangendo ecossistemas inteiros. Haverá atividade empresarial, liberação para que pessoas criativas tenham novas ideias sobre o uso do espaço. Mas essas empresas empreendedoras não podem existir hoje. É impossível, porque o preço de admissão para fazer coisas interessantes no espaço no momento é alto demais. Porque não há infraestrutura.

Comecei a Amazon em 1994. Toda a estrutura complexa necessária para a sua existência já tinha sido criada. Não tivemos que construir um sistema de transporte para entregar as encomendas. Ele já existia. Se tivéssemos que construí-lo, precisaríamos de bilhões em capital. Mas ele estava lá. Era o US Postal Service, o Deutsche Post, o Royal Mail, a UPS e o FedEx. Pudemos utilizar essa infraestrutura. O mesmo ocorreu com o sistema de pagamento. Tivemos que inventar um sistema de pagamento e colocá-lo em prática? Isso teria exigido bilhões de dólares e muitas décadas. Mas não, ele já existia. Chamava-se Cartão de Crédito. Tivemos que inventar computadores? Não, eles já estavam na maioria das casas, principalmente para jogar, mas estavam lá. A infraestrutura já existia. Tivemos que construir uma rede de telecomunicações com outros bilhões de dólares? Não, não precisamos. Ela estava lá, principalmente para realizar chamadas de longa distância e construída por operadoras de telecomunicação globais como a AT&T e seus equivalentes em todo o mundo. A infraestrutura permite aos empreendedores fazer coisas incríveis.

As colônias de O'Neill serão construídas pelas crianças de hoje e seus filhos e netos. A tarefa de construir a infraestrutura para que essas colônias possam ser criadas começará em minha geração. Construiremos uma estrada para o espaço e depois coisas incríveis acontecerão. E você verá criatividade empresarial. Você terá empreendedores no espaço começando empresas nos dormitórios de suas repúblicas. Isso não pode acontecer hoje.

Então, como construiremos as colônias de O'Neill? Ninguém sabe. Eu não sei. Gerações futuras descobrirão os detalhes. Mas sabemos que há certos obstáculos a ultrapassar, certos pré-requisitos a atender. Se não os realizarmos, nunca chegaremos lá e é muito bom saber quais são esses fatores porque podemos trabalhar neles, confiantes de que serão úteis. Qualquer que seja a evolução dos detalhes dessa visão futura, dois elementos serão essenciais. Primeiro, precisamos de uma redução radical de custo de lançamento. Lançamentos são simplesmente caros demais atualmente. E, segundo, temos que usar recursos do espaço. A Terra tem um campo gravitacional potente e levar todos os nossos recursos para fora da Terra simplesmente não vai funcionar. Precisamos ser capazes de usar os recursos que já se encontram no espaço.

Com o nome do astronauta da Mercury, Alan Shepard, o primeiro americano a ir para o espaço, o *New Shepard* é o foguete suborbital reutilizável da Blue Origin projetado para levar astronautas e carga de pesquisa além da linha de Karman, a fronteira do espaço internacionalmente reconhecida. O *New Glenn*, que recebeu o nome do astronauta John Glenn, é um veículo de lançamento pesado capaz de levar pessoas e cargas rotineiramente na órbita da Terra e além.

Estou muito empolgado com a possibilidade de usar o *New Shepard* para acumular prática. Os veículos com muitas horas de voo podem voar algumas dúzias de vezes por ano, lançando cargas no espaço. Não se atinge excelência fazendo algo apenas uma dúzia de vezes por ano.

Digamos que você tenha que se submeter a uma cirurgia. É preciso ter certeza de que o cirurgião a realiza ao menos cinco vezes por semana. Dados reais sustentam o fato de que uma cirurgia é muito mais segura se o médico a pratica, pelo menos, cinco vezes por semana. Da mesma forma, precisamos ir ao espaço com frequência de forma rotineira. Um motivo pelo qual a aviação é segura hoje é porque temos muita prática.

Precisamos de mais missões. Se suas cargas custam centenas de milhões de dólares, elas custam mais que o lançamento. Esse fato exerce muita pressão para que o veículo de lançamento não mude, para que seja estável — a confiabilidade se torna muito mais importante que o custo. Assim, realmente seguimos na direção errada, com menos lançamentos e satélites muito caros e é isso que se vê acontecendo em muitos casos.

A Blue Origin quer tentar obter essa prática e para isso é necessário ter um veículo operacional e reutilizável. A questão principal aqui é a operacionalidade. O ônibus espacial era apenas reutilizável em um sentido muito assustador. Na verdade, a NASA o trazia de volta, inspecionava-o exaustivamente e o colocava no ar. Teria sido melhor ter um veículo descartável. Não se pode voar o 767 ao seu destino e então fazer um raio X de todo o aparelho, desmontá-lo e esperar que os custos sejam aceitáveis. E, portanto, a verdadeira questão é a reutilização do avião em comparação ao do ônibus espacial. Nossa meta é reduzir os custos com a reutilização e a visão é descobrir como pode realmente haver um empreendedorismo dinâmico no espaço.

Tenho grande orgulho do incrível progresso que a equipe da Blue Origin tem feito com o lançamento de veículos reutilizáveis como o *New Shepard*. Tivemos onze aterrissagens consecutivas. Usamos dois propulsores. Um voou cinco vezes consecutivas e outro, seis. Praticamente não houve reparos entre os voos. Dessa forma, reduzimos os custos de lançamento. É preciso ter veículos reutilizáveis. Até agora, temos usado veículos de lançamento uma vez, descartando-os em seguida. Também não se pode ter uma reutilização fictícia, onde o veículo é trazido de volta e submetido a muitos reparos, o que também é muito caro. É incrivelmente empolgante a ideia de que realizaremos voos com pessoas no *New Shepard* em breve.

Quando construímos o *New Shepard*, um veículo suborbital projetado para viagens de turismo espacial, tomamos algumas decisões tecnológicas curiosas. Ele é, a princípio, movido a hidrogênio líquido, o combustível para foguetes com o mais alto desempenho, mas também o mais difícil de se trabalhar. Ele não é necessário para uma missão suborbital, mas o escolhemos porque sabemos que precisaríamos dele na próxima etapa. Queremos ter prática com o propelente de melhor desempenho e mais difícil de usar. Tomamos a mesma decisão com o pouso vertical para o *New Shepard*, mesmo que outros mecanismos de pouso funcionassem nessa escala. O ponto positivo do pouso vertical é que ele aumenta a escala muito bem. É bastante contraintuitivo, mas quanto maior o veículo, mais fácil se torna o pouso vertical. O pouso vertical é como equilibrar uma vassoura na ponta do dedo. Você equilibra a vassoura,

O *New Glenn* é o irmão mais velho do *New Shepard*, grande o suficiente para conter o *New Shepard* em seu compartimento de carga. É um veículo muito grande, com um empuxo de 3,9 milhões de libras. De tempos em tempos, fazem-me uma pergunta interessante: "Jeff, o que vai mudar nos próximos dez anos?" E gosto de brincar com a resposta. É uma conversa divertida para o jantar. Mas há uma pergunta ainda mais importante que quase nunca é feita: "O que não vai mudar nos próximos dez anos?" E ela é muito importante porque podemos fazer planos com base nessas coisas. Eu sei que os clientes da Amazon vão continuar a querer preços baixos daqui a dez anos. Isso não vai mudar. Os clientes vão querer entregas rápidas. Eles vão querer uma grande seleção. Então toda a energia que colocamos nesses serviços continuarão a pagar dividendos. É impossível imaginar um cliente me procurar daqui a dez anos e dizer, "Jeff, adoro a Amazon. Eu só queria que a entrega fosse um pouco mais lenta" ou "Eu gostaria que os preços fossem um pouco mais altos". Isso não vai acontecer. Quando se sabe o que não vai mudar em praticamente todas as circunstâncias, você coloca energia nelas. Sabemos que coisas são essas quando falamos do *New Glenn*. É custo, confiabilidade e lançamentos no prazo. Cada uma precisa de aprimoramento antes de passarmos à próxima fase de realmente viajar pelo sistema solar e sei que essas coisas são estáveis no tempo. Não veremos um cliente do *New Glenn* nos procurar daqui a dez anos e dizer, "Jeff, eu gostaria que o foguete falhasse mais vezes" ou "Eu gostaria que fosse mais caro ou que você atrasasse as datas de lançamento". A propósito, a disponibilidade e o lançamento no prazo são realmente grandes problemas subestimados pela maioria das pessoas que não estão diretamente na indústria espacial. Atrasos realmente causam problemas e custam muito dinheiro aos clientes. Assim, essas coisas não vão mudar. Vamos nos esforçar para isso. Todo o veículo é projetado levando esses três fatores em consideração.

A reusabilidade é definitivamente o segredo para uma redução radical de custos de lançamento. Às vezes, as pessoas se perguntam quanto custa o combustível e se ele é um problema. Gás natural liquefeito é muito barato. Mesmo que haja milhões de libras de propelente no *New Glenn*, o custo do combustível e do oxidante é inferior a US$1 milhão — insignificante dentro do quadro geral. A necessidade de nos desfazermos do hardware é a razão pela qual lançar em órbita é tão caro atualmente. É como dirigir o seu carro até o shopping e então jogá-lo fora depois de uma viagem. Isso tornaria as viagens ao shopping muito dispendiosas.

O segundo obstáculo que precisamos transpor são os recursos no espaço. Temos que usá-los e temos uma vantagem: esse corpo próximo que é a Lua. Hoje sabemos muito sobre a Lua que não sabíamos nos dias da Apollo ou mesmo vinte anos atrás. Um dos fatos importantes que sabemos é que há água na Lua, um recurso incrivelmente valioso, em forma de gelo. Ela se encontra em crateras permanentemente na sombra nos polos lunares. Pode-se usar eletrólise para decompor a água em hidrogênio e oxigênio, e você tem propelentes. Outra grande vantagem da Lua é sua proximidade, a apenas três dias de distância. E não se tem os mesmos impedimentos, como 26 meses entre lançamentos como ocorre com Marte. Pode-se ir à Lua praticamente a qualquer momento. E, o que é muito importante para a construção de grandes objetos no espaço, a gravidade na Lua é seis vezes menor do que na Terra. Quando se obtém recursos na Lua, pode-se levá-los ao espaço livre a um custo muito baixo. É necessário 25 vezes menos energia para erguer uma libra na Lua do que na Terra. Essa é uma grande vantagem.

Mas a Lua também precisa de infraestrutura. Uma forma de construir infraestrutura será por meio de veículos como o Blue Moon, um módulo muito grande no qual estamos trabalhando há anos que tem pouso suave e preciso, mesmo com 3,6 toneladas, na superfície lunar. A variante esticada dele pousará 6,5 toneladas métricas na superfície lunar. O deck é projetado para ser uma interface simples para que uma grande variedade de cargas possa ser colocada e protegida no deck superior.

Jeff Bezos revela o Módulo Lunar *Blue Moon*, 9 de maio de 2019
(© Blue Origin)

Com seu sistema Davit, inspirados nos sistemas navais, objetos são baixados do deck para a superfície da Lua. E os davits podem ser customizados para cargas específicas.

Há muitas atividades científicas interessantes a serem realizadas na Lua, principalmente nos polos, e a Blue Origin formou um Conselho Consultivo Científico para garantir que a ciência seja feita de modo adequado e que obtenhamos os melhores resultados por nosso dinheiro. Também temos clientes para o Blue Moon, e eles também deslocarão missões científicas para a Lua. As pessoas estão muito empolgadas quanto a essa capacidade de pousar a carga, veículos e experimentos científicos na superfície da Lua com suavidade de modo preciso. Não há recursos para isso hoje.

O vice-presidente Mike Pence disse que faz parte da política da administração de Donald J. Trump e dos Estados Unidos levar astronautas de volta à Lua nos próximos cinco anos. Adoro a ideia. É a coisa certa a fazer, e para quem fizer as contas em casa, isso é em 2024. E podemos ajudar a cumprir esse cronograma. Está na hora de voltar à Lua, desta vez para ficar.

Precisamos de um futuro de dinamismo para nossos netos e seus netos. Não podemos deixá-los cair nas presas da estase e do racionamento e é função desta geração construir essa estrada para o espaço para que as gerações futuras possam liberar sua criatividade. Quando isso for possível, quando a infraestrutura estiver pronta para os empreendedores futuros do espaço, assim como foi para mim em 1994 começar a Amazon, você verá coisas incríveis acontecerem, e elas acontecerão depressa. Eu garanto. As pessoas são muito criativas quando têm condições. Se essa geração construir a estrada para o espaço e essa infraestrutura, veremos milhares de futuros empreendedores criar uma verdadeira indústria espacial e quero inspirá-los. Essa visão parece grande, e é. Nada disso é fácil. Tudo é difícil, mas quero inspirar vocês. Pensem nisso; coisas grandes começam pequenas.

# Ainda é o Dia Um
# para a América

OBRIGADO PRESIDENTE CICILLINE, membro Sensenbrenner, e membros do subcomitê. Eu sou Jeff Bezos. Fundei a Amazon há 26 anos com a missão de longo prazo de torná-la a empresa mais centrada no cliente do mundo.

Minha mãe, Jackie, me teve quando tinha 17 anos e era aluna do ensino médio em Albuquerque, Novo México. Estar grávida na escola não era algo bem-visto em Albuquerque em 1964. Foi difícil para ela. Quando tentaram expulsá-la da escola, meu avô saiu em sua defesa. Depois de alguma negociação, o diretor disse, "Ok, ela pode ficar e terminar o ano, mas não poderá participar de nenhuma atividade extracurricular e não pode ter um armário". Meu avô aceitou as condições e minha mãe concluiu o ensino médio, mas não teve permissão para subir ao palco para receber o diploma. Determinada a continuar os estudos, ela se matriculou em um curso noturno, escolhendo aulas de professores que permitiam levar o bebê para a classe. Ela aparecia com duas sacolas — uma repleta de livros didáticos e a outra com minhas fraldas, mamadeiras e qualquer coisa que me mantivesse interessado e quieto por alguns minutos.

O nome de meu pai é Miguel. Ele me adotou quanto eu tinha 4 anos. Ele tinha 16 quando chegou aos Estados Unidos vindo de Cuba, como parte da Operação Pedro Pan, logo depois que Castro assumiu o poder. Meu pai chegou à América sozinho. Seus pais acharam que ele ficaria mais seguro aqui. Sua mãe imaginou que aqui fazia frio e então lhe costurou uma jaqueta feita totalmente com panos de limpeza, o único material que tinham à mão. Ainda temos a jaqueta; ela está pendurada na sala de sua casa. Meu pai passou duas semanas no Campo Matecumbe, um centro de refugiados na Flórida, antes de ser levado a uma missão católica em Wilmington, Delaware. Ele teve sorte de ir para a missão, mas mesmo assim, ele não falava inglês e não teve uma trajetória fácil. Mas tinha muita coragem e determinação. Ele ganhou uma bolsa de estudos universitária em Albuquerque, onde conheceu minha mãe. A vida nos dá muitos presentes, e um dos maiores que recebi foram meus pais. Eles foram modelos maravilhosos para mim e meus irmãos durante toda a vida.

APRENDEMOS COISAS DIFERENTES com os avós do que com os pais e eu tive a oportunidade de passar o verão dos 4 aos 16 anos na fazenda deles no Texas. Meu avô era funcionário público e fazendeiro — ele trabalhava em tecnologia espacial e sistemas de defesa de mísseis nos anos de 1950 e 1960 para a Comissão de Energia Atômica — e era autossuficiente e engenhoso. Quando se está no meio do nada, não se pega um telefone e liga para alguém quando alguma coisa quebra. Você mesmo a conserta. Quando criança, eu o vi resolver muitos desses problemas aparentemente insolúveis sozinho, fosse para consertar um trator Caterpillar danificado ou fazendo o próprio trabalho veterinário. Ele me ensinou que se pode enfrentar problemas difíceis. Diante de um contratempo, você se levanta e tenta de novo. Você pode inventar seu caminho para um lugar melhor.

Guardei essas lições quando adolescente e me tornei um inventor de garagem. Inventei um sistema de fechamento de portões automático com pneus cheios de cimento, um forno solar feito com um guarda-chuva e papel-alumínio e alarmes feitos com assadeiras para assustar meus irmãos.

O conceito da Amazon me ocorreu em 1994. A ideia de construir uma livraria online com milhões de títulos — algo que simplesmente não poderia existir no mundo físico — era empolgante. Na época, eu trabalhava em uma firma de investimentos em Nova York. Quando disse ao meu chefe que estava saindo, ele me levou para um longo passeio no Central Park. Depois de ouvir com atenção, ele finalmente disse, "Sabe, Jeff, acho que é uma boa ideia, mas seria melhor ainda para alguém que já não tivesse um bom emprego". Ele me convenceu a pensar no assunto por dois dias antes de tomar uma decisão. Foi uma decisão que tomei com o coração, não com a cabeça. Quando eu estiver com 80 anos e pensar no passado, quero ter o mínimo de arrependimentos na vida. E a maioria de nossos arrependimentos são atos de omissão — as coisas que não tentamos, os caminhos não percorridos. Essas são as coisas que nos atormentam. E decidi que se ao menos não tentasse, me arrependeria de não participar dessa coisa chamada internet que imaginei que seria uma coisa muito importante.

O capital inicial para a Amazon veio principalmente de meus pais, que investiram grande parte de suas economias em algo que não entendiam. Eles não apostaram na Amazon ou no conceito de uma livraria na internet. Eles apostaram no filho. Eu lhes disse que havia uma chance de 70% de perderem seu investimento e eles aceitaram mesmo assim. Foram necessárias mais de 50 reuniões para reunir US$1 milhão a partir dos investidores e ao longo de todas essas reuniões, a pergunta mais comum era, "O que é a internet?"

Ao contrário de muitos países no mundo, esta grande nação em que vivemos apoia e não estigmatiza quem assume riscos empresariais. Eu saí de um emprego estável para uma garagem em Seattle para fundar minha startup, sabendo perfeitamente que poderia não funcionar. Parece que foi ontem que eu mesmo levava os pacotes ao correio, sonhando com o dia em que poderia comprar uma empilhadeira.

O sucesso da Amazon foi tudo, menos premeditado. Investir na empresa foi uma proposta muito arriscada. Da fundação até o final de 2001, nosso negócio teve prejuízos cumulativos de cerca de US$3 bilhões e só tivemos lucro no quarto trimestre daquele ano. Analistas inteligentes previram que a Barnes & Noble nos esmagaria, e nos chamaram de "Amazon.toast" [algo como Amazon.frita]. Em 1999, depois de estar nos negócios há cerca de cinco anos, a Barron's publicou uma história sobre nossa iminente explosão, "Amazon.bomb" [Amazon.bomba]. Minha carta aos acionistas de 2000 começou com uma exclamação: "Ai". No auge da bolha da internet nossas ações chegaram a US$116 e depois que ela explodiu, caíram para US$6. Especialistas e críticos acharam que quebraríamos. Foram necessárias muitas pessoas inteligentes e dispostas a assumir riscos comigo e de apoiar nossas convicções para a Amazon sobreviver e, por fim, ter êxito.

E não foi apenas naqueles primeiros anos. Além da boa sorte e das pessoas ótimas, tivemos êxito como empresa porque continuamos a assumir grandes riscos. Para inventar, é preciso experimentar, e se você sabe com antecedência que vai funcionar, não é um experimento. Grandes retornos são resultado de apostar contra a sabedoria convencional, mas a sabedoria convencional geralmente está certa. Muitos observadores caracterizaram a Amazon Web Services como uma distração arriscada quando começamos. "O que tem a venda de computação e armazenamento a ver com a venda de livros?" Ninguém pediu a AWS. Acontece que o mundo estava pronto e ávido pela computação em nuvem, mas ainda não sabia. Estávamos certos sobre a AWS, mas a verdade é que também corremos muitos riscos que não deram certo. De fato, a Amazon gerou milhões de dólares em fracassos. O fracasso inevitavelmente acompanha a invenção, motivo pelo qual tentamos fazer a Amazon o melhor lugar do mundo para falhar.

Desde a fundação, nós nos esforçamos para manter a mentalidade do "Dia Um" na empresa. Abordar tudo que fazemos com a energia e o espírito empreendedor do Dia Um. Apesar de a Amazon ser uma grande empresa, sempre acreditei que se nos comprometermos em conservar uma mentalidade de Dia Um como parte essencial de nosso DNA, teremos a competência e as capacidades de uma grande empresa e o espírito e o coração de uma pequena.

Em minha opinião, o foco obsessivo no cliente é, de longe, a melhor forma de alcançar e manter a vitalidade do Dia Um. Por quê? Porque os clientes estão sempre linda e maravilhosamente insatisfeitos, mesmo quando alegam estar felizes e que o negócio é excelente. Mesmo quando ainda não sabem, os clientes querem algo melhor e o desejo constante de satisfazer os clientes nos motiva a constantemente inventar para agradá-los. Como resultado, ao focar obsessivamente nos clientes, somos internamente motivados a melhorar nossos serviços, adicionar benefícios e recursos, inventar novos produtos, baixar preços e acelerar os tempos de envio — *antes* que precisemos. Nunca nos pediram para criar o programa de assinatura Prime, mas ficou claro que o queriam. E eu poderia lhe dar muitos outros exemplos. Nem todas as empresas adotam a abordagem de "primeiro o cliente", mas nós o fazemos e essa é nossa maior qualidade.

É difícil conquistar a confiança do cliente e é fácil perdê-la. Quando você permite que os clientes transformem seu negócio no que ele é, eles serão fiéis a você — até o momento em que outra empresa lhes oferecer melhor atendimento. Sabemos que os clientes são perceptivos e inteligentes. Acreditamos firmemente que eles notarão que nos esforçamos para fazer a coisa certa — entregas no prazo; ofertas diárias de preços baixos; fazer e cumprir promessas; tomar decisões conscienciosas, mesmo quando impopulares; e dar aos clientes mais tempo para passar com suas famílias com a invenção de meios mais convenientes de comprar, ler e automatizar suas casas. Como venho dizendo desde a primeira carta aos acionistas em 1997, tomamos decisões baseados no valor a longo prazo que criamos enquanto inventamos para atender às necessidades dos clientes. Quando somos criticados por nossas escolhas, ouvimos e fazemos uma autoanálise. Se concluirmos que as críticas procedem, mudamos. Quando erramos, nós nos desculpamos. Mas quando você faz uma análise, avalia a crítica e ainda acha que está fazendo a coisa certa, nenhuma força no mundo deve ser capaz de mudá-lo.

Felizmente, nossa abordagem está funcionando. Oitenta por cento dos norte-americanos têm uma impressão favorável da Amazon como um todo, segundo pesquisas de empresas conceituadas. Em quem os norte-americanos confiam mais do que na Amazon para fazer "a coisa certa"? Só em seu médico particular e no exército, segundo um levantamento da Morning Consult, em janeiro de 2020. Pesquisadores de Georgetown e da Universidade de Nova York constataram em 2018 que a Amazon só ficava atrás do exército entre todos os pesquisados no estudo sobre confiança institucional e em marca. Entre os Republicanos, ficamos atrás apenas do exército e da polícia local; entre os Democratas, ficamos em primeiro lugar à frente de qualquer órgão do governo, universidades e a imprensa. Na classificação das Empresas Mais Admiradas do Mundo da Fortune em 2020, ficamos em segundo lugar (a Apple ficou em primeiro). Agradeço o fato de os clientes notarem nosso esforço para agradá-los e nos recompensarem com sua confiança. Trabalhar para conquistar e conservar essa confiança é o maior motivador da cultura do Dia Um da Amazon.

A empresa que quase todos conhecem como Amazon é a que lhe envia os pedidos feitos online em caixas marrons com um sorriso na lateral. Foi ali que começamos, e o varejo continua sendo, de longe, nosso maior negócio, responsável por mais de 80% de nossa receita total. A própria essência desse negócio é levar produtos aos clientes. Essas operações precisam estar próximas aos clientes e não podemos terceirizar essas tarefas na China ou qualquer outro lugar. Para cumprir as promessas aos clientes neste país, precisamos que funcionários norte-americanos façam chegar os produtos para clientes norte-americanos. Quando as pessoas compram na Amazon, estão ajudando a criar empregos em suas comunidades locais. Como resultado, a Amazon emprega diretamente um milhão de pessoas, muitas das quais em funções iniciais e pagas por hora. Não só empregamos cientistas de computação altamente instruídos e MBAs em Seattle e no Vale do Silício. Contratamos e treinamos centenas de milhares de pessoas em estados do país como Virgínia Ocidental, Tennessee, Kansas e Idaho. Esses empregados trabalham no armazenamento de pacotes, em mecânica e gerência de fábrica. Para muitos, é o primeiro emprego. Para outros, são um trampolim para outras carreiras e nos orgulhamos de ajudá-los com isso. Gastamos mais que US$700 milhões para oferecer acesso a programas de treinamento como saúde, transportes, aprendizado de máquina e computação na nuvem a mais de 100 mil empregados da Amazon. Esse programa se chama Career Choice e pagamos 95% dos cursos e taxas para a obtenção de um certificado ou diploma em áreas bem pagas com alta demanda, independentemente se eles são relevantes para uma carreira na empresa.

Patricia Soto, uma de nossas colaboradoras, é uma história de sucesso da Career Choice. Patricia sempre quis tentar uma carreira na área médica para ajudar a cuidar de pessoas, mas apenas com o diploma de ensino médio e enfrentando os custos de uma educação pós-secundária, não tinha certeza de poder atingir essa meta. Depois de conquistar a certificação médica por meio do Career Choice, Patricia deixou a Amazon para iniciar a nova carreira como assistente médica no Sutter Gould Medical Foundation, auxiliando um pneumonologista. O Career Choice deu a Patricia e a muitos outros a chance de uma segunda carreira que antes parecia fora de alcance.

A Amazon investiu mais que US$270 bilhões nos EUA na última década. Além de nossa força de trabalho, os investimentos da Amazon criaram cerca de 700 mil empregos indiretos em campos como construção, edificação e hospitalidade. Nossas contratações e investimentos levaram empregos muito necessários e acrescentaram centenas de milhões de dólares em atividade econômica a áreas como Fall River, Massachusetts, Inland Empire, na Califórnia e estados do cinturão de ferrugem, como Ohio. Durante a crise da COVID-19, contratamos mais 175 mil empregados, incluindo muitos que perderam o emprego durante a crise econômica. Gastamos mais que US$4 bilhões só no segundo trimestre para levar produtos essenciais aos clientes e manter os empregados em segurança durante a crise da pandemia. E uma equipe dedicada de funcionários da Amazon de toda as áreas da empresa criou um programa para testar regularmente nossos funcionários para COVID-19. Estamos ansiosos em partilhar nossos conhecimentos com outras empresas interessadas e parceiros do governo.

O mercado do varejo global no qual concorremos é incrivelmente grande e extraordinariamente competitivo. A Amazon é responsável por menos que 1% do mercado global de varejo de US$25 trilhões e menos que 4% do varejo nos EUA. Ao contrário de setores em que o vencedor leva tudo, há espaço no varejo para muitos vencedores. Por exemplo, mais que 80 varejistas só nos Estados Unidos têm uma receita anual superior a US$1 bilhão. Como qualquer varejista, sabemos que o sucesso de nossa loja depende totalmente da satisfação dos clientes com sua experiência em nossa loja. Todos os dias, a Amazon compete com empresas grandes e consagradas como Target, Costco, Kroger e, é claro, Walmart — uma empresa duas vezes maior que a Amazon. E embora sempre tenhamos focado a criação de uma ótima experiência do cliente para vendas realizadas principalmente online, as vendas iniciadas online hoje são uma área de crescimento ainda maior para outras lojas. As vendas online da Walmart cresceram 74% no primeiro trimestre. E os clientes estão cada vez mais passando a serviços inventados por outras grandes lojas cuja escala a Amazon ainda não consegue acompanhar, como curbside pickup e in-store returns. A pandemia da COVID-19 colocou um holofote nessas tendências, que vêm crescendo há anos. Nos últimos meses, o curbside pickup de pedidos online aumentou mais que 200%, em parte devido a preocupações com a Covid-19. Também enfrentamos nova concorrência por empresas semelhantes como Shopify e Instacart — empresas que permitem a lojas tradicionalmente físicas a montar toda uma loja online quase instantaneamente e entregar os produtos diretamente aos clientes de formas inovadoras — e uma lista crescente de modelos de negócios omnichannel. Como quase qualquer outro segmento de nossa economia, a tecnologia é usada em todos os lugares no varejo, tornando-o mais competitivo, seja online, em lojas físicas ou nas várias combinações dos dois que formam a maioria das lojas hoje em dia. E nós e todas as outras lojas estão cientes de que, independentemente de como as melhores características de "online" e "física" são combinadas, todos estamos competindo por e atendendo aos mesmos clientes. A variedade de concorrentes do varejo e serviços relacionados muda constantemente e a única verdadeira constante é o desejo do cliente de preços mais baixos, melhor seleção e conveniência.

Também é importante compreender que o sucesso da Amazon depende grandemente do sucesso de milhares de pequenas e médias empresas que também vendem seus produtos nas lojas da Amazon. Em 1999, tomamos a atitude inédita na época de receber vendedores terceirizados em nossas lojas, possibilitando que oferecessem seus produtos ao lado dos nossos. O fato gerou muita controvérsia e discordância interna e muitos previram que esse seria o início de uma longa batalha perdida. Não precisávamos ter convidado terceiros para a loja. Poderíamos ter conservado essa importante vantagem para nós mesmos. Contudo, nós nos comprometemos com a ideia de que no longo prazo isso aumentaria a seleção para os clientes e que clientes mais satisfeitos seriam ótimos para terceiros e para a Amazon. E foi o que aconteceu. Depois de um ano, as vendas de terceiros foram responsáveis por 5% das vendas unitárias e rapidamente ficou claro que os clientes adoraram a conveniência de poder comprar os melhores produtos e ver todos os preços de diferentes vendedores na mesma loja. A seleção oferecida por essas pequenas e médias empresas terceirizadas aumentou em muito a oferta de produtos na loja, mais do que a própria seleção da Amazon. As vendas terceirizadas hoje são responsáveis por aproximadamente 60% da venda de produtos físicos na Amazon e essas vendas estão crescendo mais depressa do que as do próprio varejo da Amazon. Imaginamos que não se tratava de um jogo de soma zero. E estávamos certos — todo o setor cresceu, terceirizados se saíram muito bem e cresceram depressa e isso tem sido ótimo para os clientes e para a Amazon.

Hoje há 1,7 milhão de pequenas e médias empresas em todo o mundo vendendo nas lojas da Amazon. Mais que 200 mil empreendedores em todo o mundo ultrapassaram US$100 mil em vendas em nossas lojas em 2019. Além disso, calculamos que empresas terceirizadas que vendem na Amazon criaram mais de 2,2 milhões de novos empregos no mundo.

Um desses vendedores é Sherri Yukel, que queria mudar de carreira para passar mais tempo em casa com os filhos. Ela começou a criar presentes e produtos para festas para amigos como hobby e acabou vendendo seus artigos na Amazon. Hoje, a empresa de Sherri emprega cerca de oitenta pessoas e tem uma base de clientes global. Outra é Christine Krogue, uma dona de casa mãe de cinco filhos em Salt Lake City. Christine começou um negócio vendendo roupas de bebê em seu site antes de procurar uma oportunidade na Amazon. Desde então, suas vendas mais que dobraram e ela expandiu a linha de produtos e contratou uma equipe de empregados de meio período. Vender na Amazon possibilitou a Sherri e Christine desenvolverem os negócios e atender os clientes em seus próprios termos.

E é surpreendente o quanto isso é recente. Não começamos como o maior mercado de todos — o eBay era muito maior que nós. Foi somente apoiando os vendedores e dando-lhes as melhores ferramentas que pudemos inventar que tivemos sucesso e, por fim, superamos o eBay. Uma dessas ferramentas é o Fulfillment by Amazon, que permite aos nossos vendedores terceirizados armazenar seu estoque em nossos centros logísticos e nós assumimos todo o processo, atendimento ao cliente e devolução de produtos. Ao simplificar extraordinariamente esses aspectos desafiadores da experiência de venda com custo-benefício vantajoso, ajudamos milhares de vendedores a desenvolver seus negócios na Amazon. Nosso sucesso pode explicar a grande proliferação de mercados de todos os tipos e tamanhos no mundo. Isso inclui empresas norte-americanas como o Walmart, eBay, Etsy e Target, assim como varejistas no estrangeiro que vendem globalmente, como Alibaba e Rakuten. Esses mercados intensificam ainda mais a concorrência no varejo.

A confiança dos clientes na Amazon nos permitiu criar mais empregos nos Estados Unidos na última década do que qualquer outra empresa — centenas de milhares de empregos em 42 estados. Os empregados da Amazon ganham um mínimo de US$15 por hora, mais que o dobro do salário-mínimo federal (que insistimos para o Congresso aumentar). Desafiamos outros grandes varejistas a equiparar seu salário-mínimo ao nosso. A Target o fez recentemente e na semana passada o mesmo ocorreu com a Best Buy. Nós os cumprimentamos, e eles continuam os únicos a ter concedido o aumento. Também não economizamos em benefícios. Nossos colaboradores de período integral recebem os mesmos benefícios de nossos empregados assalariados da matriz, incluindo um abrangente seguro-saúde válido a partir do primeiro dia de trabalho, um plano de aposentadoria, licença paternidade, incluindo vinte semanas de licença maternidade remunerada. Eu os encorajo a comparar nossos salários e benefícios aos de nossos concorrentes no varejo.

Mais que 80% das ações da Amazon são de propriedade de terceiros, e nos últimos 26 anos — começando do zero — criamos mais que US$1 trilhão de riqueza para esses acionistas. Quem são eles? Eles são fundos de pensão: fundos de pensão de bombeiros, polícia e professores. Outros são fundos mútuos, donos de partes da Amazon. Doações universitárias, também, e a lista continua. Muitas pessoas terão uma aposentadoria melhor por causa dos recursos que criamos e temos muito orgulho disso.

Na Amazon, a obsessão com o cliente nos transformou em quem somos e nos permitiu fazer coisas ainda mais relevantes. Sei o que a Amazon podia fazer quando éramos 10 pessoas. Eu sei o que podíamos fazer quando éramos mil pessoas, e quando éramos 10 mil pessoas. E sei o que podemos fazer hoje quando somos quase 1 milhão. Amo empreendedores de garagem — eu fui um deles. Mas, assim como o mundo precisa de pequenas empresas, ele também precisa das grandes. Há coisas que as pequenas simplesmente não podem fazer. Não importa o quanto você seja bom empreendedor, você não vai conseguir construir um Boeing 787 na sua garagem.

Nossa escala nos permite exercer um impacto significativo em importantes questões sociais. O Climate Pledge é um compromisso assumido pela Amazon e abraçado por outras empresas para sermos neutros em emissão de carbono até 2040. Planejamos cumprir essa meta, em parte, comprando 100 mil vans elétricas de entrega da Rivian — um fabricante de Michigan de veículos elétricos. A Amazon pretende ter 10 mil novas vans elétricas Rivian nas ruas até 2022 e todos os 100 mil veículos em operação até 2030. Globalmente, a Amazon opera 91 projetos de energia eólica e solar com capacidade de gerar mais de 2.900 MW e entregar mais que 7,6 milhões de MWh de energia por ano — suficiente para alimentar mais que 680 mil casas norte-americanas. A Amazon também está investindo US$100 milhões em projetos de reflorestamento global por meio do Right Now Climate Fund, incluindo US$10 milhões com que a Amazon se comprometeu em abril para conservar, restaurar e apoiar exploração florestal sustentável, vida selvagem e soluções baseadas na natureza nos Apalaches — com o financiamento de dois projetos inovadores em colaboração com a The Nature Conservancy. Quatro empresas globais — Verizon, Reckitt Benckiser, Infosys e Oak View Group — recentemente assinaram o Climate Pledge e continuamos a estimular outras empresas a se unir a nós nessa luta. Juntos, usaremos nosso tamanho e escala para tratar da crise climática de imediato. E, no mês passado, a Amazon introduziu o The Climate Pledge Fund, iniciado com US$2 bilhões de recursos da Amazon. O fundo apoiará o desenvolvimento de tecnologias e serviços sustentáveis que permitirão, por sua vez, à Amazon e a outras empresas investir em empresários visionários e inovadores que estão construindo produtos e projetos para ajudar as empresas a reduzir o impacto de carbono e operar de maneira mais sustentável.

Recentemente, abrimos o maior abrigo para moradores em situação de rua no estado de Washington — localizado dentro de uma de nossas mais novas sedes na cidade de Seattle. O abrigo é para Mary's Place, uma incrível empresa sem fins lucrativos sediada em Seattle. O abrigo, parte do investimento de US$100 milhões no Mary's Place, ocupa oito andares e pode acomodar até 200 membros de família todas as noites. Ele tem seu próprio centro clínico e fornece ferramentas e serviços essenciais para ajudar às famílias em situação de rua a retomar suas vidas. E há o espaço dedicado para a Amazon oferecer serviços jurídicos gratuitos semanais que oferecem orientação de crédito, débitos, lesões corporais e direito de moradia e de inquilinos. Desde 2018, a equipe jurídica da Amazon tem dado apoio a centenas de hóspedes do Mary's Place e oferecido mais de mil horas de serviço voluntário gratuito.

O Amazon Future Engineer é um programa global infância-ensino superior projetado para inspirar, educar e preparar milhares de crianças e jovens adultos de comunidades mal representadas e carentes a buscar uma carreira em ciência da computação. O programa financia cursos de ciência da computação e desenvolvimento profissional para professores para centenas de escolas fundamentais, aulas de introdução e de AP de Ciências da Computação para mais que 2 mil escolas em comunidades carentes em todo o país, e 100 bolsas de estudos universitárias de 4 anos no valor de US$40 mil para alunos de ciências da computação de famílias de baixa renda. Os detentores dessas bolsas também receberão estágios garantidos na Amazon. Há um problema de pipeline de diversidade em tecnologia e ele exerce um impacto sobredimensionado na comunidade negra. Queremos investir na construção de uma próxima geração de talentos técnicos para a indústria e expandir as oportunidades de minorias sub-representadas. Também queremos acelerar essa mudança já. Para encontrar os melhores talentos para funções técnicas e não técnicas, entramos em parceria ativa com faculdades e universidades historicamente negras em nossas iniciativas de recrutamento, estágios e requalificação.

Gostaria de finalizar dizendo que acredito que a Amazon deve ser examinada. Devemos examinar todas as grandes instituições, sejam empresas, órgãos governamentais ou empresas sem fins lucrativos. Nossa responsabilidade é garantir passar por esse exame com sucesso.

Não é uma coincidência que a Amazon tenha nascido neste país. Mais do que qualquer outro lugar na Terra, novas empresas podem começar, crescer e prosperar aqui nos EUA. Nosso país acolhe a engenhosidade e a autossuficiência, e acolhe construtores que começam do zero. Estimulamos empreendedores e startups com a estabilidade da lei, o melhor sistema universitário do mundo, a liberdade da democracia e uma profunda cultura de aceitação de tomada de riscos. Naturalmente, esta grande nação está longe de ser perfeita. Mesmo quando lembramos o congressista John Lewis e honramos seu legado, estamos em meio a um muito necessário acerto de contas racial. Também enfrentamos os desafios das mudanças climáticas e da desigualdade de renda e estamos passando aos tropeços pela crise global da pandemia. Mesmo assim, o resto do mundo adoraria provar de uma pequena gota do elixir que temos aqui. Imigrantes como o meu pai veem que tesouro é este país — eles têm perspectiva e podem até ver com mais clareza que nós, felizes o bastante de termos nascido aqui. Ainda é o Dia Um para este país e mesmo diante dos desafios esmagadores, nunca estive mais otimista quanto ao futuro.

Agradeço a oportunidade de estar diante de vocês hoje e estou feliz em ouvir suas perguntas.

 Jeff Bezos fundou a Amazon.com em 1994 com a missão de ser a empresa mais centrada no cliente do mundo. Jeff também é o fundador da companhia aeroespacial Blue Origin e é dono do *Washington Post*. Em 2018, ele fundou o Bezos Day One Fund que foca o financiamento de empresas sem fins lucrativos que ajudam famílias em condições de rua e na criação de uma rede de pré-escolas em comunidades de baixa renda. Jeff se formou summa cum laude, Phi Beta Kappa, em engenharia elétrica e ciência da computação na Universidade de Princeton em 1986 e recebeu o título de Personalidade do Ano da revista *TIME* em 1999.

Este livro foi impresso nas oficinas gráficas da Editora Vozes Ltda.,
Rua Frei Luís, 100 – Petrópolis, RJ.